맥체인 1년 1독 성경읽기

맥체인 통독 맥잡기(8)

(10-12월)

김홍양 지음

선교횃불
ccm2u.com

맥체인 1년 1독 성경읽기

맥체인 통독 맥잡기(8)

(10-12월)

맥체인 성경읽기란?

맥체인 성경읽기표는 1842년 맥체인이 자신이 목양하던 성 베드로 교회 성도들의 영적 성장을 위해 개발한 것으로, 매일 구약과 신약을 각각 2장씩 읽음으로써 1년에 구약 1회, 신약과 시편을 각 2회 정독할 수 있도록 만든 표입니다.

이와 같은 맥체인의 방법에 따라 신구약 성경 전체를 골고루 4등분해서 동시에 읽으면, 성경에 기록된 장구한 구속사를 크게 네 시대로 나누어 동시에 묵상할 수 있습니다.

각각의 시대마다 하나님께서는 하나님이 세우신 사람들과 언약을 맺으셨고, 그 언약을 완성하셨습니다. 그리고 이 시대들은 서로 씨줄과 날줄이 되어 하나님의 구속사를 완성하는 완벽한 하모니를 이루고 있습니다.

때로는 시대별로, 때로는 거시적인 안목에서 구속사 전체를 한 번에 아우르게 합니다. 그렇기에 남녀노소, 교회의 직분을 무론하고, 누구나 맥체인 성경읽기표를 따라 성경을 읽으면, 성경에 대한 명쾌한 이해와 함께 하나님께서 감춰두신 구속의 보화를 찾는 기쁨을 누릴 수 있습니다.

또한 이를 통해 성경의 맥을 보다 쉽게 잡을 수 있습니다. 이렇게 하나님의 계시 목적에 평행선을 그으며 따라가는 것은 맥체인 성경읽기표만의 독특한 방식입니다.

성경을 읽다가 중간에 빠뜨린 부분이 있더라도 포기하지 말고, 그날의 날짜에 맞추어 읽는 것이 좋습니다. 이런 습관은 해가 거듭되더라도 반복적으로 성경을 통독할 수 있게 해 주기 때문입니다. 개인적으로 읽을 때는 아침, 저녁으로 나누어 읽으셔도 됩니다. 각자의 방법대로 성경을 읽으면 됩니다.

> "또 어려서부터 성경을 알았나니 성경은 능히 너로 하여금 그리스도 예수 안에 있는 믿음으로 말미암아 구원에 이르는 지혜가 있게 하느니라 모든 성경은 하나님의 감동으로 된 것으로 교훈과 책망과 바르게 함과 의로 교육하기에 유익하니 이는 하나님의 사람으로 온전하게 하며 모든 선한 일을 행할 능력을 갖추게 하려 함이라" (딤후 3:15-17).

맥체인 성경읽기의 필요성

▶ "맥체인 성경읽기"의 특징과 장점

○ 맥체인 성경은 구약과 신약(또는 시편)에서 4권씩 짝을 이루고 있어서 흥미롭고 읽는 재미를 더합니다.

○ 맥체인 성경은 구약과 신약의 대조를 통해 말씀 간 연관성 및 의미의 다채로움을 만끽하게 합니다.

○ 맥체인 성경은 매일 신구약의 4장씩 일정량을 읽도록 구성되어, 끝까지 효과적으로 읽을 수 있습니다.

○ 맥체인 성경은 하나님의 구속사를 한눈에 볼 수 있도록 구성되어 있습니다.

○ 맥체인 성경은 성경 전체를 관통하는 하나님의 생각을 연상하게 훈련시킵니다.

○ 맥체인 성경은 <읽기표>를 통해 규칙적이고 체계적인 성경읽기를 가능하게 합니다.

○ 맥체인 성경의 <읽기표>를 활용하면 1년에 구약은 1독, 신약과 시편은 2독 할 수 있습니다.

○ 맥체인 성경은 말씀의 연관성을 찾아 말씀의 참 의미를 깨닫게 도와줍니다.

▶ 《맥체인성경 365》 말씀연결 사용하는 법

① 네 성경 본문의 소주제를 통해 중심 단어나 문장을 말씀으로 묵상한다.

② 네 본문의 말씀을 순서대로, 천천히 읽는다.

③ 두 본문에서 반복되는 단어나 유사한 문맥을 찾아 서로 연결한다.

④ 본문에서 반대의 뜻을 가진 단어나 문장을 찾는다.

⑤ 두 권의 책에서 공통되는 하나님의 말씀을 연결하여 기록한다.

⑥ 연결되는 말씀을 다른 두 권으로 확대하여 네 권 전체에 흐르는 하나님의 생각과 베푸신 은혜를 누리고, 그 내용을 적어본다.

⑦ 본문에서 지도자나 인도자로부터 배운 신학 주제나 교리들이 함축하고 있는 문맥의 짝을 찾아본다.

⑧ 중심 주제를 필두로, 삶에 적용할 일들을 적어보고 생활 중에 실천함으로써 변화를 경험해 본다.

⑨ 하나님이 오늘 나에게 주신 말씀들을 통하여 가르침, 명령과 약속 권면, 경고 및 행해야 할 일들을 하나님과 대화하는 마음으로(기도) 성경읽기를 마무리한다.

274 일차 / 365 간구 10월 1일

Ⅰ. 맥체인성경의 통독구조<274>

일반적으로 편집된 성경의 순서대로!

창세기~역대하 : 만물의 시작과 이스라엘의 시작

에스라~말라기 : 이스라엘의 멸망과 새 시대의 시작

마태복음~요한복음 : 예수의 복음사역과 십자가 구속

사도행전~요한계시록 : 교회의 시작과 선교

Ⅱ. 핵심구절 읽기

성경본문	열왕기상 3장	에베소서 1장	에스겔 34장	시편 83-84편
통일주제	**간구** (懇求, 하나님께 간절히 바라고 구함)			
개별주제	백성을 재판하기 위해 듣는 마음을 간구함	계시로 영광 능력을 알게 하시길 간구함	거짓된 목자가 잘못을 회개하고 회복을 간구함	이방나라의 멸망과 성전 사모자의 복을 간구함
연합내용	**간구는 성도의 경건생활에 기본이다. 하나님의 뜻을 알기 위해서, 회개하기 위해서, 문제를 해결받기 위해서, 능력을 얻기 위해서, 타인이나 교회나 나라를 중보하기 위해서 힘을 다해 간구하는 것이다.**			
핵심구절	1~14,16~20,22 24~27	1,3~14,16~19 22~23	2~5,8,10~12 14~21,23,25~26 30~31	83:1~2,5~9, 12~16 84:1~8,10~12

• 열왕기상 3장 : 백성을 재판하기 위해 듣는 마음을 간구함

솔로몬이 애굽의 왕 바로와 더불어 혼인 관계를 맺어 그의 딸을 맞이하고 다윗 성에 데려다가 두고 자기의 왕궁과 여호와의 성전과 예루살렘 주위의 성의 공사가 끝나기를 기다리니라...(1-14)

그 때에 창기 두 여자가 왕에게 와서 그 앞에 서며...(16-20)

다른 여자는 이르되 아니라 산 것은 내 아들이요 죽은 것은 네 아들이라 하고 이 여자는 이르되 아니라 죽은 것이 네 아들이요 산 것이 내 아들이라 하며 왕 앞에서 그와 같이 쟁론하는지라(22)

또 이르되 칼을 내게로 가져오라 하니 칼을 왕 앞으로 가져온지라...(24-27)

• 에베소서 1장 : 계시로 영광 능력을 알게 하시길 간구함

하나님의 뜻으로 말미암아 그리스도 예수의 사도 된 바울은 에베소에 있는 성도들과 그리스도 예수 안에 있는 신실한 자들에게 편지하노니(1)

찬송하리로다 하나님 곧 우리 주 예수 그리스도의 아버지께서 그리스도 안에서 하늘에 속한 모든 신령한 복을 우리에게 주시되...(3-14)

내가 기도할 때에 기억하며 너희로 말미암아 감사하기를 그치지 아니하고...(16-19)

또 만물을 그의 발 아래에 복종하게 하시고 그를 만물 위에 교회의 머리로 삼으셨느니라...(22-23)

• 에스겔 34장 : 거짓된 목자가 잘못을 회개하고 회복을 간구함

인자야 너는 이스라엘 목자들에게 예언하라 그들 곧 목자들에게 예언하여 이르기를 주 여호와께서 이같이 말씀하시되 자기만 먹는 이스라엘 목자들은 화 있을진저 목자들이 양 떼를 먹이는 것이 마땅하지 아니하냐...(2-5)

주 여호와의 말씀에 내가 나의 삶을 두고 맹세하노라 내 양 떼가 노략거리가 되고 모든 들짐승의 밥이 된 것은 목자가 없기 때문이라 내 목자들이 내 양을 찾지 아니하고 자기만 먹이고 내 양 떼를 먹이지 아니하였도다(8)

좋은 꼴을 먹이고 그 우리를 이스라엘 높은 산에 두리니 그것들이 그 곳에 있는 좋은 우리에 누워 있으며 이스라엘 산에서 살진 꼴을 먹으리라...(14-21)

내가 한 목자를 그들 위에 세워 먹이게 하리니 그는 내 종 다윗이라 그가 그들을 먹이고 그들의 목자가 될지라(23)

그들이 내가 여호와 그들의 하나님이며 그들과 함께 있는 줄을 알고 그들 곧 이스라엘 족속이 내 백성인 줄 알리라 주 여호와의 말씀이라...(30-31)

• 시편 83-84편 : 이방나라의 멸망과 성전 사모자의 복을 간구함

하나님이여 침묵하지 마소서 하나님이여 잠잠하지 마시고 조용하지 마소서...(83:1-2)

그들이 말하기를 우리가 하나님의 목장을 우리의 소유로 취하자 하였나이다...(83:12-16)

만군의 여호와여 주의 장막이 어찌 그리 사랑스러운지요...(84:1-8)

주의 궁정에서의 한 날이 다른 곳에서의 천 날보다 나은즉 악인의 장막에 사는 것보다 내 하나님의 성전 문지기로 있는 것이 좋사오니...(84:10-12)

Ⅲ. 묵상을 위한 질문

1. 솔로몬은 기브온 산당에서 하나님께 어떤 제사와 간구를 드렸나요?(4~10)
2. 솔로몬은 창기 두 여자의 아들 분쟁을 어떻게 지혜롭게 판결했나요?(16~22,25)
3. 바울은 하나님이 우리에게 어떤 신령한 복을 주셨다고 말했나요?(3,5,7~8,11)
4. 바울은 신령한 복을 받은 자들에게 어떤 삶의 목적이 있다고 했나요?(6,12,14)
5. 여호와는 에스겔을 통해 이스라엘 목자들의 어떤 죄를 말씀하셨나요?(2~5,8)
6. 여호와 하나님은 에스겔에게 자신이 친히 이스라엘의 무엇이 되어주시겠다고 말씀하셨나요?(10~12,14~16,31)
7. 아삽은 여호와께 주변 이방국가들에 관하여 어떤 간구를 드렸나요?(83:2,5~9)
8. 고라 자손은 여호와께 어떤 찬송과 간구를 드렸나요?(84:1~2,4~5,8,10)

Ⅳ. 기도

1. 주여, 자신의 사역을 위해 주어진 곳에서 최선을 다해 기도하게 하옵소서.
2. 주여, 성도로서 신령한 복 주심에 감사하고 목적에 따라 바로 살게 하옵소서.
3. 주여, 목자의 사명을 잃지 말고 양 떼를 위해 목숨을 거는 자가 되게 하옵소서.

• 하나님 마음 알아가기 •

• 나에게 주시는 말씀(암송하기) •

• 오늘의 감사(기록하기) •

275 일차 / 365 성전 10월 2일

Ⅰ. 맥체인성경의 통독구조<275>

하나님의 섭리의 다각성을 살펴보면, 하나님의 섭리(뜻)는 다양한 방향으로 나타난다. 또한 하나님의 섭리(뜻)는 다양한 방법으로 나타난다.

Ⅱ. 핵심구절 읽기

성경본문	열왕기상 4-5장	에베소서 2장	에스겔 35장	시편 85편
통일주제	**성전** (聖殿, 하나님의 이름을 둔 곳이며 그리스도의 몸인 성도를 뜻함)			
개별주제	솔로몬이 여호와의 이름을 위해 건축한 성전	주 안에서 서로 연결하여 완성되어 가는 성전	이스라엘 족속이 거주한 땅은 주가 계신 성전	주가 성도의 기도를 들으시고 말씀하시는 성전
연합내용	**하나님을 믿는 선택된 자들은 어디를 가든지 항상 단을 쌓았다. 이스라엘 민족은 광야에서 성막을 세웠고 그 후 솔로몬 왕은 성전을 건축하였다. 이제 그리스도인은 성령 안에서 주님을 모신 성전이 되었다.**			
핵심구절	4:2~7,11,15~16 20~26,29,32~34 5:1~8,11~13,17	1~5,8~10,12~22	2~6,9~13,15	1~4,7~9,12~13

• 열왕기상 4-5장 : 솔로몬이 여호와의 이름을 위해 건축한 성전

그의 신하들은 이러하니라 사독의 아들 아사리아는 제사장이요...(4:2-7)

나밧 돌 높은 땅 온 지방에는 벤아비나답이니 그는 솔로몬의 딸 다밧을 아내로 삼았으며(4:11)

하나님이 솔로몬에게 지혜와 총명을 심히 많이 주시고 또 넓은 마음을 주시되 바닷가의 모래 같이 하시니...(4:29)

솔로몬이 기름 부음을 받고 그의 아버지를 이어 왕이 되었다 함을 두로 왕 히람이 듣고 그의 신하들을 솔로몬에게 보냈으니 이는 히람이 평생에 다윗을 사랑하였음이라...(5:1-8)

이에 왕이 명령을 내려 크고 귀한 돌을 떠다가 다듬어서 성전의 기초석으로 놓게 하매(5:17)

• 에베소서 2장 : 주 안에서 서로 연결하여 완성되어 가는 성전

그는 허물과 죄로 죽었던 너희를 살리셨도다...(1-5)

너희는 그 은혜에 의하여 믿음으로 말미암아 구원을 받았으니 이것은 너희에게서 난 것이 아니요 하나님의 선물이라...(8-10)

그 때에 너희는 그리스도 밖에 있었고 이스라엘 나라 밖의 사람이라 약속의 언약들에 대하여는 외인이요 세상에서 소망이 없고 하나님도 없는 자이더니...(12-22)

• 에스겔 35장 : 이스라엘 족속이 거주한 땅은 주가 계신 성전

인자야 네 얼굴을 세일 산으로 향하고 그에게 예언하여...(2-6)

너를 영원히 황폐하게 하여 네 성읍들에 다시는 거주하는 자가 없게 하리니 내가 여호와인 줄을 너희가 알리라...(9-13)

이스라엘 족속의 기업이 황폐하므로 네가 즐거워한 것 같이 내가 너를 황폐하게 하리라 세일 산아 너와 에돔 온 땅이 황폐하리니 내가 여호와인 줄을 무리가 알리라 하셨다 하라(15)

• 시편 85편 : 주가 성도의 기도를 들으시고 말씀하시는 성전

여호와여 주께서 주의 땅에 은혜를 베푸사 야곱의 포로 된 자들이 돌아오게 하셨으며...(1-4)

여호와여 주의 인자하심을 우리에게 보이시며 주의 구원을 우리에게 주소서...(7-9)

여호와께서 좋은 것을 주시리니 우리 땅이 그 산물을 내리로다...(12-13)

Ⅲ. 묵상을 위한 질문

1. 솔로몬은 하나님이 약속하신대로 어떤 복을 받았나요?(4:7,20~26,29~30,34)
2. 솔로몬은 성전 건축을 위하여 누구와 약조를 맺었나요?(5:1~8,11~12,18)
3. 바울은 에베소교회 성도들에게 과거의 신분이 어떠했음을 깨우쳐 주고 현재의 사명에 대해 가르쳐 주었나요?(1~3,10)
4. 바울은 에베소교회 성도들에게 그리스도의 하신 사역과 그 결과를 어떻게 설명했나요?(12~22)
5. 여호와 하나님이 세일 산을 향해 심판을 내리신 이유는 무엇일까요?(2~6,9~11)
6. 여호와 하나님이 에돔 온 땅에 심판을 내리신 이유는 무엇일까요?(12~13,15)
7. 고라 자손은 성전에서 여호와 하나님께 어떤 기도를 드렸나요?(1~4,6~7)
8. 고라 자손은 여호와 하나님이 성전에서 그의 백성, 그의 성도들에게 무엇을 말씀하실 것이라고 했나요?(8~10,12)

Ⅳ. 기도

1. 주여, 받은 복을 세어보고 그 복을 사용하여 주의 성전을 세워가게 하옵소서.
2. 주여, 진노의 자녀였던 내가 예수의 은혜로 구원받았음을 감사하게 하옵소서.
3. 주여, 골방과 성전에서 진심으로 기도하고 말씀을 듣는 자가 되게 하옵소서.

• 하나님 마음 알아가기 •

• 나에게 주시는 말씀(암송하기) •

• 오늘의 감사(기록하기) •

276 일차 / 365 소망 10월 3일

I. 맥체인성경의 통독구조<276>

역사이해 : 과거의 역사를 살피고 오늘의 관점에서 다시 재해석한다.

성경해석 : 본문시대의 역사 – 본문 속에 등장한 사건시대의 역사를 말한다.
기록시대의 역사 – 성경을 기술한 해당시대의 역사를 말한다.
독자시대의 역사 – 성경을 읽고 있는 독자시대의 역사를 말한다.

II. 핵심구절 읽기

성경본문	열왕기상 6장	에베소서 3장	에스겔 36장	시편 86편
통일주제	**소망** (所望, 간절히 바라고 원함)			
개별주제	다윗과 솔로몬이 소망하던 성전건축이 완공됨	바울이 소망하던 이방인의 구원이 성취됨	이스라엘이 소망하던 왕국의 회복이 예언됨	다윗이 소망했던 환난 중의 구원이 성취됨
연합내용	**그리스도인에게 소망이 없다면 참 신앙인이 아니다. 궁극적으로는 천국에 소망을 두고 현세적으로는 주어진 사명의 완수를 위해 달려가는 것이다. 하나님도 인류를 향한 자신의 소망을 끊임없이 실천해 가신다.**			
핵심구절	1~2,7,9,12~16,19,22~23 27~28,37~38	1~2,5~6,8~9 12~13,15~21	1~2,5,7~12,15 17~30,32~33 36~37	1~11,13,15~17

• 열왕기상 6장 : 다윗과 솔로몬이 소망하던 성전건축이 완공됨

이스라엘 자손이 애굽 땅에서 나온 지 사백팔십 년이요 솔로몬이 이스라엘 왕이 된 지 사년 시브월 곧 둘째 달에 솔로몬이 여호와를 위하여 성전 건축하기를 시작하였더라...(1-2)

성전의 건축을 마치니라 그 성전은 백향목 서까래와 널판으로 덮었고(9)

여호와의 언약궤를 두기 위하여 성전 안에 내소를 마련하였는데(19)

솔로몬이 내소 가운데에 그룹을 두었으니 그룹들의 날개가 펴져 있는데 이쪽 그룹의 날개는 이쪽 벽에 닿았고 저쪽 그룹의 날개는 저쪽 벽에 닿았으며 두 날개는 성전의 중앙에서 서로 닿았더라...(27-28)

넷째 해 시브월에 여호와의 성전 기초를 쌓았고....(37-38)

• 에베소서 3장 : 바울이 소망하던 이방인의 구원이 성취됨

이러므로 그리스도 예수의 일로 너희 이방인을 위하여 갇힌 자 된 나 바울이 말하거니와...(1-2)

모든 성도 중에 지극히 작은 자보다 더 작은 나에게 이 은혜를 주신 것은 측량할 수 없는 그리스도의 풍성함을 이방인에게 전하게 하시고...(8-9)

우리가 그 안에서 그를 믿음으로 말미암아 담대함과 확신을 가지고 하나님께 나아감을 얻느니라...(12-13)

이름을 주신 아버지 앞에 무릎을 꿇고 비노니....(15-21)

• 에스겔 36장 : 이스라엘이 소망하던 왕국의 회복이 예언됨

인자야 너는 이스라엘 산들에게 예언하여 이르기를 이스라엘 산들아 여호와의 말씀을 들으라...(1-2)

주 여호와께서 이같이 말씀하시기를 내가 진실로 내 맹렬한 질투로 남아 있는 이방인과 에돔 온 땅을 쳐서 말하였노니 이는 그들이 심히 즐거워하는 마음과 멸시하는 심령으로 내 땅을 빼앗아 노략하여 자기 소유를 삼았음이라(5)

내가 또 너를 여러 나라의 수치를 듣지 아니하게 하며 만민의 비방을 다시 받지 아니하게 하며 네 나라 백성을 다시 넘어뜨리지 아니하게 하리라 주 여호와의 말씀이니라 하셨다 하라(15)

너희 사방에 남은 이방 사람이 나 여호와가 무너진 곳을 건축하며 황폐한 자리에 심은 줄을 알리라 나 여호와가 말하였으니 이루리라...(36-37)

• 시편 86편 : 다윗이 소망했던 환난 중의 구원이 성취됨

여호와여 나는 가난하고 궁핍하오니 주의 귀를 기울여 내게 응답하소서...(1-11)

이는 내게 향하신 주의 인자하심이 크사 내 영혼을 깊은 스올에서 건지셨음이니이다(13)

그러나 주여 주는 긍휼히 여기시며 은혜를 베푸시며 노하기를 더디하시며 인자와 진실이 풍성하신 하나님이시오니...(15-17)

예수를 배척한지라 예수께서 그들에게 말씀하시되 선지자가 자기 고향과 자기 집 외에서는 존경을 받지 않음이 없느니라 하시고...(57-58)

Ⅲ. 묵상을 위한 질문

1. 솔로몬은 여호와의 성전을 어떤 식양으로 건축하였으며 내외 장식과 단장(인테리어)은 어떻게 하였을까요?(2,7,14~16,19,22~23,27~28)
2. 솔로몬이 여호와의 성전을 정성껏 건축하는데 몇 년이 걸렸나요?(37~38)
3. 이방인을 위하여 하나님의 비밀의 복음을 전하게 된 바울은 자신을 어떻게 표현했나요?(1~2,6,8~9)
4. 바울이 에베소교회를 위하여 간절히 기도한 내용은 무엇일까요?(15~19)
5. 여호와 하나님은 이스라엘에 대해 어떤 회복계획을 세우셨나요?(7~12,15)
6. 여호와 하나님은 무엇을 가장 소중히 여기신다고 말씀하셨나요?(21~23,32,37)
7. 다윗은 여호와 하나님께 어떤 소원을 기도했나요?(1~7,11,16~17)
8. 다윗은 자신의 기도를 들으시는 하나님을 어떻게 고백했나요?(8~10,13,15)

Ⅳ. 기도

1. 주여, 성전을 향한 거룩한 소망을 갖게 하시고 힘을 다해 이루게 하옵소서.
2. 주여, 바울의 열정을 닮아 국내와 해외에 복음을 전하는 자가 되게 하옵소서.
3. 주여, 선택한 자를 향한 하나님의 열심을 깨닫고 그 이름을 높이게 하옵소서.

• 하나님 마음 알아가기 •

• 나에게 주시는 말씀(암송하기) •

• 오늘의 감사(기록하기) •

277 일차 / 365 건립 10월 4일

Ⅰ. 맥체인성경의 통독구조<277>

시간적, 공간적 역사하심 찾기

하나님의 사역은 시간적으로나 공간적으로 섬세하게 나타나며 또 역사하신다.

편집순 읽기 –> 연대기 읽기 –> 입체적 읽기 등 읽는 방법에 따라 다양한 은혜를 경험할 수 있음으로 맥체인성경통독도 매우 중요하다.

Ⅱ. 핵심구절 읽기

성경본문	열왕기상 7장	에베소서 4장	에스겔 37장	시편 87-88편
통일주제	**건립** (建立, 건물, 기념비, 나라, 기관, 조직체 따위를 만들어 세움)			
개별주제	솔로몬이 왕궁과 여호와의 성전을 건립함	성도들이 그리스도의 몸된 교회를 건립함	여호와께서 마른 뼈 같은 이스라엘을 건립함	여호와께서 곤란 중의 영혼과 시온을 건립함
연합내용	**성전은 하나님께서 거하시며 제사를 받으시는 곳이다. 이제는 독생자 예수 그리스도를 통하여 교회를 세우셨으니 성도는 각기 믿음의 분량대로 한 몸이 되어 교회와 하나님의 나라를 건립해 나가야 한다.**			
핵심구절	1,9,13~15, 21~22,51	1~7,11~16 21~32	1~7,9~14,16~17 19~23,26~28	87:5~7 88:1~4,8~9 13~14,18

• 열왕기상 7장 : 솔로몬이 왕궁과 여호와의 성전을 건립함

솔로몬이 자기의 왕궁을 십삼 년 동안 건축하여 그 전부를 준공하니라(1)

이 집들은 안팎을 모두 귀하고 다듬은 돌로 지었으니 크기대로 톱으로 켠 것이라 그 초석에서 처마까지와 외면에서 큰 뜰에 이르기까지 다 그러하니(9)

이 두 기둥을 성전의 주랑 앞에 세우되 오른쪽 기둥을 세우고 그 이름을 야긴이라 하고 왼쪽의 기둥을 세우고 그 이름을 보아스라 하였으며...(21-22)

솔로몬 왕이 여호와의 성전을 위하여 만드는 모든 일을 마친지라 이에 솔로몬이 그의 아버지 다윗이 드린 물건 곧 은과 금과 기구들을 가져다가 여호와의 성전 곳간에 두었더라(51)

• 에베소서 4장 : 성도들이 그리스도의 몸된 교회를 건립함

그러므로 주 안에서 갇힌 내가 너희를 권하노니 너희가 부르심을 받은 일에 합당하게 행하여...(1-7)

그가 어떤 사람은 사도로, 어떤 사람은 선지자로, 어떤 사람은 복음 전하는 자로, 어떤 사람은 목사와 교사로 삼으셨으니...(11-16)

진리가 예수 안에 있는 것 같이 너희가 참으로 그에게서 듣고 또한 그 안에서 가르침을 받았을진대...(21-32)

• 에스겔 37장 : 여호와께서 마른 뼈같은 이스라엘을 건립함

여호와께서 권능으로 내게 임재하시고 그의 영으로 나를 데리고 가서 골짜기 가운데 두셨는데 거기 뼈가 가득하더라...(1-7)

또 내게 이르시되 인자야 너는 생기를 향하여 대언하라 생기에게 대언하여 이르기를 주 여호와께서 이같이 말씀하시기를 생기야 사방에서부터 와서 이 죽음을 당한 자에게 불어서 살아나게 하라 하셨다 하라...(9-14)

너는 곧 이르기를 주 여호와께서 이같이 말씀하시기를 내가 에브라임의 손에 있는 바 요셉과 그 짝 이스라엘 지파들의 막대기를 가져다가 유다의 막대기에 붙여서 한 막대기가 되게 한즉 내 손에서 하나가 되리라 하셨다 하고...(19-23)

내가 그들과 화평의 언약을 세워서 영원한 언약이 되게 하고 또 그들을 견고하고 번성하게 하며 내 성소를 그 가운데에 세워서 영원히 이르게 하리니...(26-28)

• 시편 87-88편 : 여호와께서 곤란 중의 영혼과 시온을 건립함

시온에 대하여 말하기를 이 사람, 저 사람이 거기서 났다고 말하리니 지존자가 친히 시온을 세우리라 하는도다...(87:5-7)

여호와 내 구원의 하나님이여 내가 주야로 주 앞에서 부르짖었사오니...(88:1-4)

여호와여 오직 내가 주께 부르짖었사오니 아침에 나의 기도가 주의 앞에 이르리이다...(88:13-14)

주는 내게서 사랑하는 자와 친구를 멀리 떠나게 하시며 내가 아는 자를 흑암에 두셨나이다(88:18)

Ⅲ. 묵상을 위한 질문

1. 솔로몬 왕이 사람을 보내어 히람을 두로에서 데려온 이유는 무엇일까요?(13~14)
2. 성전의 주랑 앞에 세워진 히람이 만든 두 기둥의 이름은 각각 무엇일까요?(21)
3. 하나님께서 성도들을 각 지체의 분량대로 역할 삼으신 이유는 무엇일까요?(11~16)
4. 사도 바울은 옛 사람을 벗어버리고 어떤 새 사람이 될 것을 권면했나요?(17~24)
5. 여호와께서 에스겔을 통해 살리신 마른 뼈들은 무엇을 의미하는 것일까요?(11)
6. 여호와께서 에스겔에게 말씀하신 막대기 비유를 통해 무엇을 약속하셨나요?(21~28)
7. 고라 자손의 노래 속에 등장하는 라합은 어느 나라를 상징하는 표현일까요?(87:4)
8. 헤만의 노래 속에 연약함과 아픔이 절실히 드러나는 표현에는 어떤 것들이 있나요?
   (88:1~4,8~9,13~14,18)

Ⅳ. 기도

1. 주여, 나를 구원하신 하나님께 정성과 최고의 것을 드릴 수 있게 하옵소서.
2. 주여, 우리를 구원하신 예수님을 머리 삼아 한 몸 된 교회를 세우게 하옵소서.
3. 주여, 연약하고 아플 때도 하나님을 의지하고 기도를 드려 승리하게 하옵소서.

• 하나님 마음 알아가기 •

• 나에게 주시는 말씀(암송하기) •

• 오늘의 감사(기록하기) •

278 일차 / 365 제물 10월 5일

Ⅰ. 맥체인성경의 통독구조<278>

사복음서를 통해 입체적인 예수님을 보듯 신구약 네 장 통독을 통해 하나님의 역사하심을 입체적으로 보는 구조이다.

Ⅱ. 핵심구절 읽기

성경본문	열왕기상 8장	에베소서 5장	에스겔 38장	시편 89편
통일주제	**제물** (祭物, 제사에 사용하는 각종 동식물과 음식)			
개별주제	솔로몬이 성전봉헌식 때에 드린 풍성한 제물	그리스도는 자신을 드린 향기로운 희생 제물	주가 이스라엘을 심판키 위해 잠시 사용한 제물	주의 속성과 일을 널리 알리는 대언자적인 제물
연합내용	**하나님께 나아가는 자는 제물을 드려야 한다. 그 제물은 동물제사로 피를, 곡물제사로 가루를 드렸다. 예수는 모든 물과 피를 흘려 희생제물이 되셨고 선지자들과 사도들은 복음을 위한 순교제물이 되었다.**			
핵심구절	1,4~6,9~11,13~14 16,20~21,23,27~30, 32,35~43,46~50 55~56,62~65	1~5,8~11,15~22 24~25,28~29	3~6,9~16 18~20,23	1~2,5,7~8 10~11,14~17 19~21,24 26~37,46~49

• 열왕기상 8장 : 솔로몬이 성전봉헌식 때에 드린 풍성한 제물

이에 솔로몬이 여호와의 언약궤를 다윗 성 곧 시온에서 메어 올리고자 하여 이스라엘 장로와 모든 지파의 우두머리 곧 이스라엘 자손의 족장들을 예루살렘에 있는 자기에게로 소집하니(1)

내가 참으로 주를 위하여 계실 성전을 건축하였사오니 주께서 영원히 계실 처소로소이다 하고...(13-14)

이르되 이스라엘의 하나님 여호와여 위로 하늘과 아래로 땅에 주와 같은 신이 없나이다 주께서는 온 마음으로 주의 앞에서 행하는 종들에게 언약을 지키시고 은혜를 베푸시나이다(23)

범죄하지 아니하는 사람이 없사오니 그들이 주께 범죄함으로 주께서 그들에게 진노하사 그들을 적국에게 넘기시매 적국이 그들을 사로잡아 원근을 막론하고 적국의 땅으로 끌어간 후에...(46-50)

• **에베소서 5장 : 그리스도는 자신을 드린 향기로운 희생제물**

그러므로 사랑을 받는 자녀 같이 너희는 하나님을 본받는 자가 되고...(1-5)

너희가 전에는 어둠이더니 이제는 주 안에서 빛이라 빛의 자녀들처럼 행하라...(8-11)

그런즉 너희가 어떻게 행할지를 자세히 주의하여 지혜 없는 자 같이 하지 말고 오직 지혜 있는 자 같이 하여...(15-22)

이와 같이 남편들도 자기 아내 사랑하기를 자기 자신과 같이 할지니 자기 아내를 사랑하는 자는 자기를 사랑하는 것이라...(28-29)

• **에스겔 38장 : 주가 이스라엘을 심판키 위해 잠시 사용한 제물**

이르기를 주 여호와께서 이같이 말씀하시기를 로스와 메섹과 두발 왕 곡아 내가 너를 대적하여...(3-6)

네가 올라오되 너와 네 모든 떼와 너와 함께 한 많은 백성이 광풍 같이 이르고 구름 같이 땅을 덮으리라...(9-16)

그 날에 곡이 이스라엘 땅을 치러 오면 내 노여움이 내 얼굴에 나타나리라 주 여호와의 말씀이니라...(18-20)

이같이 내가 여러 나라의 눈에 내 위대함과 내 거룩함을 나타내어 나를 알게 하리니 내가 여호와인 줄을 그들이 알리라(23)

• **시편 89편 : 주의 속성과 일을 널리 알리는 대언자적인 제물**

내가 여호와의 인자하심을 영원히 노래하며 주의 성실하심을 내 입으로 대대에 알게 하리이다...(1-2)

여호와여 주의 기이한 일을 하늘이 찬양할 것이요 주의 성실도 거룩한 자들의 모임 가운데에서 찬양하리이다(5)

주께서 라합을 죽임 당한 자 같이 깨뜨리시고 주의 원수를 주의 능력의 팔로 흩으셨나이다...(10-11)

그 때에 주께서 환상 중에 주의 성도들에게 말씀하여 이르시기를 내가 능력 있는 용사에게는 돕는 힘을 더하며 백성 중에서 택함 받은 자를 높였으되...(19-21)

나의 성실함과 인자함이 그와 함께 하리니 내 이름으로 말미암아 그의 뿔이 높아지리로다(24)

여호와여 언제까지니이까 스스로 영원히 숨기시리이까 주의 노가 언제까지 불붙듯 하시겠나이까...(46-49)

Ⅲ. 묵상을 위한 질문

1. 솔로몬은 하나님께 여러 상황 중에 성전을 향하여 기도와 간구를 드리면 반드시 응답해 달라고 기도했는데 그 응답의 근거를 무엇에 두었나요?(51~53)
2. 솔로몬은 여호와의 성전봉헌식을 몇 일동안 어떻게 거행했나요?(62~65)
3. 바울은 에베소교회 성도들에게 하나님을 본받는 자가 되기 위하여 어떤 신앙생활을 하라고 권면했나요?(1~5,8~10)
4. 바울은 에베소교회 성도들에게 어떤 부부의 교훈을 가르쳐 주었나요?(22~29)
5. 여호와 하나님은 북쪽에 있는 어느 나라를 도구로 사용하여 이스라엘을 심판하신다고 말씀하셨나요?(3~6,9~16,18)
6. 여호와 하나님은 심판을 통해 무엇을 분명히 알리려고 하셨나요?(16,23)
7. 고라 자손은 여호와의 속성과 언약을 만방에 알리는 어떤 역할을 했나요?(1~5)
8. 여호와 하나님은 고라 자손을 통해 어떤 내용의 말씀을 하셨나요?(19~37)

Ⅳ. 기도

1. 주여, 구속의 은혜를 입은 자로서 하나님께 기도와 간구로 나아가게 하옵소서.
2. 주여, 하나님과 예수 그리스도를 본받아 사랑 가운데 행하는 자가 되게 하옵소서.
3. 주여, 하나님의 뜻과 일을 널리 전하는 대언자의 사명을 감당하게 하옵소서.

• 하나님 마음 알아가기 •

• 나에게 주시는 말씀(암송하기) •

• 오늘의 감사(기록하기) •

279 일차 / 365 계명 10월 6일

Ⅰ. 맥체인성경의 통독구조<279>

코끼리 알기 : 한 면만을 볼 경우 단면의 한계로 온전히 이해하기 어렵다.

코, 뿔, 다리, 꼬리 알기 : 각각의 특징, 지체를 종합하여 볼 때 온전한 모습을 볼 수 있다.

그러므로 성경의 네 시대를 함께 봄으로써 전체를 보는 구조이다.

Ⅱ. 핵심구절 읽기

성경본문	열왕기상 9장	에베소서 6장	에스겔 39장	시편 90편
통일주제	**계명** (誡命, 하나님이 내리신 반드시 지켜야할 말씀과 조건)			
개별주제	성전건축이 완공된 후 솔로몬에게 명하신 계명	에베소교회에게 권면한 잘되고 장수하는 계명	이스라엘에게 회복을 약속하신 후 명하신 계명	짧은 연수를 가진 인생이 꼭 지켜야 할 계명
연합내용	**만물을 다스리시는 하나님은 선하시다. 그러기에 유한한 인간에게 계명을 주실 때 그 목적도 선하시다. 그러므로 믿는 사람은 매순간마다 처한 상황 속에서 주신 계명을 반드시 지킴으로 삶을 승리해야 한다.**			
핵심구절	1~5,8~13,15~16 19~22,24~25	1~4,6~8,11~18 21,24	1~4,7,9~13 21~29	1~6,8~10,12 14~15

• 열왕기상 9장 : 성전건축이 완공된 후 솔로몬에게 명하신 계명

솔로몬이 여호와의 성전과 왕궁 건축하기를 마치며 자기가 이루기를 원하던 모든 것을 마친 때에...(1-5)

이 성전이 높을지라도 지나가는 자마다 놀라며 비웃어 이르되 여호와께서 무슨 까닭으로 이 땅과 이 성전에 이같이 행하셨는고 하면...(8-13)

자기에게 있는 모든 국고성과 병거성들과 마병의 성들을 건축하고 솔로몬이 또 예루살렘과 레바논과 그가 다스리는 온 땅에 건축하고자 하던 것을 다 건축하였는데...(19-22)

바로의 딸이 다윗 성에서부터 올라와 솔로몬이 그를 위하여 건축한 궁에 이를 때에 솔로몬이 밀로를 건축하였더라...(24-25)

• 에베소서 6장 : 에베소교회에게 권면한 잘되고 장수하는 계명

자녀들아 주 안에서 너희 부모에게 순종하라 이것이 옳으니라...(1-4)

눈가림만 하여 사람을 기쁘게 하는 자처럼 하지 말고 그리스도의 종들처럼 마음으로 하나님의 뜻을 행하고...(6-8)

나의 사정 곧 내가 무엇을 하는지 너희에게도 알리려 하노니 사랑을 받은 형제요 주 안에서 진실한 일꾼인 두기고가 모든 일을 너희에게 알리리라(21)

우리 주 예수 그리스도를 변함 없이 사랑하는 모든 자에게 은혜가 있을지어다(24)

• 에스겔 39장 : 이스라엘에게 회복을 약속하신 후 명하신 계명

그러므로 인자야 너는 곡에게 예언하여 이르기를 주 여호와께서 이같이 말씀하시되 로스와 메섹과 두발 왕 곡아 내가 너를 대적하여...(1-4)

내가 내 거룩한 이름을 내 백성 이스라엘 가운데에 알게 하여 다시는 내 거룩한 이름을 더럽히지 아니하게 하리니 내가 여호와 곧 이스라엘의 거룩한 자인 줄을 민족들이 알리라 하라(7)

이스라엘 성읍들에 거주하는 자가 나가서 그들의 무기를 불태워 사르되 큰 방패와 작은 방패와 활과 화살과 몽둥이와 창을 가지고 일곱 해 동안 불태우리라...(9-13)

내가 내 영광을 여러 민족 가운데에 나타내어 모든 민족이 내가 행한 심판과 내가 그 위에 나타낸 권능을 보게 하리니...(21-29)

• 시편 90편 : 짧은 연수를 가진 인생이 꼭 지켜야 할 계명

주여 주는 대대에 우리의 거처가 되셨나이다...(1-6)

주께서 우리의 죄악을 주의 앞에 놓으시며 우리의 은밀한 죄를 주의 얼굴 빛 가운데에 두셨사오니...(8-10)

우리에게 우리 날 계수함을 가르치사 지혜로운 마음을 얻게 하소서(12)

아침에 주의 인자하심이 우리를 만족하게 하사 우리를 일생 동안 즐겁고 기쁘게 하소서...(14-15)

Ⅲ. 묵상을 위한 질문

1. 성전과 왕궁 건축을 마친 때에 여호와께서는 솔로몬에게 나타나셔서 무슨 말씀을 하셨나요?(1~5,8~9)
2. 솔로몬은 여호와를 위하여 쌓은 제단 위에 어떤 제사를 어떻게 드렸나요?(25)
3. 바울은 에베소교회 성도에게 자녀와 부모 간의 어떤 도리를 가르쳤나요?(1~4)
4. 바울은 에베소교회 성도에게 마귀를 대적하기 위해 어떤 전신갑주를 입으라고 했나요?(11~17)
5. 주 여호와 하나님은 침략자 곡을 어떻게 멸망시키신다고 말씀하셨나요?(9~13)
6. 주 여호와 하나님은 범죄함으로 사로잡혀 갔던 이스라엘을 어떻게 회복시키시겠다고 말씀하셨나요?(21~29)
7. 모세는 하나님과 사람(인생)에 대하여 어떻게 표현했나요?(2~3,5~6,10)
8. 모세는 하나님께 한 사람으로서 어떤 소박한 기도를 드렸나요?(12,14~15)

Ⅳ. 기도

1. 주여, 주가 명령하신대로 온갖 일에 순종하여 법도와 규례를 지키게 하옵소서.
2. 주여, 육신적으로는 도리를 지키고 영적으로는 무장하여 승리하게 하옵소서.
3. 주여, 인생의 유한함을 깨닫고 주어진 시간을 바로 충성하며 살게 하옵소서.

• 하나님 마음 알아가기 •

• 나에게 주시는 말씀(암송하기) •

• 오늘의 감사(기록하기) •

280 일차 / 365 전파 10월 7일

Ⅰ. 맥체인성경의 통독구조<280>

구약과 신약이 짝을 이루어 흥미롭고 풍성하게 읽을 수 있는 구조다.

구약과 신약이 대조를 이루어 의미의 다채로움을 경험하며 읽을 수 있는 구조다.

Ⅱ. 핵심구절 읽기

성경본문	열왕기상 10장	빌립보서 1장	에스겔 40장	시편 91편
통일주제	**전파** (傳播, 전하여 널리 퍼짐)			
개별주제	솔로몬의 지혜가 모든 열방에 널리 전파됨	그리스도의 복음이 여러 방도로 널리 전파됨	에스겔이 본 이상이 이스라엘에 널리 전파됨	지존자의 건지심과 지키심이 널리 전파됨
연합내용	**하나님은 자신과 자신의 말씀인 율법을 널리 전파하셨고 예수 그리스도는 천국의 복음과 구원의 복음을 널리 전파하였으며 사도와 제자 그리고 오늘날의 성도는 성령의 은사와 열매와 역사를 널리 전파한다.**			
핵심구절	1~10,12,14~18 21~27,29	1,3~11,14~18 20~21,23~24 27~29	1~6,17,20,24 28,32,35,38~39 42,44~46,48	1~7,11~12 14~16

• 열왕기상 10장 : 솔로몬의 지혜가 모든 열방에 널리 전파됨

스바의 여왕이 여호와의 이름으로 말미암은 솔로몬의 명성을 듣고 와서 어려운 문제로 그를 시험하고자 하여...(1-10)

왕이 백단목으로 여호와의 성전과 왕궁의 난간을 만들고 또 노래하는 자를 위하여 수금과 비파를 만들었으니 이같은 백단목은 전에도 온 일이 없었고 오늘까지도 보지 못하였더라(12)

솔로몬의 세입금의 무게가 금 육백육십육 달란트요...(14-18)

애굽에서 들여온 병거는 한 대에 은 육백 세겔이요 말은 한 필에 백오십 세겔이라 이와 같이 헷 사람의 모든 왕과 아람 왕들에게 그것들을 되팔기도 하였더라(29)

• 빌립보서 1장 : 그리스도의 복음이 여러 방도로 널리 전파됨

그리스도 예수의 종 바울과 디모데는 그리스도 예수 안에서 빌립보에 사는 모든 성도와 또한 감독들과 집사들에게 편지하노니(1)

내가 너희를 생각할 때마다 나의 하나님께 감사하며...(3-11)

형제 중 다수가 나의 매임으로 말미암아 주 안에서 신뢰함으로 겁 없이 하나님의 말씀을 더욱 담대히 전하게 되었느니라...(14-18)

내가 그 둘 사이에 끼었으니 차라리 세상을 떠나서 그리스도와 함께 있는 것이 훨씬 더 좋은 일이라 그렇게 하고 싶으나...(23-24)

오직 너희는 그리스도의 복음에 합당하게 생활하라 이는 내가 너희에게 가 보나 떠나 있으나 너희가 한마음으로 서서 한 뜻으로 복음의 신앙을 위하여 협력하는 것과...(27-29)

• 에스겔 40장 : 에스겔이 본 이상이 이스라엘에 널리 전파됨

우리가 사로잡힌 지 스물다섯째 해, 성이 함락된 후 열넷째 해 첫째 달 열째 날에 곧 그 날에 여호와의 권능이 내게 임하여 나를 데리고 이스라엘 땅으로 가시되...(1-6)

그가 바깥뜰 북쪽을 향한 문간의 길이와 너비를 측량하니(20)

그 문 벽 곁에 문이 있는 방이 있는데 그것은 번제물을 씻는 방이며...(38-39)

안문 밖에 있는 안뜰에는 노래하는 자의 방 둘이 있는데 북문 곁에 있는 방은 남쪽으로 향하였고 남문 곁에 있는 방은 북쪽으로 향하였더라...(44-46)

• 시편 91편 : 지존자의 건지심과 지키심이 널리 전파됨

지존자의 은밀한 곳에 거주하며 전능자의 그늘 아래에 사는 자여, 나는 여호와를 향하여 말하기를 그는 나의 피난처요 나의 요새요 내가 의뢰하는 하나님이라 하리니...(1-7)

그가 너를 위하여 그의 천사들을 명령하사 네 모든 길에서 너를 지키게 하심이라...(11-12)

하나님이 이르시되 그가 나를 사랑한즉 내가 그를 건지리라 그가 내 이름을 안즉 내가 그를 높이리라...(14-16)

Ⅲ. 묵상을 위한 질문

1. 여호와의 이름으로 말미암은 솔로몬의 지혜의 대답과 그 건축한 왕궁을 보고 스바의 여왕은 어떤 고백과 선물을 주었나요?(1~10)
2. 여호와의 약속대로 솔로몬이 받은 재물의 복을 얼마나 되었나요?(14~18,21~27)
3. 바울은 빌립보교회의 어떤 점을 칭찬했나요?(5,7)
4. 바울은 에베소교회에게 자신의 어떤 신앙관을 설명하고 앞으로 어떻게 살라고 권면했나요?(12,14,18,20~21,27)
5. 여호와의 권능이 에스겔에게 임하였을 때 그는 무엇을 보았나요?(1~4)
6. 에스겔이 이스라엘 족속에게 전해야 했던 내용은 어떤 집의 모습이었나요?

   (38~39,42,44~46,48)
7. 여호와께서는 자기 그늘 아래에 사는 자를 어떻게 돌보시나요?(1,3~6,11~12)
8. 여호와께서는 구체적으로 무엇을 하는 자에게 응답하신다고 하셨나요?(14~16)

Ⅳ. 기도

1. 주여, 주의 성전을 온전히 건축하고 봉헌함으로 큰 재물의 복을 받게 하옵소서.
2. 주여, 복음에 참여하여 복음이 널리 전파되도록 힘쓰는 전도자가 되게 하옵소서.
3. 주여, 하나님을 사랑하고 하나님의 이름을 앎으로 항상 건짐을 받게 하옵소서.

• 하나님 마음 알아가기 •

• 나에게 주시는 말씀(암송하기) •

• 오늘의 감사(기록하기) •

281 일차 / 365 겸손 10월 8일

Ⅰ. 맥체인성경의 통독구조<281>

전혀 다른 역사 속에서 믿는 자에게 발생했던 많은 문제들을 현재라는 시점에서 종합하여 묵상하고 현재의 문제를 창조적으로 해결해 가도록 돕는 구조이다.

Ⅱ. 핵심구절 읽기

성경본문	열왕기상 11장	빌립보서 2장	에스겔 41장	시편 92-93편
통일주제	**겸손** (謙遜, 남을 존중하고 자기를 낮추는 태도)			
개별주제	젊을 때의 겸손을 잃고 여호와를 떠난 솔로몬	오직 겸손한 마음으로 남을 더 위하라는 바울	겸손한 자세로 주의 성전 측량을 보는 에스겔	겸손과 감사의 마음으로 지존자를 찬양하는 자
연합내용	**사람은 환경에 따라 초심을 잃어버리곤 한다. 처음에는 겸손했다가 나중에는 교만하여 자신의 현주소를 망각하는 것이다. 성도는 항상 주님과 타인 앞에서 겸손함을 지킴으로 언약과 축복을 잃지 말아야 한다.**			
핵심구절	1~9,11~14,23 25~38,40	1~8,11~15,17 19~22,25~27,30	1~2,4,7,13 18~20,22,25~26	92:1~5,8,10,12~14 93:1~2,4~5

• 열왕기상 11장 : 젊을 때의 겸손을 잃고 여호와를 떠난 솔로몬

솔로몬 왕이 바로의 딸 외에 이방의 많은 여인을 사랑하였으니 곧 모압과 암몬과 에돔과 시돈과 헷 여인이라...(1-9)

하나님이 또 엘리아다의 아들 르손을 일으켜 솔로몬의 대적자가 되게 하시니 그는 그의 주인 소바 왕 하닷에셀에게서 도망한 자라(23)

솔로몬의 일평생에 하닷이 끼친 환난 외에 르손이 수리아 왕이 되어 이스라엘을 대적하고 미워하였더라...(25-38)

이러므로 솔로몬이 여로보암을 죽이려 하매 여로보암이 일어나 애굽으로 도망하여 애굽 왕 시삭에게 이르러 솔로몬이 죽기까지 애굽에 있으니라(40)

• 빌립보서 2장 : 오직 겸손한 마음으로 남을 더 위하라는 바울

그러므로 그리스도 안에 무슨 권면이나 사랑의 무슨 위로나 성령의 무슨 교제나 긍휼이

나 자비가 있거든...(1-8)

만일 너희 믿음의 제물과 섬김 위에 내가 나를 전제로 드릴지라도 나는 기뻐하고 너희 무리와 함께 기뻐하리니(17)

내가 디모데를 속히 너희에게 보내기를 주 안에서 바람은 너희의 사정을 앎으로 안위를 받으려 함이니...(19-22)

그가 그리스도의 일을 위하여 죽기에 이르러도 자기 목숨을 돌보지 아니한 것은 나를 섬기는 너희의 일에 부족함을 채우려 함이니라(30)

• 에스겔 41장 : 겸손한 자세로 주의 성전 측량을 보는 에스겔

그가 나를 데리고 성전에 이르러 그 문 벽을 측량하니 이쪽 두께도 여섯 척이요 저쪽 두께도 여섯 척이라 두께가 그와 같으며...(1-2)

그가 내전을 측량하니 길이는 스무 척이요 너비는 스무 척이라 그가 내게 이르되 이는 지성소니라 하고(4)

그가 성전을 측량하니 길이는 백 척이요 또 서쪽 뜰과 그 건물과 그 벽을 합하여 길이는 백 척이요(13)

이 성전 문에 그룹과 종려나무를 새겼는데 벽에 있는 것과 같고 현관 앞에는 나무 디딤판이 있으며...(25-26)

• 시편 92-93편 : 겸손과 감사의 마음으로 지존자를 찬양하는 자

지존자여 십현금과 비파와 수금으로 여호와께 감사하며 주의 이름을 찬양하고 아침마다 주의 인자하심을 알리며 밤마다 주의 성실하심을 베풂이 좋으니이다...(92:1-5)

그러나 주께서 내 뿔을 들소의 뿔 같이 높이셨으며 내게 신선한 기름을 부으셨나이다(92:10)

여호와께서 다스리시니 스스로 권위를 입으셨도다 여호와께서 능력의 옷을 입으시며 띠를 띠셨으므로 세계도 견고히 서서 흔들리지 아니하는도다...(93:1-2)

높이 계신 여호와의 능력은 많은 물 소리와 바다의 큰 파도보다 크니이다...(93:4-5)

Ⅲ. 묵상을 위한 질문

1. 하나님 여호와를 떠난 솔로몬이 얻은 것과 잃은 것은 무엇일까요?(1~9,11~13)
2. 솔로몬이 하나님 여호와를 떠남으로 그에게 대적들이 생겼을 때 그의 삶은 어떻게 달라졌나요?(14,23,25~26,40,43)
3. 바울은 빌립보교회에게 무엇을 하든지 어떤 마음으로 하라고 교훈했나요?(1~8)
4. 바울에게는 어떤 동역자들이 있었으며 그들에게는 어떤 은혜가 있었나요?(19~22,25~27,30)
5. 하나님이 에스겔에게 성소와 지성소의 척도를 보여 주신 이유는 무엇일까요?(2,4)
6. 하나님이 성전에 그룹과 종려나무를 새긴 이유는 무엇일까요?(18~20,25~26)
7. 시편 기자는 안식일에 어떤 시와 찬미로 찬송을 불렀나요?(92:1~5,12~14)
8. 여호와의 통치의 권위는 어디에서 왔으며 그의 능력으로 통치했을 때 그 결과는 어떠했나요?(93:1~2,4)

Ⅳ. 기도

1. 주여, 여건과 형편이 달라졌을 때 절대 변하지 않는 신앙을 갖게 하옵소서.
2. 주여, 예수의 겸손을 따라 늘 겸손한 마음으로 남을 낫게 여기게 하옵소서.
3. 주여, 거룩한 주일에 주를 향하여 시와 찬미로 온전히 찬송하게 하옵소서.

• 하나님 마음 알아가기 •

• 나에게 주시는 말씀(암송하기) •

• 오늘의 감사(기록하기) •

282 일차 / 365 행악 10월 9일

Ⅰ. 맥체인성경의 통독구조<282>

편하게 읽을 것인가, 유익하게 읽을 것인가? 편하게 읽는다는 것은 생각을 단순화 시키는 것과 같다. 반면 유익하게 읽으려면 사고를 동원해야 한다.

Ⅱ. 핵심구절 읽기

성경본문	열왕기상 12장	빌립보서 3장	에스겔 42장	시편 94편
통일주제	**행악** (行惡, 하나님의 말씀을 거역하고 죄악된 일을 자행함)			
개별주제	여로보암이 우상제단을 만드는 행악을 저지름	그리스도의 십자가의 원수가 행악을 일삼음	제사장이 속죄제와 속건죄로 행악을 사죄함	복수하시는 하나님이 악인의 행악을 심판함
연합내용	**많은 사람은 하나님을 무시한 채 우상을 만들고 그 앞에 절하며 율법과 계명을 떠나 죄를 범한다. 이런 죄인을 속죄하기 위하여 오신 예수 그리스도를 외면할 뿐만이 아니라 원수가 되어 더욱 행악을 일삼는다.**			
핵심구절	1~4,6~11,13~18 20~24,26~32	2~9,12~14 17~20	1,3~6,9~10 13~15,20	1~2,4~7,9~14 17~19,23

• 열왕기상 12장 : 여로보암이 우상제단을 만드는 행악을 저지름

르호보암이 세겜으로 갔으니 이는 온 이스라엘이 그를 왕으로 삼고자 하여 세겜에 이르렀음이더라...(1-4)

르호보암 왕이 그의 아버지 솔로몬의 생전에 그 앞에 모셨던 노인들과 의논하여 이르되 너희는 어떻게 충고하여 이 백성에게 대답하게 하겠느냐...(6-11)

왕이 포학한 말로 백성에게 대답할새 노인의 자문을 버리고...(13-18)

온 이스라엘이 여로보암이 돌아왔다 함을 듣고 사람을 보내 그를 공회로 청하여 온 이스라엘의 왕으로 삼았으니 유다 지파 외에는 다윗의 집을 따르는 자가 없으니라...(20-24)

그의 마음에 스스로 이르기를 나라가 이제 다윗의 집으로 돌아가리로다...(26-32)

• **빌립보서 3장 : 그리스도의 십자가의 원수가 행악을 일삼음**

개들을 삼가고 행악하는 자들을 삼가고 몸을 상해하는 일을 삼가라...(2-9)

내가 이미 얻었다 함도 아니요 온전히 이루었다 함도 아니라 오직 내가 그리스도 예수께 잡힌 바 된 그것을 잡으려고 달려가노라...(12-14)

형제들아 너희는 함께 나를 본받으라 그리고 너희가 우리를 본받은 것처럼 그와 같이 행하는 자들을 눈여겨 보라...(17-20)

• **에스겔 42장 : 제사장이 속죄제와 속건죄로 행악을 사죄함**

그가 나를 데리고 밖으로 나가 북쪽 뜰로 가서 두 방에 이르니 그 두 방의 하나는 골방 앞 뜰을 향하였고 다른 하나는 북쪽 건물을 향하였는데(1)

이 방들 아래에 동쪽에서 들어가는 통행구가 있으니 곧 바깥뜰에서 들어가는 통행구더라...(9-10)

그가 내게 이르되 좌우 골방 뜰 앞 곧 북쪽과 남쪽에 있는 방들은 거룩한 방이라 여호와를 가까이 하는 제사장들이 지성물을 거기에서 먹을 것이며 지성물 곧 소제와 속죄제와 속건제의 제물을 거기 둘 것이니 이는 거룩한 곳이라...(13-15)

그가 이같이 그 사방을 측량하니 그 사방 담 안 마당의 길이가 오백 척이며 너비가 오백 척이라 그 담은 거룩한 것과 속된 것을 구별하는 것이더라(20)

• **시편 94편 : 복수하시는 하나님이 악인의 행악을 심판함**

여호와여 복수하시는 하나님이여 복수하시는 하나님이여 빛을 비추어 주소서...(1-2)

그들이 마구 지껄이며 오만하게 떠들며 죄악을 행하는 자들이 다 자만하나이다...(4-7)

귀를 지으신 이가 듣지 아니하시랴 눈을 만드신 이가 보지 아니하시랴...(9-14)

여호와께서 내게 도움이 되지 아니하셨더면 내 영혼이 벌써 침묵 속에 잠겼으리로다...(17-19)

그들의 죄악을 그들에게로 되돌리시며 그들의 악으로 말미암아 그들을 끊으시리니 여호와 우리 하나님이 그들을 끊으시리로다(23)

Ⅲ. 묵상을 위한 질문

1. 하나님이 솔로몬에게 예언한 분열의 말씀은 결국 어떻게 성취되었나요?(3~4,6~15)
2. 여로보암이 왕좌를 지키기 위하여 행한 죄악된 일은 무엇이었나요?(26~32)
3. 바울은 빌립보교회 성도들에게 어떤 내용을 거듭 강조했나요?(1~3,7~8)
4. 바울이 빌립보교회 성도들에게 거듭 말하며 깨우친 우상숭배자들은 어떻게 행동하는 자들일까요?(18~19)
5. 에스겔이 본 좌우 골방 뜰 앞 곧 북쪽과 남쪽에 있는 방들은 어떤 방이며 어떤 용도로 사용될까요?(13~14)
6. 성전의 사방 담의 크기는 얼마이며 그 용도는 무엇일까요?(15,20)
7. 시편 기자는 여호와를 어떤 하나님이라고 표현했나요?(1~2,10)
8. 시편 기자는 자기 앞에 있는 행악자와 악행하는 자를 누가 심판하신다고 했나요?(16~19,23)

Ⅳ. 기도

1. 주여, 하나님의 예언을 경히 여기지 말고 자신을 돌아보아 주의하게 하옵소서.
2. 주여, 행악을 삼가고 예수를 아는 지식을 좇아 하늘의 시민권을 갖게 하옵소서.
3. 주여, 복수하시는 하나님 앞에 교만한 자와 악인의 징벌을 맡기게 하옵소서.

• 하나님 마음 알아가기 •

• 나에게 주시는 말씀(암송하기) •

• 오늘의 감사(기록하기) •

283 일차 / 365 유혹 10월 10일

Ⅰ. 맥체인성경의 통독구조<283>

익숙하게 읽을 것인가, 새롭게 읽을 것인가?

습관적으로, 전통적으로 읽으면 익숙하게 읽을 수는 있다. 하지만 새롭게 읽으려면 지도와 도움이 필요하다. 맥체인성경 통독은 약간의 훈련이 필요한 구조다.

Ⅱ. 핵심구절 읽기

성경본문	열왕기상 13장	빌립보서 4장	에스겔 43장	시편 95-96편
통일주제	**유혹** (誘惑, 꾀어서 마음을 현혹하거나 좋지 아니한 길로 이끎)			
개별주제	하나님의 사람이 유혹을 분별하지 못해 죽음	바울이 여러 어려움의 유혹에도 자족하여 행함	에스겔이 거짓된 제사의 유혹을 구별해 권함	선민이 옛 조상의 유혹을 버리고 주를 노래함
연합내용	**창세로부터 오늘에 이르기까지 유혹은 계속된다. 동시에 하나님의 도우심과 성령의 돌보심도 계속된다. 그러므로 믿는 자는 날마다 깨어있어 주 안에서 유혹을 이기고 목적을 이루는 사명자가 되어야 한다.**			
핵심구절	1~6,9~12,15~22 24,26,29~30 32~34	1~2,4~9,11~16 18~19	2~5,7,9~11,13 18~24,27	95:1~3,6~8,10 96:1~2,4~10,13

• 열왕기상 13장 : 하나님의 사람이 유혹을 분별하지 못해 죽음

보라 그 때에 하나님의 사람이 여호와의 말씀으로 말미암아 유다에서부터 벧엘에 이르니 마침 여로보암이 제단 곁에 서서 분향하는지라...(1-6)

이는 곧 여호와의 말씀이 내게 명령하여 이르시기를 떡도 먹지 말며 물도 마시지 말고 왔던 길로 되돌아가지 말라 하셨음이니이다 하고...(9-12)

이에 그 사람이 가더니 사자가 길에서 그를 만나 물어 죽이매 그의 시체가 길에 버린 바 되니 나귀는 그 곁에 서 있고 사자도 그 시체 곁에 서 있더라(24)

늙은 선지자가 하나님의 사람의 시체를 들어 나귀에 실어 가지고 돌아와 자기 성읍으로 들어가서 슬피 울며 장사하되...(29-30)

그가 여호와의 말씀으로 벧엘에 있는 제단을 향하고 또 사마리아 성읍들에 있는 모든 산당을 향하여 외쳐 말한 것이 반드시 이룰 것임이니라...(32-34)

• 빌립보서 4장 : 바울이 여러 어려움의 유혹에도 자족하여 행함

그러므로 나의 사랑하고 사모하는 형제들, 나의 기쁨이요 면류관인 사랑하는 자들아 이와 같이 주 안에 서라...(1-2)

주 안에서 항상 기뻐하라 내가 다시 말하노니 기뻐하라...(4-9)

내가 궁핍하므로 말하는 것이 아니니라 어떠한 형편에든지 나는 자족하기를 배웠노니...(11-16)

내게는 모든 것이 있고 또 풍부한지라 에바브로디도 편에 너희가 준 것을 받으므로 내가 풍족하니 이는 받으실 만한 향기로운 제물이요 하나님을 기쁘시게 한 것이라...(18-19)

• 에스겔 43장 : 에스겔이 거짓된 제사의 유혹을 구별해 권함

이스라엘 하나님의 영광이 동쪽에서부터 오는데 하나님의 음성이 많은 물 소리 같고 땅은 그 영광으로 말미암아 빛나니...(2-5)

그가 내게 이르시되 인자야 이는 내 보좌의 처소, 내 발을 두는 처소, 내가 이스라엘 족속 가운데에 영원히 있을 곳이라 이스라엘 족속 곧 그들과 그들의 왕들이 음행하며 그 죽은 왕들의 시체로 다시는 내 거룩한 이름을 더럽히지 아니하리라(7)

제단의 크기는 이러하니라 한 자는 팔꿈치에서부터 손가락에 이르고 한 손바닥 넓이가 더한 것이라 제단 밑받침의 높이는 한 척이요 그 사방 가장자리의 너비는 한 척이며 그 가로 둘린 턱의 너비는 한 뼘이니 이는 제단 밑받침이요(13)

이 모든 날이 찬 후 제팔일과 그 다음에는 제사장이 제단 위에서 너희 번제와 감사제를 드릴 것이라 그리하면 내가 너희를 즐겁게 받으리라 주 여호와의 말씀이니라(27)

• 시편 95-96편 : 선민이 옛 조상의 유혹을 버리고 주를 노래함

오라 우리가 여호와께 노래하며 우리의 구원의 반석을 향하여 즐거이 외치자...(95:1-3)

오라 우리가 굽혀 경배하며 우리를 지으신 여호와 앞에 무릎을 꿇자...(95:6-8)

새 노래로 여호와께 노래하라 온 땅이여 여호와께 노래할지어다...(96:1-2)

그가 임하시되 땅을 심판하러 임하실 것임이라 그가 의로 세계를 심판하시며 그의 진실하심으로 백성을 심판하시리로다(96:13)

Ⅲ. 묵상을 위한 질문

1. 유다에서 벧엘로 내려온 하나님의 사람이 누구의 말을 속아 들음으로 죽었나요? (11,15~22,24,26)
2. 벧엘의 한 늙은 선지자는 어떤 사람일까요?(11~12,18,20~22,29~30,32)
3. 바울은 감옥에 있으면서도 빌립보 형제들에게 어떤 권면을 했나요?(1,4~7)
4. 바울은 빌립보 사람들의 자신을 향한 선교적 도움을 칭찬하면서 동시에 자기의 어떤 자세를 고백했나요?(11~16)
5. 에스겔은 어떤 환상을 보았으며 여호와는 언제 성전에 거하시나요?(2~5,7,9)
6. 여호와는 에스겔에게 백성과 제사장이 어떻게 제사를 드리면 즐겁게 받으시겠다고 하셨나요?(19~27)
7. 시편기자는 선민에게 무엇에 미혹되지 말고 주께 노래하자고 했나요?(95:1~2,8~10)
8. 시편기자는 모든 족속이 주를 예배해야 할 이유가 무엇이라고 했나요?(96:4~10,13)

Ⅳ. 기도

1. 주여, 사역할 때에 유혹에 빠지지 않게 하시고 말씀만 의지하게 하옵소서.
2. 주여, 목회할 때에 도움 여부에 관계없이 자족하는 일체의 비결을 알게 하옵소서.
3. 주여, 주권자 되시는 하나님께 찬송과 노래로 온전히 예배하게 하옵소서.

• 하나님 마음 알아가기 •

• 나에게 주시는 말씀(암송하기) •

• 오늘의 감사(기록하기) •

284 일차 / 365 치리 10월 11일

I. 맥체인성경의 통독구조<284>

영혼의 양식 먹기 : 하나님의 말씀을 먹는 방법은 매우 다양하다.

듣기, 읽기, 공부하기, 암송하기, 묵상하기, 적용하기 등이다.

II. 핵심구절 읽기

성경본문	열왕기상 14장	골로새서 1장	에스겔 44장	시편 97-98편
통일주제	**치리** (治理, 어떤 지역이나 나라 또 그 가운데 사람을 도맡아 다스림)			
개별주제	여호와께서 여로보암과 르호보암을 치리하심	하나님이 예수 그리스도로 만물을 치리케 하심	여호와께서 레위 사람과 제사장들을 치리하심	여호와께서 구원과 심판으로 온 땅을 치리하심
연합내용	**만물을 창조하신 하나님은 모든 것을 치리하신다. 때로는 사람에게 주권과 법을 주셔서 그 계명대로 치리하게 하신다. 최후에는 모든 권세를 주 예수 그리스도에게 주심으로 그로 모든 것을 다스리게 하신다.**			
핵심구절	1~3,6~7,9~12 14~16,21~27,30	3~6,9~12,15~20 22~25,27~29	1~8,10~16 19~21,23~24,28~30	97:1~3,6~7,9~11 98:1~4,7,9

• 열왕기상 14장 : 여호와께서 여로보암과 르호보암을 치리하심

그 때에 여로보암의 아들 아비야가 병든지라...(1-3)

그가 문으로 들어올 때에 아히야가 그 발소리를 듣고 말하되 여로보암의 아내여 들어오라 네가 어찌하여 다른 사람인 체하느냐 내가 명령을 받아 흉한 일을 네게 전하리니...(6-7)

네 이전 사람들보다도 더 악을 행하고 가서 너를 위하여 다른 신을 만들며 우상을 부어 만들어 나를 노엽게 하고 나를 네 등 뒤에 버렸도다...(9-12)

솔로몬의 아들 르호보암은 유다 왕이 되었으니 르호보암이 왕위에 오를 때에 나이가 사십일 세라 여호와께서 자기 이름을 두시려고 이스라엘 모든 지파 가운데에서 택하신 성읍 예루살렘에서 십칠 년 동안 다스리니라 그의 어머니의 이름은 나아마요 암몬 사람이더라...(21-27)

르호보암과 여로보암 사이에 항상 전쟁이 있으니라(30)

• 골로새서 1장 : 하나님이 예수 그리스도로 만물을 치리케 하심

우리가 너희를 위하여 기도할 때마다 하나님 곧 우리 주 예수 그리스도의 아버지께 감사하노라...(3-6)

이로써 우리도 듣던 날부터 너희를 위하여 기도하기를 그치지 아니하고 구하노니 너희로 하여금 모든 신령한 지혜와 총명에 하나님의 뜻을 아는 것으로 채우게 하시고...(9-12)

이제는 그의 육체의 죽음으로 말미암아 화목하게 하사 너희를 거룩하고 흠 없고 책망할 것이 없는 자로 그 앞에 세우고자 하셨으니...(22-25)

하나님이 그들로 하여금 이 비밀의 영광이 이방인 가운데 얼마나 풍성한지를 알게 하려 하심이라 이 비밀은 너희 안에 계신 그리스도시니 곧 영광의 소망이니라...(27-29)

• 에스겔 44장 : 여호와께서 레위 사람과 제사장들을 치리하심

그가 나를 데리고 성소의 동쪽을 향한 바깥 문에 돌아오시니 그 문이 닫혔더라...(1-8)

이스라엘 족속이 그릇 행하여 나를 떠날 때에 레위 사람도 그릇 행하여 그 우상을 따라 나를 멀리 떠났으니 그 죄악을 담당하리라...(10-16)

내 백성에게 거룩한 것과 속된 것의 구별을 가르치며 부정한 것과 정한 것을 분별하게 할 것이며...(23-24)

그들에게는 기업이 있으리니 내가 곧 그 기업이라 너희는 이스라엘 가운데에서 그들에게 산업을 주지 말라 내가 그 산업이 됨이라...(28-30)

• 시편 97-98편 : 여호와께서 구원과 심판으로 온 땅을 치리하심

여호와께서 다스리시나니 땅은 즐거워하며 허다한 섬은 기뻐할지어다...(97:1-3)

하늘이 그의 의를 선포하니 모든 백성이 그의 영광을 보았도다...(97:6-7)

여호와여 주는 온 땅 위에 지존하시고 모든 신들보다 위에 계시니이다...(97:9-11)

새 노래로 여호와께 찬송하라 그는 기이한 일을 행하사 그의 오른손과 거룩한 팔로 자기를 위하여 구원을 베푸셨음이로다...(98:1-4)

바다와 거기 충만한 것과 세계와 그 중에 거주하는 자는 다 외칠지어다(98:7)

그가 땅을 심판하러 임하실 것임이로다 그가 의로 세계를 판단하시며 공평으로 그의 백성을 심판하시리로다(98:9)

Ⅲ. 묵상을 위한 질문

1. 여로보암이 하나님의 말씀대로 주권자가 되었으나 이전 사람들보다 더 악을 행하여 다른 신을 만들어 섬김으로 어떤 벌을 받게 되었나요?(7~12,14,16~17)
2. 르호보암이 17년간 통치하면서 여호와 보시기에 어떤 악을 행하였나요?(21~24)
3. 골로새교회의 교인들의 믿음, 사랑, 소망의 소식을 듣고 감사했던 바울은 그들을 위하여 어떤 중보기도를 그치지 않고 했나요?(3~5,9~12)
4. 바울은 골로새교회 교인들에게 어떤 예수 그리스도론을 전했나요?(15~20)
5. 왜 여호와 하나님은 에스겔을 통해 이스라엘 족속을 반역하는 자라고 말씀하셨나요?(6~8,10,12)
6. 여호와께서 에스겔에게 성전의 측량과 모양을 다 보여 주신 후 제사장의 자격을 말씀해 주셨는데 그 내용은 무엇일까요?(15~16,19~21,23~24,28~30)
7. 여호와께서 다스리심에 땅과 섬과 백성은 왜 즐거워해야 할까요?(97:1~3,6,8,11)
8. 여호와께서 행하시는 가장 큰 일은 무엇과 무엇일까요?(98:1~3,9)

Ⅳ. 기도

1. 주여, 은혜와 축복을 받은 우리가 악을 행하여 벌을 받는 일이 없게 하옵소서.
2. 주여, 성서적인 그리스도론을 정립하여 모든 이에게 항상 증거하게 하옵소서.
3. 주여, 하나님과 예수 그리스도의 의로우신 치리하심을 즐거워하게 하옵소서.

• 하나님 마음 알아가기 •

• 나에게 주시는 말씀(암송하기) •

• 오늘의 감사(기록하기) •

285 일차 / 365 모범 10월 12일

Ⅰ. 맥체인성경의 통독구조<285>

단품, 코스, 퓨전, 뷔페 등 다양하게 음식먹기 : 어떤 음식을 어떻게 먹느냐에 따라 그 맛이 다르다. 맥체인성경 통독은 다양한 맛을 느끼게 하는 구조이다.

Ⅱ. 핵심구절 읽기

성경본문	열왕기상 15장	골로새서 2장	에스겔 45장	시편 99-100편
통일주제	**모범** (模範, 본받아 배울 만한 본보기)			
개별주제	여호와 보시기에 모범이 된 다윗의 인생	모든 성도에 모범이 되신 예수 그리스도의 삶	백성 앞에 모범이 되어야 할 제사장과 왕	찬송과 경배의 모범이 된 지도자들과 다윗
연합내용	**성경에는 하나님께 합당하게 인정받은 모범적 인물들이 있다. 믿음의 모범 아브라함, 인도의 모범 모세, 회개 촉구의 모범 사무엘, 말씀 준행과 찬양의 모범 다윗, 순종과 희생의 모범 예수 그리스도가 있다.**			
핵심구절	1,3~5,9,11~22 25~30,32,34	1~4,6~16,18~19 23	1~5,8~10,13~15 17~22	99:1~9,100:2~5 101:2~8

• 열왕기상 15장 : 여호와 보시기에 모범이 된 다윗의 인생

느밧의 아들 여로보암 왕 열여덟째 해에 아비얌이 유다 왕이 되고(1)

아비얌이 그의 아버지가 이미 행한 모든 죄를 행하고 그의 마음이 그의 조상 다윗의 마음과 같지 아니하여 그의 하나님 여호와 앞에 온전하지 못하였으나...(3-5)

이스라엘의 여로보암 왕 제이십년에 아사가 유다 왕이 되어(9)

아사가 그의 조상 다윗 같이 여호와 보시기에 정직하게 행하여...(11-22)

유다의 아사 왕 둘째 해에 여로보암의 아들 나답이 이스라엘 왕이 되어 이 년 동안 이스라엘을 다스리니라...(25-30)

아사와 이스라엘의 바아사 왕 사이에 일생 동안 전쟁이 있으니라(32)

바아사가 여호와 보시기에 악을 행하되 여로보암의 길로 행하며 그가 이스라엘에게 범하게 한 그 죄 중에 행하였더라(34)

• 골로새서 2장 : 모든 성도에 모범이 되신 예수 그리스도의 삶

내가 너희와 라오디게아에 있는 자들과 무릇 내 육신의 얼굴을 보지 못한 자들을 위하여 얼마나 힘쓰는지를 너희가 알기를 원하노니...(1-4)

그러므로 너희가 그리스도 예수를 주로 받았으니 그 안에서 행하되...(6-16)

아무도 꾸며낸 겸손과 천사 숭배를 이유로 너희를 정죄하지 못하게 하라 그가 그 본 것에 의지하여 그 육신의 생각을 따라 헛되이 과장하고...(18-19)

이런 것들은 자의적 숭배와 겸손과 몸을 괴롭게 하는 데는 지혜 있는 모양이나 오직 육체 따르는 것을 금하는 데는 조금도 유익이 없느니라(23)

• 에스겔 45장 : 백성 앞에 모범이 되어야 할 제사장과 왕

너희는 제비 뽑아 땅을 나누어 기업으로 삼을 때에 한 구역을 거룩한 땅으로 삼아 여호와께 예물로 드릴지니 그 길이는 이만 오천 척이요 너비는 만 척이라 그 구역 안 전부가 거룩하리라...(1-5)

이 땅을 왕에게 돌려 이스라엘 가운데에 기업으로 삼게 하면 나의 왕들이 다시는 내 백성을 압제하지 아니하리라 그 나머지 땅은 이스라엘 족속에게 그 지파대로 줄지니라...(8-10)

너희가 마땅히 드릴 예물은 이러하니 밀 한 호멜에서는 육분의 일 에바를 드리고 보리 한 호멜에서도 육분의 일 에바를 드리며...(13-15)

군주의 본분은 번제와 소제와 전제를 명절과 초하루와 안식일과 이스라엘 족속의 모든 정한 명절에 갖추는 것이니 이스라엘 족속을 속죄하기 위하여 이 속죄제와 소제와 번제와 감사 제물을 갖출지니라...(17-22)

• 시편 99-101편 : 찬송과 경배의 모범이 된 지도자들과 다윗

여호와께서 다스리시니 만민이 떨 것이요 여호와께서 그룹 사이에 좌정하시니 땅이 흔들릴 것이로다...(99:1-9)

기쁨으로 여호와를 섬기며 노래하면서 그의 앞에 나아갈지어다...(100:2-5)

내가 완전한 길을 주목하오리니 주께서 어느 때나 내게 임하시겠나이까 내가 완전한 마음으로 내 집 안에서 행하리이다...(101:2-8)

Ⅲ. 묵상을 위한 질문

1. 남왕국 유다의 세 번째 왕 아사는 여호와 보시기에 어떤 왕이었나요?(11~22)
2. 북왕국 이스라엘의 두 번째 왕 나답과 세 번째 왕 바아사는 여호와 보시기에 어떤 왕이었나요?(25~26,28~30,34)
3. 바울은 골로새교회의 성도들에게 오직 어떤 교훈을 강조했나요?(2~3,6~7,9~15)
4. 바울은 골로새교회의 가장 큰 시험이 무엇이라고 보았나요?(4,8,16,18,23)
5. 여호와는 어떤 목적으로 제사장과 레위 사람과 왕에게 땅을 주셨나요?(1~5,8)
6. 여호와 하나님은 이스라엘의 통치자들에게 어떤 명령을 내리셨나요?(9~10)
7. 시편 기자는 여호와 하나님을 경배할 이유가 무엇이라고 했나요?(99:3,5,9)
8. 다윗은 여호와 앞에 어떤 각오와 통치철학을 가지고 있었나요?(101:2~8)

Ⅳ. 기도

1. 주여, 모든 신앙과 사회생활에 있어 다윗처럼 인정받는 자가 되게 하옵소서.
2. 주여, 오직 예수 안에 뿌리박은 신앙을 가지고 여러 시험을 이기게 하옵소서.
3. 주여, 하나님을 경배하는 자로서 비천과 배교와 거짓을 용납하지 않게 하옵소서.

• 하나님 마음 알아가기 •

• 나에게 주시는 말씀(암송하기) •

• 오늘의 감사(기록하기) •

추구

Ⅰ. 맥체인성경의 통독구조<286>

성경통독은 성경을 읽을 때 비행기를 타고 지나가듯 읽을 수 있으며 기차를 타고 지나가듯 읽을 수도 있다. 또한 자전거나 걸어가면서 가까이 보듯 읽을 수도 있다. 반면 맥체인성경은 입체적이며 전체대강의 줄거리를 보면서 묵상하는 구조다.

Ⅱ. 핵심구절 읽기

성경본문	열왕기상 16장	골로새서 3장	에스겔 46장	시편 102편
통일주제	**추구** (追求, 어떤 목적을 달성할 때까지 좇아 구함)			
개별주제	북 이스라엘 왕들의 우상을 향한 죄된 추구	영적 새 사람의 그리스도를 향한 의로운 추구	온전한 제사를 드려야 할 백성의 거룩한 추구	고난 중에 응답받은 자의 주를 향한 영적 추구
연합내용	**하나님은 목적을 가지고 만물을 창조하셨다. 그의 목적은 모든 피조물이 복을 받아 조화를 이루며 사는 것이었다. 타락한 인간은 예수로 말미암아 구원을 얻은 후 하나님의 목적을 추구하는 새 사람이 되었다.**			
핵심구절	1~3,8~13,15~16 18~19,21~22 24~25,29~33	1~4,8~10,12~17 18~21,23,25	1~3,6,8~10 12~13,16~18,20 22~24	1~2,5,7,9,11 13~17,19~22,24 26~27

• 열왕기상 16장 : 북 이스라엘 왕들의 우상을 향한 죄된 추구

여호와의 말씀이 하나니의 아들 예후에게 임하여 바아사를 꾸짖어 이르시되...(1-3)

유다의 아사 왕 제이십육년에 바아사의 아들 엘라가 디르사에서 이스라엘의 왕이 되어 이 년 동안 그 왕위에 있으니라...(8-13)

유다의 아사 왕 제이십칠년에 시므리가 디르사에서 칠 일 동안 왕이 되니라 그 때에 백성들이 블레셋 사람에게 속한 깁브돈을 향하여 진을 치고 있더니...(15-16)

시므리가 성읍이 함락됨을 보고 왕궁 요새에 들어가서 왕궁에 불을 지르고 그 가운데에서 죽었으니...(18-19)

그 때에 이스라엘 백성이 둘로 나뉘어 그 절반은 기낫의 아들 디브니를 따라 그를 왕으로 삼으려 하고 그 절반은 오므리를 따랐더니...(21-22)

유다의 아사 왕 제삼십팔년에 오므리의 아들 아합이 이스라엘의 왕이 되니라 오므리의 아들 아합이 사마리아에서 이십이 년 동안 이스라엘을 다스리니라...(29-33)

• **골로새서 3장 : 영적 새 사람의 그리스도를 향한 의로운 추구**

그러므로 너희가 그리스도와 함께 다시 살리심을 받았으면 위의 것을 찾으라 거기는 그리스도께서 하나님 우편에 앉아 계시느니라...(1-4)

이제는 너희가 이 모든 것을 벗어 버리라 곧 분함과 노여움과 악의와 비방과 너희 입의 부끄러운 말이라...(8-10)

그러므로 너희는 하나님이 택하사 거룩하고 사랑 받는 자처럼 긍휼과 자비와 겸손과 온유와 오래 참음을 옷 입고...(12-21)

무슨 일을 하든지 마음을 다하여 주께 하듯 하고 사람에게 하듯 하지 말라(23)

불의를 행하는 자는 불의의 보응을 받으리니 주는 사람을 외모로 취하심이 없느니라(25)

• **에스겔 46장 : 온전한 제사를 드려야 할 백성의 거룩한 추구**

주 여호와께서 이같이 말씀하셨느니라 안뜰 동쪽을 향한 문은 일하는 엿새 동안에는 닫되 안식일에는 열며 초하루에도 열고...(1-3)

초하루에는 흠 없는 수송아지 한 마리와 어린 양 여섯 마리와 숫양 한 마리를 드리되 모두 흠 없는 것으로 할 것이며(6)

군주가 올 때에는 이 문 현관을 통하여 들어오고 나갈 때에도 그리할지니라...(8-10)

만일 군주가 자원하여 번제를 준비하거나 혹은 자원하여 감사제를 준비하여 나 여호와께 드릴 때에는 그를 위하여 동쪽을 향한 문을 열고 그가 번제와 감사제를 안식일에 드림 같이 드리고 밖으로 나갈지며 나간 후에 문을 닫을지니라...(12-13)

주 여호와께서 이같이 말씀하셨느니라 군주가 만일 한 아들에게 선물을 준즉 그의 기업이 되어 그 자손에게 속하나니 이는 그 기업을 이어 받음이어니와...(16-18)

뜰의 네 구석 안에는 집이 있으니 길이는 마흔 척이요 너비는 서른 척이라 구석의 네 뜰이 같은 크기며...(22-24)

• **시편 102편 : 고난 중에 응답받은 자의 주를 향한 영적 추구**

여호와여 내 기도를 들으시고 나의 부르짖음을 주께 상달하게 하소서...(1-2)

나는 재를 양식 같이 먹으며 나는 눈물 섞인 물을 마셨나이다(9)

주께서 일어나사 시온을 긍휼히 여기시리니 지금은 그에게 은혜를 베푸실 때라 정한 기한이 다가옴이니이다...(13-17)

여호와께서 그의 높은 성소에서 굽어보시며 하늘에서 땅을 살펴 보셨으니...(19-22)

천지는 없어지려니와 주는 영존하시겠고 그것들은 다 옷 같이 낡으리니 의복 같이 바꾸시면 바뀌려니와...(26-27)

Ⅲ. 묵상을 위한 질문

1. 남왕국 유다의 셋째 왕 아사가 통치할 때에 북왕국 이스라엘을 다스렸던 넷째 왕 엘라, 다섯째 왕 시므리, 여섯째 왕 오므리는 여호와 보시기에 어떤 왕이었나요?(6~10,13,15~16,18~19,23~26)
2. 일곱째 왕 아합은 여호와 보시기에 어떤 가장 무거운 악을 행하였나요?(29~33)
3. 그리스도와 함께 다시 살리심을 받은 성도는 어떻게 살아야 할까요?(1~2,8~17)
4. 바울은 그리스도인의 가정이 어떠해야 한다고 권면하고 있나요?(18~21)
5. 여호와께서 군주가 제사를 드릴 때는 어떻게 하라고 말씀하셨나요?(2,8,10,12)
6. 여호와께서는 제사의 희생제물과 소제물을 어떻게 취급하라고 하셨나요?(20~24)
7. 고난을 당하는 자는 자신의 처지와 상태를 어떻게 표현했나요?(1~2,5,7,9,11)
8. 고난을 당하는 자가 여호와를 향하여 어떤 신앙적 고백을 했나요?(13,17,19~21)

Ⅳ. 기도

1. 주여, 이 나라 이 민족의 위정자들이 주 앞에서 악을 행하지 않게 하옵소서.
2. 주여, 주와 함께 다시 살리심을 입은 성도로서 위엣 것을 생각하며 살게 하옵소서.
3. 주여, 고난을 당하여 괴로울 때에도 확신에 찬 신앙고백을 드리게 하옵소서.

• 하나님 마음 알아가기 •

• 나에게 주시는 말씀(암송하기) •

• 오늘의 감사(기록하기) •

287 일차 / 365 기적 10월 14일

I. 맥체인성경의 통독구조<287>

일차적으로 성경을 사면으로 이해한다.

이차적으로 네 장의 성경말씀을 핵심본문과 그에 대한 예제의 관계로 이해해 본다. 네 장 중 어떤 본문은 원리가 되고 어떤 본문은 그 예가 될 수 있는 구조다.

II. 핵심구절 읽기

성경본문	열왕기상 17장	골로새서 4장	에스겔 47장	시편 103편
통일주제	**기적** (奇蹟, 신에 의해서 일어나는 상식을 벗어난 기이하고 놀라운 일)			
개별주제	엘리야와 사르밧 과부에게 나타난 양식의 기적	바울과 동역자들의 사역에 나타난 신령한 기적	성전 안에서 나온 물로 만물이 소생하는 기적	죄악과 모든 병을 고쳐 주시는 하나님의 기적
연합내용	**창조된 세상은 자연법칙이 지배한다. 하지만 예외적으로 기적의 법칙이 나타나 새로운 세상을 만든다. 이런 기적은 우연이 아니다. 하나님의 섭리에 따라 행하여지는 하나님의 간섭이요 개입이신 것이다.**			
핵심구절	1~4,6,9~22,24	1~7,9~11,13~14 16,18	1~5,8~10,12,14 21~23	2~5,8~14,17~18,22

• 열왕기상 17장 : 엘리야와 사르밧 과부에게 나타난 양식의 기적

길르앗에 우거하는 자 중에 디셉 사람 엘리야가 아합에게 말하되 내가 섬기는 이스라엘의 하나님 여호와께서 살아 계심을 두고 맹세하노니 내 말이 없으면 수 년 동안 비도 이슬도 있지 아니하리라 하니라...(1-4)

까마귀들이 아침에도 떡과 고기를, 저녁에도 떡과 고기를 가져왔고 그가 시냇물을 마셨으나(6)

너는 일어나 시돈에 속한 사르밧으로 가서 거기 머물라 내가 그 곳 과부에게 명령하여 네게 음식을 주게 하였느니라...(9-22)

여인이 엘리야에게 이르되 내가 이제야 당신은 하나님의 사람이시요 당신의 입에 있는 여호와의 말씀이 진실한 줄 아노라 하니라(24)

• 골로새서 4장 : 바울과 동역자들의 사역에 나타난 신령한 기적

상전들아 의와 공평을 종들에게 베풀지니 너희에게도 하늘에 상전이 계심을 알지어다....(1-7)

신실하고 사랑을 받는 형제 오네시모를 함께 보내노니 그는 너희에게서 온 사람이라 그들이 여기 일을 다 너희에게 알려 주리라...(9-11)

그가 너희와 라오디게아에 있는 자들과 히에라볼리에 있는 자들을 위하여 많이 수고하는 것을 내가 증언하노라...(13-14)

이 편지를 너희에게서 읽은 후에 라오디게아인의 교회에서도 읽게 하고 또 라오디게아로부터 오는 편지를 너희도 읽으라(16)

나 바울은 친필로 문안하노니 내가 매인 것을 생각하라 은혜가 너희에게 있을지어다(18)

• 에스겔 47장 : 성전 안에서 나온 물로 만물이 소생하는 기적

그가 나를 데리고 성전 문에 이르시니 성전의 앞면이 동쪽을 향하였는데 그 문지방 밑에서 물이 나와 동쪽으로 흐르다가 성전 오른쪽 제단 남쪽으로 흘러 내리더라...(1-5)

그가 내게 이르시되 이 물이 동쪽으로 향하여 흘러 아라바로 내려가서 바다에 이르리니 이 흘러 내리는 물로 그 바다의 물이 되살아나리라...(8-10)

강 좌우 가에는 각종 먹을 과실나무가 자라서 그 잎이 시들지 아니하며 열매가 끊이지 아니하고 달마다 새 열매를 맺으리니 그 물이 성소를 통하여 나옴이라 그 열매는 먹을 만하고 그 잎사귀는 약 재료가 되리라(12)

내가 옛적에 내 손을 들어 맹세하여 이 땅을 너희 조상들에게 주겠다고 하였나니 너희는 공평하게 나누어 기업을 삼으라 이 땅이 너희의 기업이 되리라(14)

그런즉 너희가 이스라엘 모든 지파대로 이 땅을 나누어 차지하라...(21-23)

• 시편 103편 : 죄악과 모든 병을 고쳐 주시는 하나님의 기적

내 영혼아 여호와를 송축하며 그의 모든 은택을 잊지 말지어다...(2-5)

여호와는 긍휼이 많으시고 은혜로우시며 노하기를 더디 하시고 인자하심이 풍부하시도다...(8-14)

여호와의 인자하심은 자기를 경외하는 자에게 영원부터 영원까지 이르며 그의 의는 자손의 자손에게 이르리니...(17-18)

여호와의 지으심을 받고 그가 다스리시는 모든 곳에 있는 너희여 여호와를 송축하라 내 영혼아 여호와를 송축하라(22)

Ⅲ. 묵상을 위한 질문

1. 여호와의 말씀에 순종한 엘리야가 매일 경험한 기적은 무엇이었나요?(3~6)

2. 엘리야의 말에 순종한 사르밧 과부는 어떤 놀라운 기적을 경험했나요?(9~22)

3. 바울은 골로새교회의 성도들에게 어떤 기도를 부탁했나요?(2~4)

4. 바울은 골로새교회의 성도들에게 어떤 자들을 영접해 달라고 말했나요?(7,9~16)

5. 성전 문지방 밑에서 나온 물은 어디로 어떻게 흘러갔나요?(1~5,8)

6. 성전 안 성소를 통해 나온 이 물은 어떤 기적의 능력을 가지고 있나요?(6~10,12)

7. 다윗이 믿고 체험한 후 고백한 여호와 하나님은 어떤 분이실까요?(2~5,8~14)

8. 다윗은 여호와의 인자하심이 어떤 사람에게 영원하다고 말했나요?(17~18)

Ⅳ. 기도

1. 주여, 항상 하나님의 말씀에 순종하여 곤고한 때에 기적을 경험하게 하옵소서.
2. 주여, 전도의 문을 열어 달라고 쉬지 않고 기도하는 자가 되게 하옵소서.
3. 주여, 그의 언약을 지키고 그의 법도를 기억하여 행하는 자가 되게 하옵소서.

• 하나님 마음 알아가기 •

• 나에게 주시는 말씀(암송하기) •

• 오늘의 감사(기록하기) •

288 일차 / 365 수축 10월 15일

Ⅰ. 맥체인성경의 통독구조<288>

66권 중 한 권의 여러 장을 읽을 때 전체 대강의 줄거리를 묵상하는 일반적인 통독과는 달리, 66권 중 다른 네 권의 한 장씩을 합쳐 네 장을 읽을 때 링크된 내용을 묵상하게 됨으로 다양하게 역사하신 하나님의 구속사를 깨닫게 되는 구조다.

Ⅱ. 핵심구절 읽기

성경본문	열왕기상 18장	데살로니가전서 1장	에스겔 48장	시편 104편
통일주제	**수축** (修築, 성전이나 집 또는 방죽 따위를 고쳐 짓거나 다시 쌓음)			
개별주제	갈멜산에서 무너진 여호와의 제단을 수축함	각처에서 믿음의 본이 되는 교회를 수축함	예루살렘에서 무너진 성읍과 문들을 수축함	여호와를 송축하는 마음과 몸의 성전을 수축함
연합내용	**하나님은 사람과 화평을 누리시길 원하신다. 이 화평은 예배와 순종으로 가능하다. 참 예배를 위해 제단과 성전, 교회와 마음의 성전이 바로 수축되어져야하고 그 가운데서 온전한 경배와 찬양이 드려져야 한다.**			
핵심구절	1~5,7~8,12 15~25,29~30 32~39,42~46	2~10	8~12,14~15 18~21,29,31~35	1~2,5~6,9~15 19~24,27~30 33~34

• 열왕기상 18장 : 갈멜산에서 무너진 여호와의 제단을 수축함

많은 날이 지나고 제삼년에 여호와의 말씀이 엘리야에게 임하여 이르시되 너는 가서 아합에게 보이라 내가 비를 지면에 내리리라...(1-5)

오바댜가 길에 있을 때에 엘리야가 그를 만난지라 그가 알아보고 엎드려 말하되 내 주 엘리야여 당신이시니이까...(7-8)

내가 당신을 떠나간 후에 여호와의 영이 내가 알지 못하는 곳으로 당신을 이끌어 가시리니 내가 가서 아합에게 말하였다가 그가 당신을 찾지 못하면 내가 죽임을 당하리이다 당신의 종은 어려서부터 여호와를 경외하는 자라(12)

엘리야가 이르되 내가 섬기는 만군의 여호와께서 살아 계심을 두고 맹세하노니 내가 오늘 아합에게 보이리라...(15-20)

이같이 하여 정오가 지났고 그들이 미친 듯이 떠들어 저녁 소제 드릴 때까지 이르렀으나 아무 소리도 없고 응답하는 자나 돌아보는 자가 아무도 없더라...(29-30)

그가 여호와의 이름을 의지하여 그 돌로 제단을 쌓고 제단을 돌아가며 곡식 종자 두 스아를 둘 만한 도랑을 만들고...(32-39)

아합이 먹고 마시러 올라가니라 엘리야가 갈멜 산 꼭대기로 올라가서 땅에 꿇어 엎드려 그의 얼굴을 무릎 사이에 넣고...(42-46)

• 데살로니가전서 1장 : 각처에서 믿음의 본이 되는 교회를 수축함

우리가 너희 모두로 말미암아 항상 하나님께 감사하며 기도할 때에 너희를 기억함은 너희의 믿음의 역사와 사랑의 수고와 우리 주 예수 그리스도에 대한 소망의 인내를 우리 하나님 아버지 앞에서 끊임없이 기억함이니...(2-10)

• 에스겔 48장 : 예루살렘에서 무너진 성읍과 문들을 수축함

유다 경계선 다음으로 동쪽에서 서쪽까지는 너희가 예물로 드릴 땅이라 너비는 이만 오천 척이요 길이는 다른 몫의 동쪽에서 서쪽까지와 같고 성소는 그 중앙에...(8-12)

그들이 그 땅을 팔지도 못하며 바꾸지도 못하며 그 땅의 처음 익은 열매를 남에게 주지도 못하리니 이는 여호와께 거룩히 구별한 것임이라...(14-15)

예물을 삼아 거룩히 구별할 땅과 연접하여 남아 있는 땅의 길이는 동쪽으로 만 척이요 서쪽으로 만 척이라 곧 예물을 삼아 거룩하게 구별할 땅과 연접하였으며 그 땅의 소산을 성읍에서 일하는 자의 양식을 삼을지라...(18-21)

이것은 너희가 제비 뽑아 이스라엘 지파에게 나누어 주어 기업이 되게 할 땅이요 또 이것들은 그들의 몫이니라 주 여호와의 말씀이니라(29)

그 성읍의 문들은 이스라엘 지파들의 이름을 따를 것인데 북쪽으로 문이 셋이라 하나는 르우벤 문이요 하나는 유다 문이요 하나는 레위 문이며...(31-35)

• 시편 104편 : 여호와를 송축하는 마음과 몸의 성전을 수축함

내 영혼아 여호와를 송축하라 여호와 나의 하나님이여 주는 심히 위대하시며 존귀와 권위로 옷 입으셨나이다...(1-2)

땅에 기초를 놓으사 영원히 흔들리지 아니하게 하셨나이다...(5-6)

주께서 물의 경계를 정하여 넘치지 못하게 하시며 다시 돌아와 땅을 덮지 못하게...(9-15)

여호와께서 달로 절기를 정하심이여 해는 그 지는 때를 알도다...(19-24)

이것들은 다 주께서 때를 따라 먹을 것을 주시기를 바라나이다...(27-30)

내가 평생토록 여호와께 노래하며 내가 살아 있는 동안 내 하나님을 찬양하리로다...(33-34)

Ⅲ. 묵상을 위한 질문

1. 북 이스라엘에 3년 이상 기근이 있었을 때 바알과 아세라 선지자 850명과 엘리리야 선지자 1명은 어떤 영적 전쟁을 했나요?(1~2,18~25,29~30,32~39)

2. 영적 전쟁이 끝난 후 엘리야는 갈멜산 꼭대기에서 무슨 기도를 드렸나요?(42~46)

3. 바울은 데살로니가교회의 어떤 생활을 기억하고 하나님께 감사했나요?(2~7)

4. 데살로니가교회의 하나님을 향한 믿음의 소문이 어디까지 퍼졌나요?(8)

5. 여호와께 드려 예물로 삼을 땅은 구체적으로 어떤 용도로 사용할까요?(9~12,14)

6. 예루살렘의 성읍의 이름과 문들의 이름을 어떻게 지었을까요?(31~35)

7. 시편 기자는 여호와를 송축해야 할 이유를 어떻게 고백했나요?(1~2,5~6,9~15,24)

8. 시편 기자는 모든 피조물의 생사가 누구의 손에 달려 있다고 했나요?(27~30)

Ⅳ. 기도

1. 주여, 약속을 믿고 담대히 우상 숭배자와 싸울 수 있는 성도가 되게 하옵소서.
2. 주여, 믿음의 역사와 사랑의 수고와 소망의 인내를 품은 성도가 되게 하옵소서.
3. 주여, 하나님의 일하심과 주권을 신뢰하고 평안함 가운데 살아가게 하옵소서.

• 하나님 마음 알아가기 •

• 나에게 주시는 말씀(암송하기) •

• 오늘의 감사(기록하기) •

289 일차 / 365 은총 10월 16일

I. 맥체인성경의 통독구조<289>

신구약성경 전체를 네 등분으로 하루에 4장씩 동시에 읽으면 성경에 기록된 장구한 하나님의 구원의 역사를 크게 네 시대, 네 상황으로 나누어 동시에 묵상할 수 있는 구조다.

II. 핵심구절 읽기

성경본문	열왕기상 19장	데살로니가전서 2장	다니엘 1장	시편 105편
통일주제	**은총** (恩寵, 하나님 또는 높은 사람에게서 받는 특별한 은혜와 사랑)			
개별주제	위협으로 도망한 엘리야에게 은총을 베푸심	복음을 말씀으로 받은 자에게 은총을 베푸심	바벨론으로 잡혀간 다니엘에게 은총을 베푸심	언약을 맺은 이스라엘에게 은총을 베푸심
연합내용	**하나님은 사랑이시다. 모든 사람을 사랑하시되 특히 복음을 받은 자와 일꾼을 사랑하신다. 하나님의 사랑은 말에만 있지 않고 구체적인 은총으로 나타난다. 즉 위로하시고 구원하시며 보호하시고 이루어 주신다.**			
핵심구절	1~8,12~16 18~21	2~4,6~10,12~13 15~16,19~20	1~9,11~15,17 20~21	3~10,14~17,19 23~27,36~37 39~42,44~45

• 열왕기상 19장 : 위협으로 도망한 엘리야에게 은총을 베푸심

아합이 엘리야가 행한 모든 일과 그가 어떻게 모든 선지자를 칼로 죽였는지를 이세벨에게 말하니...(1-8)

또 지진 후에 불이 있으나 불 가운데에도 여호와께서 계시지 아니하더니 불 후에 세미한 소리가 있는지라...(12-16)

그러나 내가 이스라엘 가운데에 칠천 명을 남기리니 다 바알에게 무릎을 꿇지 아니하고 다 바알에게 입맞추지 아니한 자니라...(18-21)

• 데살로니가전서 2장 : 복음을 말씀으로 받은 자에게 은총을 베푸심

너희가 아는 바와 같이 우리가 먼저 빌립보에서 고난과 능욕을 당하였으나 우리 하나님을 힘입어 많은 싸움 중에 하나님의 복음을 너희에게 전하였노라...(2-4)

또한 우리는 너희에게서든지 다른 이에게서든지 사람에게서는 영광을 구하지 아니하였노라...(6-10)

이는 너희를 부르사 자기 나라와 영광에 이르게 하시는 하나님께 합당히 행하게 하려 함이라...(12-13)

유대인은 주 예수와 선지자들을 죽이고 우리를 쫓아내고 하나님을 기쁘시게 하지 아니하고 모든 사람에게 대적이 되어...(15-16)

우리의 소망이나 기쁨이나 자랑의 면류관이 무엇이냐 그가 강림하실 때 우리 주 예수 앞에 너희가 아니냐...(19-20)

• 다니엘 1장 : 바벨론으로 잡혀간 다니엘에게 은총을 베푸심

유다 왕 여호야김이 다스린 지 삼 년이 되는 해에 바벨론 왕 느부갓네살이 예루살렘에 이르러 성을 에워쌌더니...(1-9)

환관장이 다니엘과 하나냐와 미사엘과 아사랴를 감독하게 한 자에게 다니엘이 말하되...(11-15)

하나님이 이 네 소년에게 학문을 주시고 모든 서적을 깨닫게 하시고 지혜를 주셨으니 다니엘은 또 모든 환상과 꿈을 깨달아 알더라(17)

왕이 그들에게 모든 일을 묻는 중에 그 지혜와 총명이 온 나라 박수와 술객보다 십 배나 나은 줄을 아니라...(20-21)

• 시편 105편 : 언약을 맺은 이스라엘에게 은총을 베푸심

그의 거룩한 이름을 자랑하라 여호와를 구하는 자들은 마음이 즐거울지로다...(3-10)

그러나 그는 사람이 그들을 억압하는 것을 용납하지 아니하시고 그들로 말미암아 왕들을 꾸짖어...(14-17)

곧 여호와의 말씀이 응할 때까지라 그의 말씀이 그를 단련하였도다(19)

이에 이스라엘이 애굽에 들어감이여 야곱이 함의 땅에 나그네가 되었도다...(23-27)

또 여호와께서 그들의 기력의 시작인 그 땅의 모든 장자를 치셨도다...(36-37)

여호와께서 낮에는 구름을 펴사 덮개를 삼으시고 밤에는 불로 밝히셨으며...(39-42)

여러 나라의 땅을 그들에게 주시며 민족들이 수고한 것을 소유로 가지게 하셨으니...(44-45)

Ⅲ. 묵상을 위한 질문

1. 엘리야는 이세벨의 위협을 듣고 광야로 도망가서 어떻게 되기를 원했나요?(1~4)
2. 여호와는 엘리야의 소원을 들으신 후 마지막으로 어떤 사명을 주셨나요?(15~17)
3. 바울이 데살로니가에 전한 복음은 어떤 과정과 내용을 갖고 있나요?(2~4,7~11)
4. 데살로니가교회는 바울이 전해 준 복음을 어떻게 받았나요?(13~14,19~20)
5. 바벨론 왕 느부갓네살은 예루살렘을 에워싼 후 무엇을 가지고 갔나요?(1~4,6)
6. 어린 다니엘은 뜻을 정하여 환관장에게 무엇을 부탁했나요?(8~9,11~15)
7. 시편 기자는 하나님이 이스라엘 선민과 맺은 언약을 무엇이라고 했나요?(7~11)
8. 시편 기자는 하나님이 이스라엘 선민을 어떻게 이끌었다고 증언했나요?(23~41)

Ⅳ. 기도

1. 주여, 사역을 하다가 탈진과 위협을 만났을 때 다가오셔서 위로하여 주옵소서.
2. 주여, 말씀을 받을 때 사람의 말이 아니라 하나님의 말씀으로 받게 하옵소서.
3. 주여, 이스라엘 선민을 기적으로 인도하심같이 이 민족을 인도하여 주옵소서.

• 하나님 마음 알아가기 •

• 나에게 주시는 말씀(암송하기) •

• 오늘의 감사(기록하기) •

290 일차 / 365 경솔 10월 17일

Ⅰ. 맥체인성경의 통독구조<290>

신구약성경 전체를 네 시대로 구분하여 하루에 4장씩 동시에 읽으면 각 시대별로 또한 거시적인 안목으로 하나님의 다스리시는 통치의 역사를 역동적으로 묵상할 수 있는 구조다.

Ⅱ. 핵심구절 읽기

성경본문	열왕기상 20장	데살로니가전서 3장	다니엘 2장	시편 106편
통일주제	**경솔** (恩寵, 하나님 또는 높은 사람에게서 받는 특별한 은혜와 사랑)			
개별주제	하나님이 승리케 하심을 경솔히 취급한 아합	데살로니가교회의 시험을 경솔히 대하지 않은 바울	왕의 꿈과 해석을 경솔히 대하지 않은 다니엘	여호와의 구원의 역사를 경솔히 대한 이스라엘
연합내용	**죄인이라도 불쌍히 여기시고 어려운 상황에서 구원해 주신 것을 경솔히 여기는 것은 참으로 미련한 것이다. 반면 사단의 시험과 문제적 상황을 경솔히 대하지 않고 분별하여 해결하는 것은 매우 복된 일이다.**			
핵심구절	1~13,17~18 21~23,27~29 31~34,37~43	2~7,10,12~13	1,4~6,9~12 14~24,27~45 47~48	2,4~5,7~46

• 열왕기상 20장 : 하나님이 승리케 하심을 경솔히 취급한 아합

아람의 벤하닷 왕이 그의 군대를 다 모으니 왕 삼십이 명이 그와 함께 있고 또 말과 병거들이 있더라 이에 올라가서 사마리아를 에워싸고 그 곳을 치며...(1-13)

각 지방의 고관의 청년들이 먼저 나갔더라 벤하닷이 정탐꾼을 보냈더니 그들이 보고하여 이르되 사마리아에서 사람들이 나오더이다 하매...(17-18)

이스라엘 왕이 나가서 말과 병거를 치고 또 아람 사람을 쳐서 크게 이겼더라...(21-23)

이스라엘 자손도 소집되어 군량을 받고 마주 나가서 그들 앞에 진영을 치니 이스라엘 자손은 두 무리의 적은 염소 떼와 같고 아람 사람은 그 땅에 가득하였더라...(27-29)

그의 신하들이 그에게 말하되 우리가 들은즉 이스라엘 집의 왕들은 인자한 왕이라 하니 만일 우리가 굵은 베로 허리를 동이고 테두리를 머리에 쓰고 이스라엘의 왕에게로 나아가면 그가 혹시 왕의 생명을 살리리이다 하고...(31-34)

그가 또 다른 사람을 만나 이르되 너는 나를 치라 하매 그 사람이 그를 치되 상하도록 친

지라...(37-43)

• 데살로니가전서 3장 : 데살로니가교회의 시험을 경솔히 대하지 않은 바울

우리 형제 곧 그리스도의 복음을 전하는 하나님의 일꾼인 디모데를 보내노니 이는 너희를 굳건하게 하고 너희 믿음에 대하여 위로함으로...(2-7)

주야로 심히 간구함은 너희 얼굴을 보고 너희 믿음이 부족한 것을 보충하게 하려 함이라(10)

또 주께서 우리가 너희를 사랑함과 같이 너희도 피차간과 모든 사람에 대한 사랑이 더욱 많아 넘치게 하사...(12-13)

• 다니엘 2장 : 왕의 꿈과 해석을 경솔히 대하지 않은 다니엘

느부갓네살이 다스린 지 이 년이 되는 해에 느부갓네살이 꿈을 꾸고 그로 말미암아 마음이 번민하여 잠을 이루지 못한지라(1)

갈대아 술사들이 아람 말로 왕에게 말하되 왕이여 만수무강 하옵소서 왕께서 그 꿈을 종들에게 이르시면 우리가 해석하여 드리겠나이다 하는지라...(4-6)

너희가 만일 이 꿈을 내게 알게 하지 아니하면 너희를 처치할 법이 오직 하나이니 이는 너희가 거짓말과 망령된 말을 내 앞에서 꾸며 말하여 때가 변하기를 기다리려 함이라 이제 그 꿈을 내게 알게 하라 그리하면 너희가 그 해석도 보일 줄을 내가 알리라 하더라...(9-12)

그 때에 왕의 근위대장 아리옥이 바벨론 지혜자들을 죽이러 나가매 다니엘이 명철하고 슬기로운 말로...(14-24)

다니엘이 왕 앞에 대답하여 이르되 왕이 물으신 바 은밀한 것은 지혜자나 술객이나 박수나 점쟁이가 능히 왕께 보일 수 없으되...(27-45)

왕이 대답하여 다니엘에게 이르되 너희 하나님은 참으로 모든 신들의 신이시요 모든 왕의 주재시로다 네가 능히 이 은밀한 것을 나타내었으니 네 하나님은 또 은밀한 것을 나타내시는 이시로다...(47-48)

• 시편 106편 : 여호와의 구원의 역사를 경솔히 대한 이스라엘

누가 능히 여호와의 권능을 다 말하며 주께서 받으실 찬양을 다 선포하랴(2)

여호와여 주의 백성에게 베푸시는 은혜로 나를 기억하시며 주의 구원으로 나를 돌보사...(4-5)

우리의 조상들이 애굽에 있을 때 주의 기이한 일들을 깨닫지 못하며 주의 크신 인자를 기억하지 아니하고 바다 곧 홍해에서 거역하였나이다...(7-46)

Ⅲ. 묵상을 위한 질문

1. 여호와 하나님을 노엽게 했던 북 이스라엘의 왕 아합이 아람의 왕 벤하닷을 크게 이길 수 있었던 것은 무엇 때문일까요?(1~15,21)
2. 아합 왕은 하나님의 은혜로 멸하게 된 벤하닷 왕을 어떻게 경솔히 처리했나요?(31~34,37~43)
3. 바울이 데살로니가교회를 경솔히 여기지 않고 근심한 내용은 무엇일까요?(3~7)
4. 바울이 데살로니가교회를 위해서 심히 간구한 내용은 무엇일까요?(10,12~13)
5. 바벨론 왕 느부갓네살은 꿈을 꾼 후 번민하다가 어떤 명령을 내렸나요?(1~6)
6. 다니엘은 느부갓네살의 꿈과 해석의 문제를 어떻게 지혜롭게 풀었나요?(16~24)
7. 주께 감사와 찬양을 드린 시편 기자는 어떤 개인적인 소원이 있었나요?(1~5)
8. 시편 기자가 쓴 선민을 향한 하나님의 구원 역사의 내용은 무엇일까요?(7~46)

Ⅳ. 기도

1. 주여, 하나님의 구원을 가볍게 여기는 경솔함을 버리고 늘 깨어있게 하옵소서.
2. 주여, 신앙생활 중에 찾아오는 여러 환난의 시험을 능히 이기게 하옵소서.
3. 주여, 직면한 문제를 차분히 풀 수 있는 차분함과 깊은 영성을 주옵소서.

• 하나님 마음 알아가기 •

• 나에게 주시는 말씀(암송하기) •

• 오늘의 감사(기록하기) •

291 일차 / 365 강림 10월 18일

Ⅰ. 맥체인성경의 통독구조<291>

맥체인성경은 각 시대의 상황을 기록한 네 장의 다양한 성경 주제내용을 매일 묵상을 통해 하나로 묶는 풍성하고 놀라운 구조이다.

Ⅱ. 핵심구절 읽기

성경본문	열왕기상 21장	데살로니가전서 4장	다니엘 3장	시편 107편
통일주제	**강림** (降臨, 신이 여러 가지 형태로 인간 세상에 내려오심)			
개별주제	말씀으로 강림하여 아합과 이세벨을 심판하심	공중으로 강림하여 죽은 자와 산 자를 구원하심	풀무불 가운데 강림하여 세 친구를 구원하심	기적으로 강림하여 고통 중에 있는 자를 건지심
연합내용	**하나님은 선민 가운데 여러 형태로 강림하셨다. 모세, 다윗, 선지자, 제사장 등 개인에게도 강림하셔서 말씀하셨다. 성령은 강림하셔서 교회를 세우시고, 예수는 재림하셔서 구원과 심판을 행하신다.**			
핵심구절	1~5,7~11,15~16 19~23,25,27~29	1,3~9,11,13~14 16~17	1,3~6,12~18 21~29	1,4~9,12~15,19~21, 23~31,34,41~43

• 열왕기상 21장 : 말씀으로 강림하여 아합과 이세벨을 심판하심

그 후에 이 일이 있으니라 이스르엘 사람 나봇에게 이스르엘에 포도원이 있어 사마리아의 왕 아합의 왕궁에서 가깝더니...(1-5)

그의 아내 이세벨이 그에게 이르되 왕이 지금 이스라엘 나라를 다스리시나이까 일어나 식사를 하시고 마음을 즐겁게 하소서 내가 이스르엘 사람 나봇의 포도원을 왕께 드리리이다 하고...(7-11)

이세벨이 나봇이 돌에 맞아 죽었다 함을 듣고 이세벨이 아합에게 이르되 일어나 그 이스르엘 사람 나봇이 돈으로 바꾸어 주기를 싫어하던 나봇의 포도원을 차지하소서 나봇이 살아 있지 아니하고 죽었나이다...(15-16)

예로부터 아합과 같이 그 자신을 팔아 여호와 앞에서 악을 행한 자가 없음은 그를 그의 아내 이세벨이 충동하였음이라(25)

아합이 이 모든 말씀을 들을 때에 그의 옷을 찢고 굵은 베로 몸을 동이고 금식하고 굵은 베에 누우며 또 풀이 죽어 다니더라...(27-29)

· 데살로니가전서 4장 : 공중으로 강림하여 죽은 자와 산 자를 구원하심

그러므로 형제들아 우리가 끝으로 주 예수 안에서 너희에게 구하고 권면하노니 너희가 마땅히 어떻게 행하며 하나님을 기쁘시게 할 수 있는지를 우리에게 배웠으니 곧 너희가 행하는 바라 더욱 많이 힘쓰라(1)

또 너희에게 명한 것 같이 조용히 자기 일을 하고 너희 손으로 일하기를 힘쓰라(11)

주께서 호령과 천사장의 소리와 하나님의 나팔 소리로 친히 하늘로부터 강림하시리니 그리스도 안에서 죽은 자들이 먼저 일어나고...(16-17)

· 다니엘 3장 : 풀무불 가운데 강림하여 세 친구를 구원하심

느부갓네살 왕이 금으로 신상을 만들었으니 높이는 육십 규빗이요 너비는 여섯 규빗이라 그것을 바벨론 지방의 두라 평지에 세웠더라(1)

이에 총독과 수령과 행정관과 모사와 재무관과 재판관과 법률사와 각 지방 모든 관원이 느부갓네살 왕이 세운 신상의 낙성식에 참석하여 느부갓네살 왕이 세운 신상 앞에 서니라...(3-6)

이제 몇 유다 사람 사드락과 메삭과 아벳느고는 왕이 세워 바벨론 지방을 다스리게 하신 자이거늘 왕이여 이 사람들이 왕을 높이지 아니하며 왕의 신들을 섬기지 아니하며 왕이 세우신 금 신상에게 절하지 아니하나이다...(12-18)

그러자 그 사람들을 겉옷과 속옷과 모자와 다른 옷을 입은 채 결박하여 맹렬히 타는 풀무불 가운데에 던졌더라...(21-29)

· 시편 107편 : 기적으로 강림하여 고통 중에 있는 자를 건지심

여호와께 감사하라 그는 선하시며 그 인자하심이 영원함이로다(1)

그러므로 그가 고통을 주어 그들의 마음을 겸손하게 하셨으니 그들이 엎드러져도 돕는 자가 없었도다...(12-15)

이에 그들이 그들의 고통 때문에 여호와께 부르짖으매 그가 그들의 고통에서 그들을 구원하시되...(19-21)

그 주민의 악으로 말미암아 옥토가 변하여 염전이 되게 하시며(34)

궁핍한 자는 그의 고통으로부터 건져 주시고 그의 가족을 양 떼 같이 지켜 주시나니...(41-43)

Ⅲ. 묵상을 위한 질문

1. 아합 왕은 자기 왕궁에서 가까운 어떤 땅 얻기를 소원했나요?(1~4)
2. 이세벨은 어떤 방법으로 아합 왕의 사욕을 채워 주었으며 그 결과 하나님은 엘리야를 통하여 어떤 심판을 내리셨나요?(8~11,15~23)
3. 바울이 데살로니가교회에 가르쳐 준 하나님의 뜻은 무엇이었나요?(3~7)
4. 바울은 데살로니가교회의 성도들에게 주 예수가 재림하실 때에 죽은 자와 산 자는 어떻게 된다고 가르쳤나요?(13~17)
5. 사드락, 메삭, 아벳느고는 금신상에게 절하라는 느부갓네살 왕의 명령 앞에서 무엇이라고 대답했나요?(16~18)
6. 세 친구가 풀무불에서 구원받음으로 바벨론에는 어떤 일이 일어났나요?(28~29)
7. 시편 기자가 가장 많이 고백한 여호와 하나님의 성품은 무엇일까요?(1,8,15,21,31)
8. 시편 기자는 미련한 자들이 언제 여호와께 부르짖으며 그 결과는 어떻게 된다고 했나요?(6,12~13,19~20,28~30)

Ⅳ. 기도

1. 주여, 지나친 욕심으로 다른 사람의 가장 소중한 것을 빼지않게 하옵소서.
2. 주여, 주의 재림을 기다리면서 항상 바른 신앙과 사역을 실천하게 하옵소서.
3. 주여, 어떤 시험 속에서도 타협하지 않음으로 주께 영광을 돌리게 하옵소서.

• 하나님 마음 알아가기 •

• 나에게 주시는 말씀(암송하기) •

• 오늘의 감사(기록하기) •

292 일차 / 365 영성 10월 19일

Ⅰ. 맥체인성경의 통독구조<292>

사복음서를 통해 입체적인 예수님을 보듯 신구약 네 장 통독을 통해 하나님의 역사하심을 입체적으로 보는 구조이다.

Ⅱ. 핵심구절 읽기

성경본문	열왕기상 22장	데살로니가전서 5장	다니엘 4장	시편 108-109편
통일주제	**영성** (靈性, 성령을 통해 변화를 받은 성도의 성품)			
개별주제	여호와의 말씀을 예언하는 미가야의 영성	그리스도의 강림을 준비하는 성도의 영성	느부갓네살왕의 꿈을 해석하는 다니엘의 영성	하나님의 일하심을 찬양하는 다윗의 영성
연합내용	**구원받은 성도는 성령을 통해 예수님과 날마다 교제할 수 있게 되었다. 그러나 거기에서 그치지 않고 신앙의 열매와 인격의 변화를 추구하며 말씀과 기도로 영성을 키워가야 한다.**			
핵심구절	3~8,12~15,19~23 28~30,34~35 37,43,52~53	1~11,16~24	4~9,18~28 34~37	108:1~6,11~13 109:1,21,26~27 30~31

• 열왕기상 22장 : 여호와의 말씀을 예언하는 미가야의 영성

이스라엘의 왕이 그의 신하들에게 이르되 길르앗 라못은 본래 우리의 것인 줄을 너희가 알지 못하느냐 우리가 어찌 아람의 왕의 손에서 도로 찾지 아니하고 잠잠히 있으리요 하고...(3-8)

모든 선지자도 그와 같이 예언하여 이르기를 길르앗 라못으로 올라가 승리를 얻으소서 여호와께서 그 성읍을 왕의 손에 넘기시리이다 하더라...(12-15)

미가야가 이르되 그런즉 왕은 여호와의 말씀을 들으소서 내가 보니 여호와께서 그의 보좌에 앉으셨고 하늘의 만군이 그의 좌우편에 모시고 서 있는데...(19-23)

미가야가 이르되 왕이 참으로 평안히 돌아오시게 될진대 여호와께서 나를 통하여 말씀하지 아니하셨으리이다 또 이르되 너희 백성들아 다 들을지어다 하니라...(28-30)

한 사람이 무심코 활을 당겨 이스라엘 왕의 갑옷 솔기를 맞힌지라 왕이 그 병거 모는 자에게 이르되 내가 부상하였으니 네 손을 돌려 내가 전쟁터에서 나가게 하라 하였으나...(34-35)

왕이 이미 죽으매 그의 시체를 메어 사마리아에 이르러 왕을 사마리아에 장사하니라(37)

여호사밧이 그의 아버지 아사의 모든 길로 행하며 돌이키지 아니하고 여호와 앞에서 정직히 행하였으나 산당은 폐하지 아니하였으므로 백성이 아직도 산당에서 제사를 드리며 분향하였더라(43)

그가 여호와 앞에서 악을 행하여 그의 아버지의 길과 그의 어머니의 길과 이스라엘에게 범죄하게 한 느밧의 아들 여로보암의 길로 행하며...(52-53)

• 데살로니가전서 5장 : 그리스도의 강림을 준비하는 성도의 영성

형제들아 때와 시기에 관하여는 너희에게 쓸 것이 없음은...(1-11)

항상 기뻐하라 쉬지 말고 기도하라 범사에 감사하라 이것이 그리스도 예수 안에서 너희를 향하신 하나님의 뜻이니라...(16-24)

• 다니엘 4장 : 느부갓네살왕의 꿈을 해석하는 다니엘의 영성

나 느부갓네살이 내 집에 편히 있으며 내 궁에서 평강할 때에...(4-9)

나 느부갓네살 왕이 이 꿈을 꾸었나니 너 벨드사살아 그 해석을 밝히 말하라 내 나라 모든 지혜자가 능히 내게 그 해석을 알게 하지 못하였으나 오직 너는 능히 하리니 이는 거룩한 신들의 영이 네 안에 있음이라...(18-28)

그 기한이 차매 나 느부갓네살이 하늘을 우러러 보았더니 내 총명이 다시 내게로 돌아온지라 이에 내가 지극히 높으신 이에게 감사하며 영생하시는 이를 찬양하고 경배하였나니 그 권세는 영원한 권세요 그 나라는 대대에 이르리로다...(34-37)

• 시편 108-109편 : 하나님의 일하심을 찬양하는 다윗의 영성

하나님이여 내 마음을 정하였사오니 내가 노래하며 나의 마음을 다하여 찬양하리로다...(108:1-6)

하나님이여 주께서 우리를 버리지 아니하셨나이까 하나님이여 주께서 우리의 군대들과 함께 나아가지 아니하시나이다...(108:11-13)

내가 찬양하는 하나님이여 잠잠하지 마옵소서(109:1)

그러나 주 여호와여 주의 이름으로 말미암아 나를 선대하소서 주의 인자하심이 선하시오니 나를 건지소서(109:21)

여호와 나의 하나님이여 나를 도우시며 주의 인자하심을 따라 나를 구원하소서...(109:26-27)

내가 입으로 여호와께 크게 감사하며 많은 사람 중에서 찬송하리니...(109:30-31)

Ⅲ. 묵상을 위한 질문

1. 이스라엘 왕 아합이 아람의 왕의 손에서 되찾으려고 했던 곳은 어디일까요?(3)
2. 흉한 일만 예언하여 아합이 미워했던 여호와의 선지자는 누구일까요?(8)
3. 빛의 아들이요 낮의 아들인 성도는 항상 무엇을 가지고 있어야 할까요?(8)
4. 주의 날이 도둑 같이 이르기에 성도는 항상 어떻게 행동해야 할까요?(15~22)
5. 느부갓네살 왕은 왜 다니엘이라면 자신의 꿈을 해석할 수 있다고 생각했나요?(8~9,18)
6. 느부갓네살 왕은 다니엘의 해석대로 꿈이 이루어지자 어떤 행동을 했나요?(34~37)
7. 다윗은 전쟁을 앞둔 상황에서도 하나님을 노래하며 찬양하는 이유가 무엇일까요?(108:1)
8. 다윗은 자신의 대적들과 마주할 때마다 누구를 의지하며 도우심을 구했나요?(109:26)

Ⅳ. 기도

1. 주여, 세상의 풍파 속에서도 주의 말씀을 담대히 전도하는 영성을 주옵소서.
2. 주여, 예수께서 다시 오실 때까지 교회를 세우며 헌신하는 영성을 주옵소서.
3. 주여, 어떠한 어려움 속에도 마음을 정하여 주께 찬양하는 영성을 주옵소서.

• 하나님 마음 알아가기 •

• 나에게 주시는 말씀(암송하기) •

• 오늘의 감사(기록하기) •

293 일차 / 365 형벌 10월 20일

Ⅰ. 맥체인성경의 통독구조<293>

66권 중 한 권의 여러 장을 읽을 때 전체 대강의 줄거리를 묵상하는 일반적인 통독과는 달리, 66권 중 다른 네 권의 한 장씩을 합쳐 네 장을 읽을 때 링크된 내용을 묵상하게 됨으로 다양하게 역사하신 하나님의 구속사를 깨닫게 되는 구조다.

Ⅱ. 핵심구절 읽기

성경본문	열왕기하 1장	데살로니가후서 1장	다니엘 5장	시편 110-111편
통일주제	**형벌** (刑罰, 죄를 지은 사람에게 주는 벌)			
개별주제	바알세붑을 찾은 아하시야 왕을 형벌하심	복음에 복종하지 않는 자들을 형벌하심	완악하여 교만해진 벨사살 왕을 형벌하심	다윗을 괴롭게 만든 원수들을 형벌하심
연합내용	**율법이 주어진 날로부터 예수님이 재림하실 그 날까지 하나님은 죄를 지은 자에게 형벌을 내리신다. 성도는 자신의 연약함을 인정하고, 날마다 겸손과 성결의 삶을 추구해야 한다.**			
핵심구절	2~4,6~8,13~17	3~12	1~3,5~8,10~12 17~28	110:3 111:1~4,7~9

• 열왕기하 1장 : 바알세붑을 찾은 아하시야 왕을 형벌하심

아하시야가 사마리아에 있는 그의 다락 난간에서 떨어져 병들매 사자를 보내며 그들에게 이르되 가서 에그론의 신 바알세붑에게 이 병이 낫겠나 물어 보라 하니라...(2-4)

그들이 말하되 한 사람이 올라와서 우리를 만나 이르되 너희는 너희를 보낸 왕에게로 돌아가서 그에게 고하기를 여호와의 말씀이 이스라엘에 하나님이 없어서 네가 에그론의 신 바알세붑에게 물으려고 보내느냐 그러므로 네가 올라간 침상에서 내려오지 못할지라 네가 반드시 죽으리라 하셨다 하라 하더이다...(6-8)

왕이 세 번째 오십부장과 그의 군사 오십 명을 보낸지라 셋째 오십부장이 올라가서 엘리야 앞에 이르러 그의 무릎을 꿇어 엎드려 간구하여 이르되 하나님의 사람이여 원하건대 나의 생명과 당신의 종인 이 오십 명의 생명을 당신은 귀히 보소서...(13-17)

• 데살로니가후서 1장 : 복음에 복종하지 않는 자들을 형벌하심

형제들아 우리가 너희를 위하여 항상 하나님께 감사할지니 이것이 당연함은 너희의 믿음이 더욱 자라고 너희가 다 각기 서로 사랑함이 풍성함이니 그러므로 너희가 견디고 있는 모든 박해와 환난 중에서 너희 인내와 믿음으로 말미암아 하나님의 여러 교회에서 우리가 친히 자랑하노라...(3-12)

• 다니엘 5장 : 완악하여 교만해진 벨사살 왕을 형벌하심

벨사살 왕이 그의 귀족 천 명을 위하여 큰 잔치를 베풀고 그 천 명 앞에서 술을 마시니라...(1-3)

그 때에 사람의 손가락들이 나타나서 왕궁 촛대 맞은편 석회벽에 글자를 쓰는데 왕이 그 글자 쓰는 손가락을 본지라...(5-8)

왕비가 왕과 그 귀족들의 말로 말미암아 잔치하는 궁에 들어왔더니 이에 말하여 이르되 왕이여 만수무강 하옵소서 왕의 생각을 번민하게 하지 말며 얼굴빛을 변할 것도 아니니이다...(10-12)

다니엘이 왕에게 대답하여 이르되 왕의 예물은 왕이 친히 가지시며 왕의 상급은 다른 사람에게 주옵소서 그럴지라도 내가 왕을 위하여 이 글을 읽으며 그 해석을 아뢰리이다...(17-28)

• 시편 110-111편 : 다윗을 괴롭게 만든 원수들을 형벌하심

주의 권능의 날에 주의 백성이 거룩한 옷을 입고 즐거이 헌신하니 새벽 이슬 같은 주의 청년들이 주께 나오는도다(110:3)

할렐루야, 내가 정직한 자들의 모임과 회중 가운데에서 전심으로 여호와께 감사하리로다...(111:1-4)

그의 손이 하는 일은 진실과 정의이며 그의 법도는 다 확실하니...(111:7-9)

Ⅲ. 묵상을 위한 질문

1. 아하시야 왕이 다락 난간에서 떨어져 병이 들자 누구에게 이 병이 나을지 물어 보았나요?(2)
2. 엘리야를 설득해 아하시야 왕에게 이르게 한 사람은 누구일까요?(13~14)
3. 바울은 데살로니가 교회가 당하는 박해와 환난이 무엇을 위함이라고 하였나요?(5)
4. 바울은 어떠한 자들이 하늘로부터 내리는 불꽃으로 형벌을 받는다고 하였나요?(7~9)
5. 벨사살 왕과 귀족들이 술을 마시려고 사용한 그릇들은 무엇이었나요?(2~3)
6. 왕궁 촛대 맞은편 석회벽에 사람의 손가락들이 나타나 쓴 글자는 무엇일까요?(25)
7. 다윗은 주의 권능의 날에 어떠한 자들이 즐거이 헌신한다고 하였나요?(3)
8. 다윗이 여호와 하나님께 감사하며 노래하는 이유는 무엇일까요?(1~10)

Ⅳ. 기도

1. 주여, 고난 중에서도 항상 감사하며 하나님을 찬송하게 하옵소서.
2. 주여, 교만을 멀리하고 늘 겸손하게 하나님을 바라보게 하옵소서.
3. 주여, 새벽이슬 같은 주의 청년들처럼 즐거이 헌신하게 하옵소서.

• 하나님 마음 알아가기 •

• 나에게 주시는 말씀(암송하기) •

• 오늘의 감사(기록하기) •

294 일차 / 365 소명 10월 21일

Ⅰ. 맥체인성경의 통독구조<294>

맥체인성경 통독은 시간의 초월 즉 역사의 초월을 통해 예언과 성취를 동시에 경험할 수 있는 구조이다. 이미 지나간 과거에 대한 긴 역사를 우리는 한 정점에서 동시에 묵상한다.

Ⅱ. 핵심구절 읽기

성경본문	열왕기하 2장	데살로니가후서 2장	다니엘 6장	시편 112-113편
통일주제	**소명** (召命, 하나님께서 구속사역을 위해 일꾼을 부르심)			
개별주제	엘리야의 뒤를 이어 사역하는 엘리사의 소명	불법으로부터 성도를 굳게 하는 바울의 소명	음모 속에 절대신앙을 지키는 다니엘의 소명	여호와를 경외하고 계명을 지킬 성도의 소명
연합내용	**하나님은 매 시대에 일꾼을 부르신다. 선지자로, 왕으로, 제사장으로, 사도로, 선교사로 부르신다. 예수 그리스도를 믿는 모든 성도는 사역의 종류는 다르지만 다 소명을 받은 자다. 오직 충성이 있을 뿐이다.**			
핵심구절	1~4,6,8~15 19~21,23~24	1~4,7~10,12~15	1~4,7~8,10~11 13~14,16~23,26~28	112:1~4,7~9 113:1~9

• 열왕기하 2장 : 엘리야의 뒤를 이어 사역하는 엘리사의 소명

여호와께서 회오리 바람으로 엘리야를 하늘로 올리고자 하실 때에 엘리야가 엘리사와 더불어 길갈에서 나가더니...(1-4)

엘리야가 또 엘리사에게 이르되 청하건대 너는 여기 머물라 여호와께서 나를 요단으로 보내시느니라 하니 그가 이르되 여호와께서 살아 계심과 당신의 영혼이 살아 있음을 두고 맹세하노니 내가 당신을 떠나지 아니하겠나이다 하는지라 이에 두 사람이 가니라(6)

엘리야가 겉옷을 가지고 말아 물을 치매 물이 이리 저리 갈라지고 두 사람이 마른 땅 위로 건너더라...(8-15)

그 성읍 사람들이 엘리사에게 말하되 우리 주인께서 보시는 바와 같이 이 성읍의 위치는 좋으나 물이 나쁘므로 토산이 익지 못하고 떨어지나이다...(19-21)

엘리사가 거기서 벧엘로 올라가더니 그가 길에서 올라갈 때에 작은 아이들이 성읍에서 나와 그를 조롱하여 이르되 대머리여 올라가라 대머리여 올라가라 하는지라...(23-24)

• 데살로니가후서 2장 : 불법으로부터 성도를 굳게 하는 바울의 소명

형제들아 우리가 너희에게 구하는 것은 우리 주 예수 그리스도의 강림하심과 우리가 그 앞에 모임에 관하여...(1-4)

불법의 비밀이 이미 활동하였으나 지금은 그것을 막는 자가 있어 그 중에서 옮겨질 때까지 하리라...(7-10)

진리를 믿지 않고 불의를 좋아하는 모든 자들로 하여금 심판을 받게 하려 하심이라...(12-15)

• 다니엘 6장 : 음모 속에 절대신앙을 지키는 다니엘의 소명

다리오가 자기의 뜻대로 고관 백이십 명을 세워 전국을 통치하게 하고...(1-4)

나라의 모든 총리와 지사와 총독과 법관과 관원이 의논하고 왕에게 한 법률을 세우며 한 금령을 정하실 것을 구하나이다 왕이여 그것은 곧 이제부터 삼십일 동안에 누구든지 왕 외의 어떤 신에게나 사람에게 무엇을 구하면 사자 굴에 던져 넣기로 한 것이니이다...(7-8)

다니엘이 이 조서에 왕의 도장이 찍힌 것을 알고도 자기 집에 돌아가서는 윗방에 올라가 예루살렘으로 향한 창문을 열고 전에 하던 대로 하루 세 번씩 무릎을 꿇고 기도하며 그의 하나님께 감사하였더라...(10-11)

이에 왕이 명령하매 다니엘을 끌어다가 사자 굴에 던져 넣는지라 왕이 다니엘에게 이르되 네가 항상 섬기는 너의 하나님이 너를 구원하시리라 하니라...(16-23)

내가 이제 조서를 내리노라 내 나라 관할 아래에 있는 사람들은 다 다니엘의 하나님 앞에서 떨며 두려워할지니 그는 살아 계시는 하나님이시요 영원히 변하지 않으실 이시며 그의 나라는 멸망하지 아니할 것이요 그의 권세는 무궁할 것이며...(26-28)

• 시편 112-113편 : 여호와를 경외하고 계명을 지킬 성도의 소명

할렐루야, 여호와를 경외하며 그의 계명을 크게 즐거워하는 자는 복이 있도다...(112:1-4)

그는 흉한 소문을 두려워하지 아니함이여 여호와를 의뢰하고 그의 마음을 굳게 정하였도다...(112:7-9)

할렐루야, 여호와의 종들아 찬양하라 여호와의 이름을 찬양하라...(113:1-9)

Ⅲ. 묵상을 위한 질문

1. 엘리사는 엘리야의 성령이 하시는 역사를 갑절이나 얻기 위하여 어떤 행동을 했나요?(1~4,6,9~15)
2. 엘리사는 여리고 성읍에서 토산이 익지 못하고 떨어진다는 말을 듣고 어떤 기적을 행하였나요?(19~22)
3. 바울은 데살로니가교회에게 무엇을 주의하라고 권면했나요?(2~4,7~10)
4. 바울이 데살로니가교회에게 전통을 지키라고 한 말은 무슨 뜻일까요?(12~15)
5. 다리오 왕 때 다니엘은 어떤 위치에 있었으며 어떤 사람이었나요?(1~4,10~11)
6. 다리오 왕은 참소하는 자들로 인하여 다니엘을 사자굴에 넣지만 끝까지 어떤 신앙적인 자세로 중보했나요?(13~14,16,18~20,24)
7. 여호와께서는 어떤 자에게 복을 주시며 지켜 주신다고 하셨나요?(112:1~4,7,9)
8. 시편 기자는 여호와께 찬송을 돌려야 할 이유가 무엇이라고 했나요?(113:1~9)

Ⅳ. 기도

1. 주여, 성령의 역사를 갑절이나 사모하게 하시고 받은 능력을 사용하게 하옵소서.
2. 주여, 재림에 관한 그릇된 교훈에 빠지지 말게 하시고 복음만 붙잡게 하옵소서.
3. 주여, 어떠한 참소함 속에서도 타협하지 않는 신앙과 자세를 허락하여 주옵소서.

• 하나님 마음 알아가기 •

• 나에게 주시는 말씀(암송하기) •

• 오늘의 감사(기록하기) •

295 일차 / 365

예언

10월 22일

Ⅰ. 맥체인성경의 통독구조<295>

기존의 성경묵상은 한 책을 읽으므로 한 본문에 한 교훈을 찾는 것이 일반적이지만 맥체인 성경 읽기와 묵상은 네 책을 읽고 네 본문의 공통점을 찾기 때문에 몇 개의 교훈이 나타난다. 그중에 현재 감동을 주는 교훈을 적용하는 구조이다.

Ⅱ. 핵심구절 읽기

성경본문	열왕기하 3장	데살로니가후서 3장	다니엘 7장	시편 114-115편
통일주제	**예언** (豫言, 주께서 주시는 말씀, 환상, 꿈으로 미래의 일은 말함)			
개별주제	엘리사가 유다 왕 여호사밧으로 인하여 예언함	바울이 게으른 자와 일만드는 자의 끝을 예언함	다니엘이 꿈을 꾸고 그 해석을 들어서 예언함	기자가 여호와를 경외하는 자에게 복을 예언함
연합내용	**성경에는 두 종류의 예언이 있다. 하나는 전혀 알 수 없는 하나님의 일방적인 구속사적인 예언이고, 다른 하나는 구체적인 조건을 말한 후 그것을 지키거나 지키지 않은 것에 대한 결과를 알려주는 예언이다.**			
핵심구절	1~3,5~7,9~11 13~19,22~27	1~2,5~15	1~10,13~14 17~27	114:1~3,5,8 115:1,3,9~13 15,17~18

• 열왕기하 3장 : 엘리사가 유다 왕 여호사밧으로 인하여 예언함

유다의 여호사밧 왕 열여덟째 해에 아합의 아들 여호람이 사마리아에서 이스라엘을 열두 해 동안 다스리니라...(1-3)

이스라엘 왕과 유다 왕과 에돔 왕이 가더니 길을 둘러 간 지 칠 일에 군사와 따라가는 가축을 먹일 물이 없는지라...(9-11)

엘리사가 이스라엘 왕에게 이르되 내가 당신과 무슨 상관이 있나이까 당신의 부친의 선지자들과 당신의 모친의 선지자들에게로 가소서 하니 이스라엘 왕이 그에게 이르되 그렇지 아니하니이다 여호와께서 이 세 왕을 불러 모아 모압의 손에 넘기려 하시나이다 하니라...(13-19)

아침에 모압 사람이 일찍이 일어나서 해가 물에 비치므로 맞은편 물이 붉어 피와 같음을 보고...(22-27)

• 데살로니가후서 3장 : 바울이 게으른 자와 일 만드는 자의 끝을 예언함

끝으로 형제들아 너희는 우리를 위하여 기도하기를 주의 말씀이 너희 가운데서와 같이 퍼져 나가 영광스럽게 되고...(1-2)

주께서 너희 마음을 인도하여 하나님의 사랑과 그리스도의 인내에 들어가게 하시기를 원하노라...(5-15)

• 다니엘 7장 : 다니엘이 꿈을 꾸고 그 해석을 들어서 예언함

바벨론 벨사살 왕 원년에 다니엘이 그의 침상에서 꿈을 꾸며 머리 속으로 환상을 받고 그 꿈을 기록하며 그 일의 대략을 진술하니라...(1-10)

내가 또 밤 환상 중에 보니 인자 같은 이가 하늘 구름을 타고 와서 옛적부터 항상 계신 이에게 나아가 그 앞으로 인도되매...(13-14)

그 네 큰 짐승은 세상에 일어날 네 왕이라...(17-27)

• 시편 114-115편 : 기자가 여호와를 경외하는 자에게 복을 예언함

이스라엘이 애굽에서 나오며 야곱의 집안이 언어가 다른 민족에게서 나올 때에...(114-:1-3)

바다야 네가 도망함은 어찌함이며 요단아 네가 물러감은 어찌함인가(114:5)

그가 반석을 쳐서 못물이 되게 하시며 차돌로 샘물이 되게 하셨도다...(114:8)

여호와여 영광을 우리에게 돌리지 마옵소서 우리에게 돌리지 마옵소서 오직 주는 인자하시고 진실하시므로 주의 이름에만 영광을 돌리소서(115:1)

오직 우리 하나님은 하늘에 계셔서 원하시는 모든 것을 행하셨나이다(115:3)

이스라엘아 여호와를 의지하라 그는 너희의 도움이시요 너희의 방패시로다...(115:9-13)

너희는 천지를 지으신 여호와께 복을 받는 자로다(115:15)

죽은 자들은 여호와를 찬양하지 못하나니 적막한 데로 내려가는 자들은 아무도 찬양하지 못하리로다...(115:17-18)

Ⅲ. 묵상을 위한 질문

1. 배반한 모압을 치러 가는 세 왕이 물이 없어 엘리사를 찾았을 때 그는 누구때문에 하나님의 뜻과 역사하심을 예언한다고 했나요?(5,9~11,14~19)

2. 이스라엘, 유다, 에돔의 세 왕은 모압과의 전쟁에서 어떤 결과를 얻었나요?(22~27)

3. 바울은 데살로니가교회에게 어떤 내용의 중보기도를 부탁했나요?(1~2)

4. 바울은 데살로니가교회에게 어떤 습관을 경계하라고 말했나요?(6~8,10~12)

5. 벨사살 왕 원년, 다니엘이 본 환상에 등장하는 네 짐승은 무엇이었나요?(1~8)

6. 다니엘이 본 넷째 짐승과 그의 하는 일은 무엇이며 지극히 높으신 이의 나라와의 싸움은 어떻게 끝나고 높으신 이의 나라는 어떻게 될까요?(18~22,23~27)

7. 시편 기자는 하나님이 행하신 어느 때의 일들을 회상하고 있나요?(114:1~3,8)

8. 시편 기자는 하나님이 어떤 분이시며 누가 복을 받는다고 했나요?(115:9~13)

Ⅳ. 기도

1. 주여, 늘 하나님 보시기에 합당한 자가 되어 주의 역사를 경험하게 하옵소서.
2. 주여, 게으름의 유혹에 빠지지 않게 하시고 주어진 일에 성실하게 하옵소서.
3. 주여, 범사에 하나님께서 구원의 때에 행하신 기적을 기억하게 하옵소서.

• 하나님 마음 알아가기 •

• 나에게 주시는 말씀(암송하기) •

• 오늘의 감사(기록하기) •

296 일차 / 365 감동 10월 23일

I. 맥체인성경의 통독구조<296>

맥체인성경 통독은 새벽에 80~90절 정도의 핵심요절을 읽고 하루 중 정해 놓은 시간에 통일주제를 중심으로 4장 전체를 정독하면서 묵상문제를 풀어 영적인 만나를 먹는 구조이다.

II. 핵심구절 읽기

성경본문	열왕기하 4장	디모데전서 1장	다니엘 8장	시편 116편
통일주제	**감동** (感動, 깊이 느껴 마음이 움직임)			
개별주제	수넴 여인의 세심한 배려에 감동받은 엘리사	괴수인 자신을 사도 삼아 주심에 감동받은 바울	가브리엘 천사의 해석에 감동받은 다니엘	주의 은혜에 감동받아 서원을 갚는 시편 기자
연합내용	**사람의 값은 마음에 있다. 마음이 바르고 선하면 귀한 값이요 그렇지 못하면 천한 값이 된다. 마음을 옳게 쓰고 남을 배려할 때 대부분의 사람은 감동을 받아 그에 상응하는 행동을 하게 된다.**			
핵심구절	1~6,8~10,13 16~44	3~12,14~16 18~19	3~14,16~25,27	1~6,8~10,12~15 17~18

• 열왕기하 4장 : 수넴 여인의 세심한 배려에 감동받은 엘리사

선지자의 제자들의 아내 중의 한 여인이 엘리사에게 부르짖어 이르되 당신의 종 나의 남편이 이미 죽었는데 당신의 종이 여호와를 경외한 줄은 당신이 아시는 바니이다 이제 빚 준 사람이 와서 나의 두 아이를 데려가 그의 종을 삼고자 하나이다 하니...(1-6)

하루는 엘리사가 수넴에 이르렀더니 거기에 한 귀한 여인이 그를 간권하여 음식을 먹게 하였으므로 엘리사가 그 곳을 지날 때마다 음식을 먹으러 그리로 들어갔더라...(8-10)

엘리사가 자기 사환에게 이르되 너는 그에게 이르라 네가 이같이 우리를 위하여 세심한 배려를 하는도다 내가 너를 위하여 무엇을 하랴 왕에게나 사령관에게 무슨 구할 것이 있느냐 하니 여인이 이르되 나는 내 백성 중에 거주하나이다 하니라(13)

엘리사가 이르되 한 해가 지나 이 때쯤에 네가 아들을 안으리라 하니 여인이 이르되 아니로소이다 내 주 하나님의 사람이여 당신의 계집종을 속이지 마옵소서 하니라...(16-44)

• 디모데전서 1장 : 괴수인 자신을 사도 삼아 주심에 감동받은 바울

내가 마게도냐로 갈 때에 너를 권하여 에베소에 머물라 한 것은 어떤 사람들을 명하여 다른 교훈을 가르치지 말며...(3-12)

우리 주의 은혜가 그리스도 예수 안에 있는 믿음과 사랑과 함께 넘치도록 풍성하였도다...(14-16)

아들 디모데야 내가 네게 이 교훈으로써 명하노니 전에 너를 지도한 예언을 따라 그것으로 선한 싸움을 싸우며...(18-19)

• 다니엘 8장 : 가브리엘 천사의 해석에 감동받은 다니엘

내가 눈을 들어 본즉 강 가에 두 뿔 가진 숫양이 섰는데 그 두 뿔이 다 길었으며 그 중 한 뿔은 다른 뿔보다 길었고 그 긴 것은 나중에 난 것이더라...(3-14)

내가 들은즉 을래 강 두 언덕 사이에서 사람의 목소리가 있어 외쳐 이르되 가브리엘아 이 환상을 이 사람에게 깨닫게 하라 하더니...(16-25)

이에 나 다니엘이 지쳐서 여러 날 앓다가 일어나서 왕의 일을 보았느니라 내가 그 환상으로 말미암아 놀랐고 그 뜻을 깨닫는 사람도 없었느니라(27)

• 시편 116편 : 주의 은혜에 감동받아 서원을 갚는 시편 기자

여호와께서 내 음성과 내 간구를 들으시므로 내가 그를 사랑하는도다...(1-6)

주께서 내 영혼을 사망에서, 내 눈을 눈물에서, 내 발을 넘어짐에서 건지셨나이다...(8-10)

내게 주신 모든 은혜를 내가 여호와께 무엇으로 보답할까...(12-15)

내가 주께 감사제를 드리고 여호와의 이름을 부르리이다...(17-18)

Ⅲ. 묵상을 위한 질문

1. 제자 중의 한 여인이 엘리사에게 자신의 빚의 문제를 호소했을 때 엘리사는 어떻게 해결해 주었나요?(1~7)
2. 세심한 배려로 엘리사를 공궤한 수넴 여인의 가정에 나타난 두 가지 기적은 무엇일까요?(13~36)
3. 바울은 디모데에게 바른 교훈이 무엇이라고 가르쳐 주었나요?(3,5,11,18)
4. 바울은 자신이 죄인 중에 괴수였으나 사도의 직분을 맡은 것은 전적으로 무엇때문이라고 증언하고 있나요?(12,14~16)
5. 다니엘은 벨사살 왕 3년에 을래 강변에서 어떤 환상을 보았나요?(3~14)
6. 가브리엘 천사는 다니엘이 본 환상을 어떻게 해석해 주었나요?(16~25)
7. 시편 기자는 환난과 슬픔을 만났을 때 어떻게 해결했나요?(1~4,6,8,10)
8. 시편 기자는 여호와께 받은 은혜를 어떻게 갚겠다고 말했나요?(12~14,17~18)

Ⅳ. 기도

1. 주여, 세심한 배려로 주의 일을 하는 자들을 감동시키는 자가 되게 하옵소서.
2. 주여, 자신이 죄인의 괴수임을 깨닫고 헌신적으로 충성하는 자가 되게 하옵소서.
3. 주여, 베풀어 주신 은혜를 알고 서원과 감사제로 보답하는 자가 되게 하옵소서.

• 하나님 마음 알아가기 •

• 나에게 주시는 말씀(암송하기) •

• 오늘의 감사(기록하기) •

297 일차 / 365 소식 10월 24일

I. 맥체인성경의 통독구조<297>

통일주제를 찾을 때 다음의 순서로 접근하는 것이 바람직하다. 먼저 하나님의 입장에서, 다음으로 중심등장인물 입장에서, 그리고 내용의 특징에서 찾는 것이다.

II. 핵심구절 읽기

성경본문	열왕기하 5장	디모데전서 2장	다니엘 9장	시편 117-118편
통일주제	**소식** (消息, 사람의 안부나 일의 형세 따위를 알리는 말이나 글)			
개별주제	나아만이 어린 소녀에게 선지자 소식을 들음	이방인이 바울에게 예수 복음의 소식을 들음	기도한 다니엘이 가브리엘에게 소식을 들음	여호와께 피하는 자가 구원의 소식을 들음
연합내용	**하나님은 모든 영혼들에게 좋은 소식을 전해 주신다. 소자나 선지자나 천사나 예수님을 통해서 구원의 기쁜 소식을 주시는 것이다. 믿지 않는 자는 경히 여길 것이요 믿는 자는 찬양과 감사를 돌릴 것이다.**			
핵심구절	1~4,7~11,13~15 17~20,22~23 25~27	1~2,4~11,14~15	1~7,14~19 21~27	117:1~2 118:1,4~9,12~15 17~19,22~24,27

• 열왕기하 5장 : 나아만이 어린 소녀에게 선지자 소식을 들음

아람 왕의 군대 장관 나아만은 그의 주인 앞에서 크고 존귀한 자니 이는 여호와께서 전에 그에게 아람을 구원하게 하셨음이라 그는 큰 용사이나 나병환자더라...(1-4)

이스라엘 왕이 그 글을 읽고 자기 옷을 찢으며 이르되 내가 사람을 죽이고 살리는 하나님이냐 그가 어찌하여 사람을 내게로 보내 그의 나병을 고치라 하느냐 너희는 깊이 생각하고 저 왕이 틈을 타서 나와 더불어 시비하려 함인줄 알라 하니라...(7-11)

그의 종들이 나아와서 말하여 이르되 내 아버지여 선지자가 당신에게 큰 일을 행하라 말하였더면 행하지 아니하였으리이까 하물며 당신에게 이르기를 씻어 깨끗하게 하라 함이리이까 하니...(13-15)

나아만이 이르되 그러면 청하건대 노새 두 마리에 실을 흙을 당신의 종에게 주소서 이제부터는 종이 번제물과 다른 희생제사를 여호와 외 다른 신에게는 드리지 아니하고 다만 여호와께 드리겠나이다...(17-20)

그가 이르되 평안하나이다 우리 주인께서 나를 보내시며 말씀하시기를 지금 선지자의 제자 중에 두 청년이 에브라임 산지에서부터 내게로 왔으니 청하건대 당신은 그들에게 은 한 달란트와 옷 두 벌을 주라 하시더이다...(22-23)

들어가 그의 주인 앞에 서니 엘리사가 이르되 게하시야 네가 어디서 오느냐 하니 대답하되 당신의 종이 아무데도 가지 아니하였나이다 하니라...(25-27)

• 디모데전서 2장 : 이방인이 바울에게 예수 복음의 소식을 들음

그러므로 내가 첫째로 권하노니 모든 사람을 위하여 간구와 기도와 도고와 감사를 하되...(1-2)

하나님은 모든 사람이 구원을 받으며 진리를 아는 데에 이르기를 원하시느니라...(4-11)

아담이 속은 것이 아니고 여자가 속아 죄에 빠졌음이라...(14-15)

• 다니엘 9장 : 기도한 다니엘이 가브리엘에게 소식을 들음

메대 족속 아하수에로의 아들 다리오가 갈대아 나라 왕으로 세움을 받던 첫 해...(1-7)

그러므로 여호와께서 이 재앙을 간직하여 두셨다가 우리에게 내리게 하셨사오니 우리의 하나님 여호와께서 행하시는 모든 일이 공의로우시나 우리가 그 목소리를 듣지 아니하였음이니이다...(14-19)

곧 내가 기도할 때에 이전에 환상 중에 본 그 사람 가브리엘이 빨리 날아서 저녁 제사를 드릴 때 즈음에 내게 이르더니...(21-27)

• 시편 117-118편 : 여호와께 피하는 자가 구원의 소식을 들음

너희 모든 나라들아 여호와를 찬양하며 너희 모든 백성들아 그를 찬송할지어다...(117:1-2)

여호와께 감사하라 그는 선하시며 그의 인자하심이 영원함이로다(118:1)

이제 여호와를 경외하는 자는 말하기를 그의 인자하심이 영원하다 할지로다...(118:4-9)

그들이 벌들처럼 나를 에워쌌으나 가시덤불의 불 같이 타 없어졌나니 내가 여호와의 이름으로 그들을 끊으리로다...(118:12-15)

내가 죽지 않고 살아서 여호와께서 하시는 일을 선포하리로다...(118:17-19)

건축자가 버린 돌이 집 모퉁이의 머릿돌이 되었나니...(118:22-24)

여호와는 하나님이시라 그가 우리에게 빛을 비추셨으니 밧줄로 절기 제물을 제단 뿔에 맬지어다(118:27)

Ⅲ. 묵상을 위한 질문

1. 아람 군대장관 나아만은 어떤 사람이었으며 무슨 소식을 들었나요?(1~4,9~15,17~18)
2. 엘리사의 사환 게하시는 어떤 욕심을 가졌으며 그 결과 어떻게 되었나요?(20~27)
3. 이방인의 스승이 된 사도 바울은 디모데에게 어떤 기도를 드리라고 했나요?(1~2,8)
4. 사도 바울은 믿는 여자들이 어떻게 생활해야 한다고 가르쳤나요?(9~11,15)
5. 다니엘이 이스라엘과 예루살렘의 회복을 위하여 간절히 기도한 이유는 무엇을 깨달았기 때문이었나요?(1~7)
6. 다니엘이 간절히 기도한 후에 가브리엘은 어떤 소식을 가지고 왔나요?(21~27)
7. 모든 나라들과 백성들은 왜 여호와 하나님께 찬송을 드려야 할까요?(117:1~2)
8. 시편 기자는 여호와 하나님이 어떤 분이시며 그에게 피하는 자는 어떤 결과를 얻게 될 것이라고 말했나요?(118:1,6~9,12~14,27~28)

Ⅳ. 기도

1. 주여, 병들었을 때 좋은 소식을 듣게 하사 치유받고 주를 찬양하게 하옵소서.
2. 주여, 성도로서 위정자를 위한 기도와 성별에 맞는 바른 생활을 하게 하옵소서.
3. 주여, 사람을 신뢰하지 말고 내 편이신 여호와 하나님을 의지하게 하옵소서.

• 하나님 마음 알아가기 •

• 나에게 주시는 말씀(암송하기) •

• 오늘의 감사(기록하기) •

298 일차 / 365 직분 10월 25일

Ⅰ. 맥체인성경의 통독구조<298>

맥체인성경의 바른 통독은 읽는 속도보다 읽는 자세에 있다. 신약과 구약의 각각 두 장을 필사하듯 정리하면서 깊이 묵상하는 자세로 읽으면 지혜의 은사를 경험할 수 있는 신비로운 구조이다. 더 나아가 통독을 뛰어넘어 정독의 영적 구조이다.

Ⅱ. 핵심구절 읽기

성경본문	열왕기하 6장	디모데전서 3장	다니엘 10장	시편 119편 1-24절
통일주제	**직분** (職分, 직무상 마땅히 해야 할 본분)			
개별주제	선지자의 직분을 받은 엘리사의 은사적 사역	감독과 집사의 직분을 받을 자의 기본적 자격	환상을 깨닫고 증거하는 직분을 받은 다니엘	왕의 직분을 받은 자의 말씀 중심적 신앙생활
연합내용	**하나님의 백성은 세상에서 얻지 못하는 영적인 직분을 갖는다. 이 직분은 세상에서 감당하게 되지만 그 영광은 땅에서 얻지 못하고 천국에서 놀라운 것으로 받게 되는 것이다. 직분은 점점 더 무거워야 한다.**			
핵심구절	1~2,5~12,14~18 20~23,24~26 28~29,31~32	1~13,15	1~3,5~6,8~9 10~14,16~20	1~2,4,6,8~11 14~16,18,20 22~24

• 열왕기하 6장 : 선지자의 직분을 받은 엘리사의 은사적 사역

선지자의 제자들이 엘리사에게 이르되 보소서 우리가 당신과 함께 거주하는 이 곳이 우리에게는 좁으니...(1-2)

한 사람이 나무를 벨 때에 쇠도끼가 물에 떨어진지라 이에 외쳐 이르되 아아, 내 주여 이는 빌려온 것이니이다 하니...(5-12)

왕이 이에 말과 병거와 많은 군사를 보내매 그들이 밤에 가서 그 성읍을 에워쌌더라...(14-18)

사마리아에 들어갈 때에 엘리사가 이르되 여호와여 이 무리의 눈을 열어서 보게 하옵소서 하니 여호와께서 그들의 눈을 여시매 그들이 보니 자기들이 사마리아 가운데에 있더라...(20-26)

또 이르되 무슨 일이냐 하니 여인이 대답하되 이 여인이 내게 이르기를 네 아들을 내놓아라 우리가 오늘 먹고 내일은 내 아들을 먹자 하매...(28-29)

왕이 이르되 사밧의 아들 엘리사의 머리가 오늘 그 몸에 붙어 있으면 하나님이 내게 벌 위에 벌을 내리실지로다 하니라...(31-32)

• 디모데전서 3장 : 감독과 집사의 직분을 받을 자의 기본적 자격

미쁘다 이 말이여, 곧 사람이 감독의 직분을 얻으려 함은 선한 일을 사모하는 것이라 함이로다...(1-13)

만일 내가 지체하면 너로 하여금 하나님의 집에서 어떻게 행하여야 할지를 알게 하려 함이니 이 집은 살아 계신 하나님의 교회요 진리의 기둥과 터니라(15)

• 다니엘 10장 : 환상을 깨닫고 증거하는 직분을 받은 다니엘

바사 왕 고레스 제삼년에 한 일이 벨드사살이라 이름한 다니엘에게 나타났는데 그 일이 참되니 곧 큰 전쟁에 관한 것이라 다니엘이 그 일을 분명히 알았고 그 환상을 깨달으니라...(1-3)

그 때에 내가 눈을 들어 바라본즉 한 사람이 세마포 옷을 입었고 허리에는 우바스 순금 띠를 띠었더라...(5-6)

그러므로 나만 홀로 있어서 이 큰 환상을 볼 때에 내 몸에 힘이 빠졌고 나의 아름다운 빛이 변하여 썩은 듯하였고 나의 힘이 다 없어졌으나...(8-14)

인자와 같은 이가 있어 내 입술을 만진지라 내가 곧 입을 열어 내 앞에 서 있는 자에게 말하여 이르되 내 주여 이 환상으로 말미암아 근심이 내게 더하므로 내가 힘이 없어졌나이다...(16-20)

• 시편 119편 1~24절 : 왕의 직분을 받은 자의 말씀 중심적 신앙생활

행위가 온전하여 여호와의 율법을 따라 행하는 자들은 복이 있음이여...(1-2)

주께서 명령하사 주의 법도를 잘 지키게 하셨나이다(4)

내가 주의 모든 계명에 주의할 때에는 부끄럽지 아니하리이다(6)

내가 주의 율례들을 지키오리니 나를 아주 버리지 마옵소서...(8-11)

내가 모든 재물을 즐거워함 같이 주의 증거들의 도를 즐거워하였나이다...(14-16)

내 눈을 열어서 주의 율법에서 놀라운 것을 보게 하소서(18)

주의 규례들을 항상 사모함으로 내 마음이 상하나이다(20)

내가 주의 교훈들을 지켰사오니 비방과 멸시를 내게서 떠나게 하소서...(22-24)

Ⅲ. 묵상을 위한 질문

1. 하나님의 사람 엘리사는 어느 정도의 초자연적 예지 능력을 가지고 있었나요?
   (5~7,8~10,12,18,20)
2. 아람 왕 벤하닷이 사마리아를 에워쌈으로 성 전체가 굶게된 상황에서 어떤 일이 벌어졌으며, 결국 이스라엘 왕은 누구를 원망했나요?(26,28~29,31~32)
3. 바울은 디모데에게 감독의 직분을 받을 자의 자격을 어떻게 말했나요?(1~7)
4. 바울은 디모데에게 집사의 직분을 받을 자의 자격을 어떻게 말했나요?(8~12)
5. 고레스 3년, 전쟁에 관한 큰 환상을 본 다니엘은 어떻게 행동했나요?(1~3,8~9)
6. 환상을 보고 깨달은 다니엘은 재차 어떤 사람으로 불려 졌나요?(11,19)
7. 시편 기자는 하나님의 말씀을 어떻게 다른 말들로 표현했나요?(1~2,4,6,8~9)
8. 시편 기자는 하나님의 말씀을 어떤 상황 속에서도 지키겠다고 했나요?(9,11,23)

Ⅳ. 기도

1. 주여, 하나님의 사람으로 능력을 받아 시대를 이끌어 가는 자가 되게 하옵소서.
2. 주여, 목사, 전도사, 장로, 권사, 집사, 권찰의 직분을 잘 감당하게 하옵소서.
3. 주여, 어떤 상황 속에서도 오직 하나님의 말씀을 행하는 자가 되게 하옵소서.

• 하나님 마음 알아가기 •

• 나에게 주시는 말씀(암송하기) •

• 오늘의 감사(기록하기) •

299 일차 / 365 양심 10월 26일

Ⅰ. 맥체인성경의 통독구조<299>

영화 감상하기 : 영화의 중심내용은 변할 수 없다. 하지만 그 전개 과정이나 보조적인 내용이 더 큰 감동과 좋은 기억을 주기도 한다. 구약 2장, 신약 2장씩 읽는 맥체인성경 통독방식은 본 중심내용 외에 다양한 감동을 줄 수 있는 구조이다.

Ⅱ. 핵심구절 읽기

성경본문	열왕기하 7장	디모데전서 4장	다니엘 11장	시편 119편 25-48절
통일주제	**양심** (良心, 어떤 행위에 대한 참과 거짓, 선과 악을 구별하는 도덕적 의식이나 마음씨)			
개별주제	나병환자 네 사람의 동족을 생각하는 양심	미혹하는 영을 따르는 자의 화인 맞은 양심	남방 북방 침략을 일삼는 왕들의 거짓된 양심	주의 율례 규례 계명을 지키겠다는 고백적 양심
연합내용	**양심은 하나님이 사람에게 주신 내적 법원이다. 율법이 있기 전부터 선과 악을 분별하게 하는 기준이다. 양심적으로 행동하면 옳고 참된 것, 비양심적으로 행동하면 거짓된 것이 된다. 양심이 죽으면 죄를 낳는다.**			
핵심구절	1~10,14~17	1~8,10,12~15	1~8,10~19 21~28,31~36 38~41,43~45	25~29,31~32,34 36~37,39,41~42 46~48

• 열왕기하 7장 : 나병환자 네 사람의 동족을 생각하는 양심

엘리사가 이르되 여호와의 말씀을 들을지어다 여호와께서 이르시되 내일 이맘때에 사마리아 성문에서 고운 밀가루 한 스아를 한 세겔로 매매하고 보리 두 스아를 한 세겔로 매매하리라 하셨느니라...(1-10)

그들이 병거 둘과 그 말들을 취한지라 왕이 아람 군대 뒤로 보내며 가서 정탐하라 하였더니...(14-17)

• 디모데전서 4장 : 미혹하는 영을 따르는 자의 화인 맞은 양심

그러나 성령이 밝히 말씀하시기를 후일에 어떤 사람들이 믿음에서 떠나 미혹하는 영과 귀신의 가르침을 따르리라 하셨으니...(1-8)

이를 위하여 우리가 수고하고 힘쓰는 것은 우리 소망을 살아 계신 하나님께 둠이니 곧 모든 사람 특히 믿는 자들의 구주시라(10)

누구든지 네 연소함을 업신여기지 못하게 하고 오직 말과 행실과 사랑과 믿음과 정절에 있어서 믿는 자에게 본이 되어...(12-15)

• 다니엘 11장 : 남방, 북방 침략을 일삼는 왕들의 거짓된 양심

내가 또 메대 사람 다리오 원년에 일어나 그를 도와서 그를 강하게 한 일이 있었느니라...(1-8)

그러나 그의 아들들이 전쟁을 준비하고 심히 많은 군대를 모아서 물이 넘침 같이 나아올 것이며 그가 또 와서 남방 왕의 견고한 성까지 칠 것이요...(10-19)

또 그의 왕위를 이을 자는 한 비천한 사람이라 나라의 영광을 그에게 주지 아니할 것이나 그가 평안한 때를 타서 속임수로 그 나라를 얻을 것이며...(21-28)

군대는 그의 편에 서서 성소 곧 견고한 곳을 더럽히며 매일 드리는 제사를 폐하며 멸망하게 하는 가증한 것을 세울 것이며...(31-36)

그 대신에 강한 신을 공경할 것이요 또 그의 조상들이 알지 못하던 신에게 금 은 보석과 보물을 드려 공경할 것이며...(38-41)

그가 권세로 애굽의 금 은과 모든 보물을 차지할 것이요 리비아 사람과 구스 사람이 그의 시종이 되리라...(43-45)

• 시편 119편 25-48절 : 주의 율례, 규례, 계명을 지키겠다는 고백적 양심

내 영혼이 진토에 붙었사오니 주의 말씀대로 나를 살아나게 하소서...(25-29)

내가 주의 증거들에 매달렸사오니 여호와여 내가 수치를 당하지 말게 하소서...(31-32)

나로 하여금 깨닫게 하여 주소서 내가 주의 법을 준행하며 전심으로 지키리이다(34)

내 마음을 주의 증거들에게 향하게 하시고 탐욕으로 향하지 말게 하소서...(36-37)

내가 두려워하는 비방을 내게서 떠나게 하소서 주의 규례들은 선하심이니이다(39)

여호와여 주의 말씀대로 주의 인자하심과 주의 구원을 내게 임하게 하소서...(41-42)

또 왕들 앞에서 주의 교훈들을 말할 때에 수치를 당하지 아니하겠사오며...(46-48)

Ⅲ. 묵상을 위한 질문

1. 엘리사는 굶어 죽어가는 사마리아 성읍에 대해 어떤 예언을 했나요?(1~2)

2. 하나님은 사마리아 성에 엘리사의 예언을 어떤 방법으로 성취하셨나요?(3~10)

3. 성령은 바울에게 후일에 어떤 자들이 나타날 것이라고 말씀하셨나요?(1~3)

4. 바울은 디모데에게 어떤 목회자가 되라고 권면했나요?(6~8,10,12~15)

5. 하나님은 다니엘에게 어떤 예지의 능력을 주셔서 앞날을 깨닫게 하셨나요?(1)

6. 남방 왕과 북방 왕 사이의 많은 전쟁 중에는 어떤 전략들이 사용되었나요?

   (2~3,6,15,17,20~21,23~24,27,36,39)

7. 시편 기자는 여호와 하나님께 율례와 규례와 계명에 대하여 어떻게 해 달라고 기도했나요?(26~27,33~34)

8. 시편 기자는 여호와의 말씀에 대하여 어떻게 하겠다고 고백했나요?(31~32,44,47)

Ⅳ. 기도

1. 주여, 이 땅에 주의 기적을 내리사 전염병과 경제적 공항을 치유하여 주옵소서.
2. 주여, 경건에 힘쓰고 성숙함으로 모든 일에 믿는 자의 본이 되게 하옵소서.
3. 주여, 주의 율례와 규례와 법도와 계명을 온전히 지키는 자가 되게 하옵소서.

• 하나님 마음 알아가기 •

• 나에게 주시는 말씀(암송하기) •

• 오늘의 감사(기록하기) •

선대

10월 27일

Ⅰ. 맥체인성경의 통독구조<300>

맥체인성경 통독은 구약과 신약 4장을 읽을 때 특별히 교훈을 찾기 어려운 본문을 만나면 다른 본문을 통해 충분한 교훈을 얻을 수 있는 구조다. 예를 들어 구약에 족보만 나오는 장이 있을 때 신약은 족보와 연관된 풍성한 다른 내용이 펼쳐짐으로 충분한 교훈을 얻게 되는 구조다.

Ⅱ. 핵심구절 읽기

성경본문	열왕기하 8장	디모데전서 5장	다니엘 12장	시편 119편 49-72절
통일주제	**선대** (善待, 선하고 유익하게 대우함)			
개별주제	돌아와 집과 전토를 호소한 수넴 여인을 선대	늙은이와 참 과부와 잘 다스리는 장로를 선대	많은 사람을 옳은 데로 돌아오게 한 자를 선대	주의 말씀을 기억하고 지키는 주의 종을 선대
연합내용	**하나님은 예수 그리스도 안에서 죄인을 선대하신다. 그러므로 믿는 자들도 성령 안에서 죄인들을 선대해야 한다. 작게는 의식주 영역에서, 크게는 영적 구원과 사역의 영역에서 선대해야 한다.**			
핵심구절	1~6,8~16,18,22 25~29	1~2,5~6,8~11 14,16~17,20~23 25	1~7,10~12	49~51,54,56~57 60,63,65,67~68 70~72

• 열왕기하 8장 : 돌아와 집과 전토를 호소한 수넴 여인을 선대

엘리사가 이전에 아들을 다시 살려 준 여인에게 이르되 너는 일어나서 네 가족과 함께 거주할 만한 곳으로 가서 거주하라 여호와께서 기근을 부르셨으니 그대로 이 땅에 칠 년 동안 임하리라 하니...(1-6)

왕이 하사엘에게 이르되 너는 손에 예물을 가지고 가서 하나님의 사람을 맞이하고 내가 이 병에서 살아나겠는지 그를 통하여 여호와께 물으라...(8-16)

그가 이스라엘 왕들의 길을 가서 아합의 집과 같이 하였으니 이는 아합의 딸이 그의 아내가 되었음이라 그가 여호와 보시기에 악을 행하였으나(18)

이와 같이 에돔이 유다의 수하에서 배반하였더니 오늘까지 그러하였으며 그 때에 립나도 배반하였더라(22)

이스라엘의 왕 아합의 아들 요람 제십이년에 유다 왕 여호람의 아들 아하시야가 왕이 되니...(25-29)

• 디모데전서 5장 : 늙은이와 참 과부와 잘 다스리는 장로를 선대

늙은이를 꾸짖지 말고 권하되 아버지에게 하듯 하며 젊은이에게는 형제에게 하듯 하고...(1-2)

참 과부로서 외로운 자는 하나님께 소망을 두어 주야로 항상 간구와 기도를 하거니와...(5-6)

누구든지 자기 친족 특히 자기 가족을 돌보지 아니하면 믿음을 배반한 자요 불신자보다 더 악한 자니라...(8-11)

그러므로 젊은이는 시집 가서 아이를 낳고 집을 다스리고 대적에게 비방할 기회를 조금도 주지 말기를 원하노라(14)

만일 믿는 여자에게 과부 친척이 있거든 자기가 도와 주고 교회가 짐지지 않게 하라 이는 참 과부를 도와 주게 하려 함이라...(16-17)

범죄한 자들을 모든 사람 앞에서 꾸짖어 나머지 사람들로 두려워하게 하라...(20-23)

이와 같이 선행도 밝히 드러나고 그렇지 아니한 것도 숨길 수 없느니라(25)

• 다니엘 12장 : 많은 사람을 옳은 데로 돌아오게 한 자를 선대

그 때에 네 민족을 호위하는 큰 군주 미가엘이 일어날 것이요 또 환난이 있으리니 이는 개국 이래로 그 때까지 없던 환난일 것이며 그 때에 네 백성 중 책에 기록된 모든 자가 구원을 받을 것이라...(1-7)

많은 사람이 연단을 받아 스스로 정결하게 하며 희게 할 것이나 악한 사람은 악을 행하리니 악한 자는 아무것도 깨닫지 못하되 오직 지혜 있는 자는 깨달으리라...(10-12)

• 시편 119편 49-72절 : 주의 말씀을 기억하고 지키는 주의 종을 선대

주의 종에게 하신 말씀을 기억하소서 주께서 내게 소망을 가지게 하셨나이다...(49-51)

내가 나그네 된 집에서 주의 율례들이 나의 노래가 되었나이다(54)

내 소유는 이것이니 곧 주의 법도들을 지킨 것이니이...(56-57)

주의 계명들을 지키기에 신속히 하고 지체하지 아니하였나이다(60)

나는 주를 경외하는 모든 자들과 주의 법도들을 지키는 자들의 친구라(63)

여호와여 주의 말씀대로 주의 종을 선대하셨나이다(65)

고난 당하기 전에는 내가 그릇 행하였더니 이제는 주의 말씀을 지키나이다...(67-68)

그들의 마음은 살져서 기름덩이 같으나 나는 주의 법을 즐거워하나이다...(70-72)

Ⅲ. 묵상을 위한 질문

1. 엘리사는 아람 왕 벤하닷과 그의 신하 하사엘이 미래에 어떻게 될 것이라고 예언했나요?(7~15)
2. 유다 왕 여호람과 아하시야는 하나님 앞에서 어떤 왕이었나요?(16,18,25~27)
3. 바울은 디모데에게 늙은이와 과부를 어떻게 대하라고 했나요?(1~4,9~11,14,16)
4. 바울은 디모데에게 장로들과 범죄한 자들을 어떻게 대하라고 했나요?(17~20)
5. 큰 환난 때에 누가 구원을 받으며 어떤 자가 영생을 얻는다고 했나요?(1~2)
6. 많은 사람이 빨리 왕래하며 지식이 더하는 마지막 때에 누가 깨달을까요?(4,10)
7. 시편 기자는 고난 중에 소망과 위로를 주며 살리는 것이 무엇이라고 했나요?(49~50,52,65,67,71)
8. 시편 기자는 주의 말씀을 어느 정도의 가치라고 고백했나요?(56~57,72)

Ⅳ. 기도

1. 주여, 어려움 당한 자를 선대하고 여호와 앞에 악을 행하지 않게 하옵소서.
2. 주여, 늙은이와 과부를 선대하고 범죄한 자를 꾸짖는 자가 되게 하옵소서.
3. 주여, 어떤 상황 속에서도 주의 말씀을 기억하고 지키는 자가 되게 하옵소서.

• 하나님 마음 알아가기 •

• 나에게 주시는 말씀(암송하기) •

• 오늘의 감사(기록하기) •

301 일차 / 365 까닭 10월 28일

Ⅰ. 맥체인성경의 통독구조<301>

맥체인성경의 묵상하기 문제는 성경을 읽어 나가면서 바로 성령의 감동을 받아 질문 문제를 만드는 것이다. 읽은 말씀 중에서 여러 요절의 합한 내용으로 문제를 만들 수도 있고 한 요절로 문제를 만들 수도 있다.

Ⅱ. 핵심구절 읽기

성경본문	열왕기하 9장	디모데전서 6장	호세아 1장	시편 119편 73-96절
통일주제	**까닭** (어떤 일이나 현상의 원인, 이유 또는 조건)			
개별주제	유다와 이스라엘 왕들이 처참하게 죽는 까닭	디모데가 믿음의 선한 싸움을 싸워야 할 까닭	호세아가 음란한 여자를 맞이해야 하는 까닭	시편 기자가 주 여호와의 말씀을 바라는 까닭
연합내용	**모든 일에는 까닭이 있다. 이유가 있기에 결과가 생긴다. 악과 불법을 행한 왕은 그 위치만큼 큰 심판을 받고, 거룩한 싸움을 싸운 자는 상을 받으며, 소명자는 자신의 모든 삶을 행위계시로 사용하게 된다.**			
핵심구절	1~3,6~7,10 12~17,20~25,27,30~36	2~8,10~12 14~19	1~11	73~74,76~77,79, 81~82,86~88,91~94,96

• 열왕기하 9장 : 유다와 이스라엘 왕들이 처참하게 죽는 까닭

선지자 엘리사가 선지자의 제자 중 하나를 불러 이르되 너는 허리를 동이고 이 기름병을 손에 가지고 길르앗 라못으로 가라...(1-3)

예후가 일어나 집으로 들어가니 청년이 그의 머리에 기름을 부으며 그에게 이르되 이스라엘 하나님 여호와의 말씀이 내가 네게 기름을 부어 여호와의 백성 곧 이스라엘의 왕으로 삼노니...(6-7)

이스르엘 지방에서 개들이 이세벨을 먹으리니 그를 장사할 사람이 없으리라 하셨느니라 하고 곧 문을 열고 도망하니라(10)

무리가 이르되 당치 아니한 말이라 청하건대 그대는 우리에게 이르라 하니 대답하되 그가 이리 이리 내게 말하여 이르기를 여호와의 말씀이 내가 네게 기름을 부어 이스라엘 왕으로 삼는다 하셨다 하더라 하는지라...(12-17)

파수꾼이 또 전하여 이르되 그도 그들에게까지 갔으나 돌아오지 아니하고 그 병거 모는 것이 님시의 손자 예후가 모는 것 같이 미치게 모나이다 하니...(20-25)

유다의 왕 아하시야가 이를 보고 정원의 정자 길로 도망하니 예후가 그 뒤를 쫓아가며 이르되 그도 병거 가운데서 죽이라 하매 이블르암 가까운 구르 비탈에서 치니 그가 므깃도까지 도망하여 거기서 죽은지라(27)

예후가 이스르엘에 오니 이세벨이 듣고 눈을 그리고 머리를 꾸미고 창에서 바라보다가...(30-36)

• 디모데전서 6장 : 디모데가 믿음의 선한 싸움을 싸워야 할 까닭

믿는 상전이 있는 자들은 그 상전을 형제라고 가볍게 여기지 말고 더 잘 섬기게 하라 이는 유익을 받는 자들이 믿는 자요 사랑을 받는 자임이라 너는 이것들을 가르치고 권하라...(2-8)

돈을 사랑함이 일만 악의 뿌리가 되나니 이것을 탐내는 자들은 미혹을 받아 믿음에서 떠나 많은 근심으로써 자기를 찔렀도다...(10-12)

우리 주 예수 그리스도께서 나타나실 때까지 흠도 없고 책망 받을 것도 없이 이 명령을 지키라...(14-19)

• 호세아 1장 : 호세아가 음란한 여자를 맞이해야 하는 까닭

웃시야와 요담과 아하스와 히스기야가 이어 유다 왕이 된 시대 곧 요아스의 아들 여로보암이 이스라엘 왕이 된 시대에 브에리의 아들 호세아에게 임한 여호와의 말씀이라 여호와께서 처음 호세아에게 말씀하실 때 여호와께서 호세아에게 이르시되 너는 가서 음란한 여자를 맞이하여 음란한 자식들을 낳으라 이 나라가 여호와를 떠나 크게 음란함이니라 하시니...(1-11)

• 시편 119편 73-96절 : 시편 기자가 주 여호와의 말씀을 바라는 까닭

주의 손이 나를 만들고 세우셨사오니 내가 깨달아 주의 계명들을 배우게 하소서...(73-74)

구하오니 주의 종에게 하신 말씀대로 주의 인자하심이 나의 위안이 되게 하시며...(76-77)

주를 경외하는 자들이 내게 돌아오게 하소서 그리하시면 그들이 주의 증거들을 알리이다(79)

나의 영혼이 주의 구원을 사모하기에 피곤하오나 나는 주의 말씀을 바라나이다...(81-82)

주의 모든 계명들은 신실하니이다 그들이 이유 없이 나를 핍박하오니 나를 도우소서...(86-88)

천지가 주의 규례들대로 오늘까지 있음은 만물이 주의 종이 된 까닭이니이다...(91-94)

내가 보니 모든 완전한 것이 다 끝이 있어도 주의 계명들은 심히 넓으니이다(96)

Ⅲ. 묵상을 위한 질문

1. 선지자 엘리사는 제자 중 한 청년에게 어떤 명령을 내렸나요?(1~4,6~7)
2. 여호와 하나님의 예언의 말씀을 들은 예후 장군은 그 후 어떻게 행동했나요?
   (14~16,20~25,27,30~33)
3. 바울은 다른 교훈을 말하고 그리스도의 말씀과 경건에 관한 교훈을 따르지 않는 자들이 주로 무엇과 연관되어 있다고 말했나요?(3,5~7,9~10,17)
4. 바울은 하나님의 사람인 디모데에게 무엇을 지키며 목회하라고 했나요?(11~12,18)
5. 여호와는 이스라엘을 교훈하기 위해 호세아에게 어떤 명령을 내리셨나요?(2~4,6,8~9)
6. 여호와는 이스라엘과 유다에 대하여 어떤 계획을 가지고 계셨나요?(4,6~7,10~11)
7. 시편 기자는 주의 말씀을 가까이 하는 이유가 무엇이라고 했나요?(73~74,77,91~93)
8. 시편 기자는 복된 삶을 얻기 위해 주의 말씀과 연관된 어떤 기도를 드렸나요?
   (76,80~82,86~88,94)

Ⅳ. 기도

1. 주여, 행한 대로 갚으시는 하나님을 두려워하여 범사에 진실하게 하옵소서.
2. 주여, 하나님의 사람으로 물질에 매이지 말고 선한 싸움을 싸우게 하옵소서.
3. 주여, 감당하기 어려운 사명이 와도 순종할 수 있는 깊은 믿음을 주옵소서.

• 하나님 마음 알아가기 •

• 나에게 주시는 말씀(암송하기) •

• 오늘의 감사(기록하기) •

302 일차 / 365 열심 10월 29일

Ⅰ. 맥체인성경의 통독구조<302>

맥체인성경 통독은 성경을 내용 중심뿐만이 아니라 적용 중심으로 보게 하는 구조다. 일반적으로 적용은 한 본문일 경우 단면적 교훈을 찾게 된다. 하지만 맥체인 성경은 4장의 본문을 읽는 것이기 때문에 현실상황에 맞는 응용적인 여러 개의 교훈을 찾아 적용할 수 있도록 도와주는 놀라운 구조이다.

Ⅱ. 핵심구절 읽기

성경본문	열왕기하 10장	디모데후서 1장	호세아 2장	시편 119편 97-120절
통일주제	**열심** (熱心, 어떤 일에 온 마음과 정성을 다하여 골똘하게 힘씀)			
개별주제	예후 왕이 열심을 다해 아합 집을 심판함	바울과 디모데가 열심을 다해 복음을 전함	호세아가 열심을 다해 이스라엘 심판을 예언함	시편 기자가 열심을 다해 주의 법도를 따름
연합내용	**열심은 하나님이 인간에게 준 놀라운 능력이요 무기다. 열심을 통해 하나님의 뜻을 이루고, 널리 복음을 전파하며, 선지자의 사명을 완수하고, 주의 말씀을 따라 살므로 가장 가치있는 인생을 살게 된다.**			
핵심구절	1~7,10~11 13~17,19~30,32,35	3~9,11,13~14 16~17	2~7,8~9,11~13 14~17,19~21,23	98~101,103~105 109~111,113,115,117,119

• 열왕기하 10장 : 예후 왕이 열심을 다해 아합 집을 심판함

아합의 아들 칠십 명이 사마리아에 있는지라 예후가 편지들을 써서 사마리아에 보내서 이스르엘 귀족들 곧 장로들과 아합의 여러 아들을 교육하는 자들에게 전하니 일렀으되...(1-7)

그런즉 이제 너희는 알라 곧 여호와께서 아합의 집에 대하여 하신 말씀은 하나도 땅에 떨어지지 아니하리라 여호와께서 그의 종 엘리야를 통하여 하신 말씀을 이제 이루셨도다 하니라...(10-11)

그러므로 내가 이제 큰 제사를 바알에게 드리고자 하노니 바알의 모든 선지자와 모든 섬기는 자와 모든 제사장들을 한 사람도 빠뜨리지 말고 불러 내게로 나아오게 하라 모든 오지 아니하는 자는 살려 두지 아니하리라 하니 이는 예후가 바알 섬기는 자를 멸하려 하여 계책을 씀이라...(19-30)

이 때에 여호와께서 이스라엘에서 땅을 잘라 내기 시작하시매 하사엘이 이스라엘의 모든 영토에서 공격하되(32)

예후가 그의 조상들과 함께 자매 사마리아에 장사되고 그의 아들 여호아하스가 그를 대신하여 왕이 되니라(35)

• **디모데후서 1장 : 바울과 디모데가 열심을 다해 복음을 전함**

내가 밤낮 간구하는 가운데 쉬지 않고 너를 생각하여 청결한 양심으로 조상적부터 섬겨 오는 하나님께 감사하고...(3-9)

내가 이 복음을 위하여 선포자와 사도와 교사로 세우심을 입었노라(11)

너는 그리스도 예수 안에 있는 믿음과 사랑으로써 내게 들은 바 바른 말을 본받아 지키고...(13-14)

원하건대 주께서 오네시보로의 집에 긍휼을 베푸시옵소서 그가 나를 자주 격려해 주고 내가 사슬에 매인 것을 부끄러워하지 아니하고...(16-17)

• **호세아 2장 : 호세아가 열심을 다해 이스라엘 심판을 예언함**

너희 어머니와 논쟁하고 논쟁하라 그는 내 아내가 아니요 나는 그의 남편이 아니라 그가 그의 얼굴에서 음란을 제하게 하고 그 유방 사이에서 음행을 제하게 하라...(2-9)

내가 그의 모든 희락과 절기와 월삭과 안식일과 모든 명절을 폐하겠고...(11-17)

내가 네게 장가 들어 영원히 살되 공의와 정의와 은총과 긍휼히 여김으로 네게 장가 들며...(19-21)

내가 나를 위하여 그를 이 땅에 심고 긍휼히 여김을 받지 못하였던 자를 긍휼히 여기며 내 백성 아니었던 자에게 향하여 이르기를 너는 내 백성이라 하리니 그들은 이르기를 주는 내 하나님이시라 하리라 하시니라(23)

• **시편 119편 97-120절 : 시편 기자가 열심을 다해 주의 법도를 따름**

주의 계명들이 항상 나와 함께 하므로 그것들이 나를 원수보다 지혜롭게 하나이다...(98-101)

주의 말씀의 맛이 내게 어찌 그리 단지요 내 입에 꿀보다 더 다니이다...(103-106)

나의 생명이 항상 위기에 있사오나 나는 주의 법을 잊지 아니하나이다...(109-111)

내가 두 마음 품는 자들을 미워하고 주의 법을 사랑하나이다(113)

너희 행악자들이여 나를 떠날지어다 나는 내 하나님의 계명들을 지키리로다(115)

나를 붙드소서 그리하시면 내가 구원을 얻고 주의 율례들에 항상 주의하리이다(117)

주께서 세상의 모든 악인들을 찌꺼기 같이 버리시니 그러므로 내가 주의 증거들을 사랑하나이다(119)

Ⅲ. 묵상을 위한 질문

1. 예후는 어떤 방법으로 이스라엘 왕위에 올랐나요?(1~7,11,17)
2. 예후 왕이 여호와 보시기에 잘한 일과 잘못한 일은 무엇일까요?(19~31)
3. 바울은 믿음의 사람 디모데에게 어떤 사역을 부탁했나요?(5,8,13~14)
4. 바울이 사역할 때에 그를 저버린 자와 격려한 자는 각각 누구였나요?(15~18)
5. 여호와는 영적 음행을 저지른 이스라엘에게 어떤 벌을 내리실까요?(8~9,11~13)
6. 호세아는 비유를 통해 누가 이스라엘에게 장가든다고 예언했나요?(16,19~20)
7. 시편 기자는 지혜와 모든 명철이 어디로부터 온다고 고백했나요?(98~100,104)
8. 시편 기자는 악한 자들이 자기를 해하려 할 때 무엇을 붙잡고 싸워 구원을 얻는다고 했나요?(109~110,115,117)

Ⅳ. 기도

1. 주여, 여호와 하나님이 보시기에 좋으신 대로 사역하며 살게 하옵소서.
2. 주여, 사역자들을 부끄러워하지 말고 복음과 함께 고난을 받게 하옵소서.
3. 주여, 주의 말씀에서 지혜와 명철을 얻고 악한 자들을 능히 물리치게 하옵소서.

• 하나님 마음 알아가기 •

• 나에게 주시는 말씀(암송하기) •

• 오늘의 감사(기록하기) •

303 일차 / 365 인정 10월 30일

Ⅰ. 맥체인성경의 통독구조<303>

성경을 통독하는 이유는 먼저 내용을 알기 위함이다. 하지만 좀 더 나아가 묵상을 하고 그 내용을 삶에 적용하기 위함이다. 이를 위하여 다양한 사건의 본문을 대하는 것은 통독자에게 매우 유익하다. 한 본문이 아닌 여러 본문 속에서 다양한 묵상을 한 후 적용 문제를 만들 수 있기 때문이다.

Ⅱ. 핵심구절 읽기

성경본문	열왕기하 11-12장	디모데후서 2장	호세아 3-4장	시편 119편 121-144절
통일주제	**인정** (認定, 옳거나 확실하다고 여김)			
개별주제	요아스를 왕으로 인정하는 여호야다와 백성	부끄러울 것이 없는 일꾼으로 인정된 디모데	여호와를 인정치 않는 이스라엘 제사장과 백성	범사에 주의 법도를 인정하고 지키는 시편기자
연합내용	**믿음이란 하나님을 인정하는 것이다. 하나님을 인정하는 믿음의 사람은 성전을 세우고 그의 아들 예수 그리스도를 전하며 범사에 주의 율례와 법도를 지켜 행한다. 그렇지 않는 자는 주의 심판을 받는다.**			
핵심구절	11:1~8,12 14~18,20~21 12:1~9,11~12 15,17~18,20	2~7,9~12,15~17 20~26	3:1~5 4:1~2,4~7,9~10 12~15,17~18	122~123,125,127~130, 133,135,137~138 140,142~143

• 열왕기하 11-12장 : 요아스를 왕으로 인정하는 여호야다와 백성

아하시야의 어머니 아달랴가 그의 아들이 죽은 것을 보고 일어나 왕의 자손을 모두 멸절하였으나...(11:1-8)

보매 왕이 규례대로 단 위에 섰고 장관들과 나팔수가 왕의 곁에 모셔 섰으며 온 백성이 즐거워하여 나팔을 부는지라 아달랴가 옷을 찢으며 외치되 반역이로다...(11:14-18)

예후의 제칠년에 요아스가 왕이 되어 예루살렘에서 사십 년간 통치하니라 그의 어머니의 이름은 시비아라 브엘세바 사람이더라...(12:1-9)

또 그 은을 받아 일꾼에게 주는 사람들과 회계하지 아니하였으니 이는 그들이 성실히 일을 하였음이라(12:15)

요아스의 신복들이 일어나 반역하여 실라로 내려가는 길 가의 밀로 궁에서 그를 죽였고(12:20)

• 디모데후서 2장 : 부끄러울 것이 없는 일꾼으로 인정된 디모데

또 네가 많은 증인 앞에서 내게 들은 바를 충성된 사람들에게 부탁하라 그들이 또 다른 사람들을 가르칠 수 있으리라...(2-7)

너는 진리의 말씀을 옳게 분별하며 부끄러울 것이 없는 일꾼으로 인정된 자로 자신을 하나님 앞에 드리기를 힘쓰라...(15-17)

큰 집에는 금 그릇과 은 그릇뿐 아니라 나무 그릇과 질그릇도 있어 귀하게 쓰는 것도 있고 천하게 쓰는 것도 있나니...(20-26)

• 호세아 3-4장 : 여호와를 인정치 않는 이스라엘 제사장과 백성

여호와께서 내게 이르시되 이스라엘 자손이 다른 신을 섬기고 건포도 과자를 즐길지라도 여호와가 그들을 사랑하나니 너는 또 가서 타인의 사랑을 받아 음녀가 된 그 여자를 사랑하라 하시기로...(3:1-5)

이스라엘 자손들아 여호와의 말씀을 들으라 여호와께서 이 땅 주민과 논쟁하시나니 이 땅에는 진실도 없고 인애도 없고 하나님을 아는 지식도 없고...(4:1-2)

장차는 백성이나 제사장이나 동일함이라 내가 그들의 행실대로 벌하며 그들의 행위대로 갚으리라...(4:9-10)

내 백성이 나무에게 묻고 그 막대기는 그들에게 고하나니 이는 그들이 음란한 마음에 미혹되어 하나님을 버리고 음행하였음이니라...(4:12-15)

• 시편 119편 121-144절 : 범사에 주의 법도를 인정하고 지키는 시편기자

주의 종을 보증하사 복을 얻게 하시고 교만한 자들이 나를 박해하지 못하게 하소서...(122-123)

그러므로 내가 주의 계명들을 금 곧 순금보다 더 사랑하나이다...(127-130)

주의 얼굴을 주의 종에게 비추시고 주의 율례로 나를 가르치소서(135)

주의 말씀이 심히 순수하므로 주의 종이 이를 사랑하나이다(140)

주의 의는 영원한 의요 주의 율법은 진리로소이다...(142-143)

Ⅲ. 묵상을 위한 질문

1. 아달랴가 아들 아하시야의 자식을 모두 멸할 때 아하시야의 누이 여호세바가 그의 아들 요아스를 숨긴 후 요아스는 어떻게 즉위하였으며 어떤 개혁을 보았나요?(11:1~4,12,14~15,17~18)
2. 유다의 요시야 왕이 잘한 일과 잘못한 일은 무엇일까요?(12:2~7,17~18)
3. 바울은 영적인 아들 디모데에게 어떤 사역자가 되라고 권면했나요?(2~7,11~12)
4. 바울은 디모데에게 인정된 일꾼의 자격으로 무엇을 강조했나요?(15~16,21~24)
5. 여호와께서는 호세아에게 어떤 여인을 다시 맞아들이라고 했나요?(3:1~3)
6. 여호와 하나님은 자신을 인정하지 않는 제사장과 백성들을 어떻게 심판하시겠다고 말씀하셨나요?(4:1,6~10,12~14,17)
7. 시편 기자는 주의 종인 자신을 어떻게 해 달라고 기도했나요?(122,125,135)
8. 시편 기자는 주의 계명을 어떤 가치로 여기고 어떻게 대했나요?(127~130,138,140,142)

Ⅳ. 기도

1. 주여, 삶 속에서 우상을 버리고 재정을 성전을 세우는데 사용하게 하옵소서.
2. 주여, 자기 생활에 얽매이지 않는 일꾼과 수고하는 농부가 되게 하옵소서.
3. 주여, 우리가 주의 종임을 깨닫고 날마다 주님의 말씀을 따라 살게 하옵소서.

• 하나님 마음 알아가기 •

• 나에게 주시는 말씀(암송하기) •

• 오늘의 감사(기록하기) •

304 일차 / 365 올무 10월 31일

Ⅰ. 맥체인성경의 통독구조<304>

사복음서를 통해 입체적인 예수님을 보듯 신구약 네 장 통독을 통해 하나님의 역사하심을 입체적으로 보는 구조이다.

Ⅱ. 핵심구절 읽기

성경본문	열왕기하 13장	디모데후서 3장	호세아 5-6장	시편 119편 145-176절
통일주제	**올무** (사람을 얽어매기 위해 꾸민 잔꾀)			
개별주제	여로보암의 죄를 따라감이 왕들의 올무가 됨	경건의 능력을 부인함이 성도들의 올무가 됨	음행과 더러운 행위가 이스라엘의 올무가 됨	율례를 구하지 않음이 악인들의 올무가 됨
연합내용	**마귀는 우는 사자 같이 두루 다니며 올무를 놓고 삼킬 자를 찾고 있다. 그러므로 성도는 근신하고 깨어 올무에서 벗어나 성령의 충만함으로 승리해야 한다.**			
핵심구절	1~6,10~11, 22~25	1~5,10~12, 15~17	5:1~7 6:1~11	145~149,153~156,161~163,171~172,174~176

• 열왕기하 13장 : 여로보암의 죄를 따라감이 왕들의 올무가 됨

유다의 왕 아하시야의 아들 요아스의 제이십삼 년에 예후의 아들 여호아하스가 사마리아에서 이스라엘 왕이 되어 십칠 년간 다스리며...(1-6)

유다의 왕 요아스의 제삼십칠 년에 여호아하스의 아들 요아스가 사마리아에서 이스라엘 왕이 되어 십육 년간 다스리며...(10-11)

여호아하스 왕의 시대에 아람 왕 하사엘이 항상 이스라엘을 학대하였으나...(22-25)

• 디모데후서 3장 : 경건의 능력을 부인함이 성도들의 올무가 됨

너는 이것을 알라 말세에 고통하는 때가 이르러...(1-5)

나의 교훈과 행실과 의향과 믿음과 오래 참음과 사랑과 인내와...(10-12)

또 어려서부터 성경을 알았나니 성경은 능히 너로 하여금 그리스도 예수 안에 있는 믿음으로 말미암아 구원에 이르는 지혜가 있게 하느니라...(15-17)

• 호세아 5-6장 : 음행과 더러운 행위가 이스라엘의 올무가 됨

제사장들아 이를 들으라 이스라엘 족속들아 깨달으라 왕족들아 귀를 기울이라 너희에게 심판이 있나니 너희가 미스바에 대하여 올무가 되며 다볼 위에 친 그물이 됨이라...(5:1-7)

오라 우리가 여호와께로 돌아가자 여호와께서 우리를 찢으셨으나 도로 낫게 하실 것이요 우리를 치셨으나 싸매어 주실 것임이라...(6:1-11)

• 시편 119편 145-176절 : 율례를 구하지 않음이 악인들의 올무가 됨

여호와여 내가 전심으로 부르짖었사오니 내게 응답하소서 내가 주의 교훈들을 지키리이다...(145-149)

나의 고난을 보시고 나를 건지소서 내가 주의 율법을 잊지 아니함이니이다...(153-156)

고관들이 거짓으로 나를 핍박하오나 나의 마음은 주의 말씀만 경외하나이다...(161-163)

주께서 율례를 내게 가르치시므로 내 입술이 주를 찬양하리이다...(171-172)

여호와여 내가 주의 구원을 사모하였사오며 주의 율법을 즐거워하나이다...(174-176)

Ⅲ. 묵상을 위한 질문

1. 여호와께서 보시기에 악을 행하여 여로보암의 죄를 떠나지 아니한 두 왕은 누구일까요?(1,10)
2. 여호와께서 이스라엘에게 은혜를 베풀며 돌보아주신 이유는 무엇일까요?(23)
3. 바울은 말세에 고통하는 때가 이르게 되면 어떤 일이 벌어진다고 하였나요?(2~5)
4. 바울은 선한 일을 행할 능력을 갖추기 위해 무엇을 알아야 된다고 하였나요?(14~17)
5. 여호와 하나님은 호세아를 통해 이스라엘의 어떤 행동을 책망하셨나요?(5:4~5)
6. 호세아는 여호와의 말씀을 들은 이스라엘이 어떻게 하기를 바랐나요?(6:1~3)
7. 시편 기자는 자신의 무엇을 강조하면서 하나님께 부르짖으며 기도했나요?(145~176)
8. 시편 기자는 자신을 무엇에 비유하면서 하나님이 찾으시기를 바랐나요?(176)

Ⅳ. 기도

1. 주여, 베푸신 은혜를 잊지 않고 하나님을 기쁘시게 하는 삶을 살게 하소서.
2. 주여, 예수의 복음을 잊지 않고 말씀으로 무장하여 선한 일을 하게 하소서.
3. 주여, 성령의 충만함을 덧입고 마귀의 올무에서 벗어나 승리하게 하소서.

• 하나님 마음 알아가기 •

• 나에게 주시는 말씀(암송하기) •

• 오늘의 감사(기록하기) •

305 일차 / 365 사적 11월 1일

Ⅰ. 맥체인성경의 통독구조<305>

4장의 전개를 드라마의 시나리오 구성처럼 생각하고 묵상하라. 우선 등장인물 한 사람의 이야기부터 시작한다. 다음 등장인물을 중심으로 일어난 한 사건의 이야기를 풀어간다. 또한 다른 한 편에서 일어나는 인물과 사건에도 연계하여 내용을 파악, 전개한다. 종합적으로 시나리오를 완성한다.

Ⅱ. 핵심구절 읽기

성경본문	열왕기하 14장	디모데후서 4장	호세아 7장	시편 120-122편
통일주제	**사적** (事蹟, 행한 일이나 사건의 자취)			
개별주제	이스라엘 왕 요아스와 여로보암2세의 사적	선한 싸움을 싸우고 갈 길을 마친 바울의 사적	달궈진 화덕같이 죄를 범한 이스라엘의 사적	성전에 오르는 자를 지키시는 여호와의 사적
연합내용	**모든 존재는 살아온 흔적을 남긴다. 왕, 전도자, 성도, 민족 다 자신이 행한 사적을 남긴다. 아름다운 사적은 상을 받고 악하고 더러운 사적은 벌을 받는다. 하나님도 우리를 위하여 구원의 사적을 남기신다.**			
핵심구절	1~6,8~14,17,19 21,23~28	1~5,7~8,10~16	1~3,5~8,10~11 13~15	120:1~3,6~7, 121:1~8 122:1~3,5~7,9

• 열왕기하 14장 : 이스라엘 왕 요아스와 여로보암2세의 사적

이스라엘의 왕 여호아하스의 아들 요아스 제이년에 유다의 왕 요아스의 아들 아마샤가 왕이 되니...(1-6)

아마샤가 예후의 손자 여호아하스의 아들 이스라엘의 왕 요아스에게 사자를 보내 이르되 오라 우리가 서로 대면하자 한지라...(8-14)

이스라엘의 왕 여호아하스의 아들 요아스가 죽은 후에도 유다의 왕 요아스의 아들 아마샤가 십오 년간을 생존하였더라(17)

예루살렘에서 무리가 그를 반역한 고로 그가 라기스로 도망하였더니 반역한 무리가 사람을 라기스로 따라 보내 그를 거기서 죽이게 하고(19)

유다의 왕 요아스의 아들 아마샤 제십오년에 이스라엘의 왕 요아스의 아들 여로보암이 사마리아에서 왕이 되어 사십일 년간 다스렸으며...(23-28)

· 디모데후서 4장 : 선한 싸움을 싸우고 갈 길을 마친 바울의 사적

하나님 앞과 살아 있는 자와 죽은 자를 심판하실 그리스도 예수 앞에서 그가 나타나실 것과 그의 나라를 두고 엄히 명하노니...(1-5)

나는 선한 싸움을 싸우고 나의 달려갈 길을 마치고 믿음을 지켰으니...(7-8)

데마는 이 세상을 사랑하여 나를 버리고 데살로니가로 갔고 그레스게는 갈라디아로, 디도는 달마디아로 갔고...(10-16)

· 호세아 7장 : 달궈진 화덕같이 죄를 범한 이스라엘의 사적

내가 이스라엘을 치료하려 할 때에 에브라임의 죄와 사마리아의 악이 드러나도다 그들은 거짓을 행하며 안으로 들어가 도둑질하고 밖으로 떼 지어 노략질하며...(1-3)

우리 왕의 날에 지도자들은 술의 뜨거움으로 병이 나며 왕은 오만한 자들과 더불어 악수하는도다...(5-8)

이스라엘의 교만은 그 얼굴에 드러났나니 그들이 이 모든 일을 당하여도 그들의 하나님 여호와께로 돌아오지 아니하며 구하지 아니하도다...(10-11)

화 있을진저 그들이 나를 떠나 그릇 갔음이니라 패망할진저 그들이 내게 범죄하였음이니라 내가 그들을 건져 주려 하나 그들이 나를 거슬러 거짓을 말하고...(13-15)

· 시편 120-122편 : 성전에 오르는 자를 지키시는 여호와의 사적

내가 환난 중에 여호와께 부르짖었더니 내게 응답하셨도다...(120:1-3)

내가 화평을 미워하는 자들과 함께 오래 거주하였도다...(120:6-7)

내가 산을 향하여 눈을 들리라 나의 도움이 어디서 올까...(121:1-8)

사람이 내게 말하기를 여호와의 집에 올라가자 할 때에 내가 기뻐하였도다...(122:1-3)

거기에 심판의 보좌를 두셨으니 곧 다윗의 집의 보좌로다...(122:5-7)

여호와 우리 하나님의 집을 위하여 내가 너를 위하여 복을 구하리로다(122:9)

Ⅲ. 묵상을 위한 질문

1. 여호와 보시기에 정직히 행한 남왕국 유다의 왕 아마샤는 북왕국 이스라엘의 왕 요아스에게 전쟁하자고 한 이유가 무엇일까요?(3,7~12)
2. 북왕국 이스라엘의 왕 여로보암 2세는 어떤 왕이며 몇 년간 통치했나요?(23~27)
3. 바울이 하나님과 예수 그리스도 앞에서 엄히 명한 내용은 무엇일까요?(1~2,5)
4. 달려갈 길을 마친 바울은 디모데에게 어떤 사사로운 부탁을 했나요?(9,11,13)
5. 하나님은 호세아를 통해 이스라엘을 무엇과 무엇으로 비유하셨나요?(4,6,8,11)
6. 하나님이 이스라엘을 건져주시고 힘있게 하려 하셨으나 못하신 이유는 무엇일까요?(13~15)
7. 성전에 오르는 자에게 여호와 하나님은 어떤 분이실까요?(121:1~8)
8. 여호와는 예루살렘에 무엇을 두셨으며 어떤 축복을 베푸셨나요?(122:1~3,5~7)

Ⅳ. 기도

1. 주여, 신앙 안에서 살아갈 때 개인적인 충동으로 일을 그르치지 않게 하옵소서.
2. 주여, 때를 얻든지 못 얻든지 늘 주의 말씀을 전하는 전도자가 되게 하옵소서.
3. 주여, 천지를 지으신 여호와께서 지켜주심을 믿고 매사에 담대하게 하옵소서.

• 하나님 마음 알아가기 •

• 나에게 주시는 말씀(암송하기) •

• 오늘의 감사(기록하기) •

악행

Ⅰ. 맥체인성경의 통독구조<306>

워드링크(Word Link): 단어를 서로 연결한다. 성경 4장에는 같은 단어가 서로 연결되어 있고, 표현이 다른 단어지만 뜻이 같아 연결되어 있다.

Ⅱ. 핵심구절 읽기

성경본문	열왕기하 15장	디도서 1장	호세아 8장	시편 123-125편
통일주제	**악행** (惡行, 하나님의 법을 어기고 악을 행함)			
개별주제	여호와 보시기에 악행하는 이스라엘 왕들	바울과 선지자가 보기에 악행하는 그레데인들	여호와 보시기에 우상숭배하며 악행하는 이스라엘	이스라엘을 향해 조소와 멸시로 악행하는 자들
연합내용	**불순종의 죄를 지은 아담의 후손인 인간은 항상 죄 앞에 선다. 신분이 어떠하든 넘어지고 쓰러진다. 그렇지만 그러한 가운데 은혜를 입은 하나님의 자녀들은 승전보를 울리니 이 얼마나 놀라운 일인가!**			
핵심구절	1~5,8~10,12~14 16~20,23~25 27~30,32,34~35	1~3,5~14,16	1~4,6,8,11~13	123:1~4 124:1~3,6~8 125:1~4

• 열왕기하 15장 : 여호와 보시기에 악행하는 이스라엘 왕들

이스라엘 왕 여로보암 제이십칠년에 유다 왕 아마샤의 아들 아사랴가 왕이 되니...(1-5)

유다의 왕 아사랴의 제삼십팔년에 여로보암의 아들 스가랴가 사마리아에서 여섯 달 동안 이스라엘을 다스리며...(8-10)

여호와께서 예후에게 말씀하여 이르시기를 네 자손이 사 대 동안 이스라엘 왕위에 있으리라 하신 그 말씀대로 과연 그렇게 되니라...(12-14)

그 때에 므나헴이 디르사에서 와서 딥사와 그 가운데에 있는 모든 사람과 그 사방을 쳤으니 이는 그들이 성문을 열지 아니하였음이라 그러므로 그들이 그 곳을 치고 그 가운데에 아이 밴 부녀를 갈랐더라...(16-20)

유다의 왕 아사랴 제오십년에 므나헴의 아들 브가히야가 사마리아에서 이스라엘 왕이 되어 이 년간 다스리며...(23-25)

유다의 왕 아사랴 제오십이년에 르말랴의 아들 베가가 이스라엘 왕이 되어 사마리아에서 이십 년간 다스리며...(27-30)

이스라엘의 왕 르말랴의 아들 베가 제이년에 유다 왕 웃시야의 아들 요담이 왕이 되니(32)

요담이 그의 아버지 웃시야의 모든 행위대로 여호와께서 보시기에 정직히 행하였으나...(34-35)

• 디도서 1장 : 바울과 선지자가 보기에 악행하는 그레데인들

하나님의 종이요 예수 그리스도의 사도인 나 바울이 사도 된 것은 하나님이 택하신 자들의 믿음과 경건함에 속한 진리의 지식과...(1-3)

내가 너를 그레데에 남겨 둔 이유는 남은 일을 정리하고 내가 명한 대로 각 성에 장로들을 세우게 하려 함이니...(5-14)

그들이 하나님을 시인하나 행위로는 부인하니 가증한 자요 복종하지 아니하는 자요 모든 선한 일을 버리는 자니라(16)

• 호세아 8장 : 여호와 보시기에 우상숭배하며 악행하는 이스라엘

나팔을 네 입에 댈지어다 원수가 독수리처럼 여호와의 집에 덮치리니 이는 그들이 내 언약을 어기며 내 율법을 범함이로다...(1-4)

이것은 이스라엘에서 나고 장인이 만든 것이라 참 신이 아니니 사마리아의 송아지가 산산조각이 나리라(6)

이스라엘은 이미 삼켜졌은즉 이제 여러 나라 가운데에 있는 것이 즐겨 쓰지 아니하는 그릇 같도다(8)

에브라임은 죄를 위하여 제단을 많이 만들더니 그 제단이 그에게 범죄하게 하는 것이 되었도다...(11-13)

• 시편 123-125편 : 이스라엘을 향해 조소와 멸시로 악행하는 자들

하늘에 계시는 주여 내가 눈을 들어 주께 향하나이다...(123:1-4)

이스라엘은 이제 말하기를 여호와께서 우리 편에 계시지 아니하셨더라면 우리가 어떻게 하였으랴...(124:1-3)

우리를 내주어 그들의 이에 씹히지 아니하게 하신 여호와를 찬송할지로다...(124:6-8)

여호와를 의지하는 자는 시온 산이 흔들리지 아니하고 영원히 있음 같도다...(125:1-4)

Ⅲ. 묵상을 위한 질문

1. 여호와 보시기에 정직히 행하였으나 산당을 제하지 못한 왕은 누구일까요?(3,34)
2. 여호와 보시기에 악을 행한 왕은 누구일까요?(8~9,17~18,23~24,27~28)
3. 바울이 디도를 그레데에 남겨 둔 이유는 무엇일까요?(5)
4. 바울과 어떤 선지자는 그레데인들에 대해 어떤 평가를 했나요?(12~13,16)
5. 호세아는 이스라엘이 여호와 앞에 어떤 죄를 저질렀다고 말했나요?(1,3~4,6)
6. 여호와 하나님은 이스라엘을 위하여 어떤 노력을 하셨으며 이를 따르지 않고 외식한 그들에게 어떤 벌을 내리신다고 하셨나요?(11~14)
7. 다윗은 여호와 하나님이 이스라엘을 안일한 자의 조소와 교만한 자의 멸시 가운데서 어떻게 건져 주셨다고 고백했나요?(123:1~2,4,124:1~2,6,8)
8. 여호와 하나님은 자신을 의지하는 자를 어떻게 돌보시나요?(125:1~3)

Ⅳ. 기도

1. 주여, 여호와 하나님이 보시기에 절반만 정직한 자가 되지 않게 하옵소서.
2. 주여, 악한 도시에도 복음을 전하고 참된 자를 뽑아 감독으로 세우게 하옵소서.
3. 주여, 우리 편이 되어 주시고 은혜를 베푸시며 둘러주시니 정말 감사드립니다.

• 하나님 마음 알아가기 •

• 나에게 주시는 말씀(암송하기) •

• 오늘의 감사(기록하기) •

307 일차 / 365

교훈

11월 3일

I. 맥체인성경의 통독구조<307>

미닝링크(Meaning Link): 의미가 서로 연결되어 있다. 신.구약성경 네 장을 자세히 살펴보고 묵상하면 같은 의미가 서로 연결되어 있음을 알 수 있다.

II. 핵심구절 읽기

성경본문	열왕기하 16장	디도서 2장	호세아 9장	시편 126-128편
통일주제	**교훈** (敎訓, 향후 행동이나 생활에 도움이 될 것을 가르치고 깨우침)			
개별주제	그릇되게 정치와 종교를 이끈 왕이 남긴 교훈	가르쳐야 할 남녀 성도의 자질에 관한 교훈	거짓되고 더러운 제사의 심판에 관한 교훈	세우시고 지키시는 여호와의 주권에 관한 교훈
연합내용	**미숙함과 죄악 중에 태어난 인간은 지속적인 교훈과 교육을 통해 의롭고 성숙하게 성장되어 가야 한다. 하지만 하나님과 그의 부르신 지도자들의 지속적인 양육에도 불구하고 잘못된 인생을 사는 자가 많다.**			
핵심구절	1~5,7~16	1~8,11~14	1~4,6~7,10~17	126:1~3,5~6 127:1~5 128:1~6

• 열왕기하 16장 : 그릇되게 정치와 종교를 이끈 왕이 남긴 교훈

르말랴의 아들 베가 제십칠년에 유다의 왕 요담의 아들 아하스가 왕이 되니...(1-5)

아하스가 앗수르 왕 디글랏 빌레셀에게 사자를 보내 이르되 나는 왕의 신복이요 왕의 아들이라 이제 아람 왕과 이스라엘 왕이 나를 치니 청하건대 올라와 그 손에서 나를 구원하소서 하고...(7-16)

• 디도서 2장 : 가르쳐야 할 남녀 성도의 자질에 관한 교훈

오직 너는 바른 교훈에 합당한 것을 말하여...(1-8)

모든 사람에게 구원을 주시는 하나님의 은혜가 나타나 우리를 양육하시되 경건하지 않은 것과 이 세상 정욕을 다 버리고 신중함과 의로움과 경건함으로 이 세상에 살고...(11-14)

• 호세아 9장 : 거짓되고 더러운 제사의 심판에 관한 교훈

이스라엘아 너는 이방 사람처럼 기뻐 뛰놀지 말라 네가 음행하여 네 하나님을 떠나고 각 타작 마당에서 음행의 값을 좋아하였느니라...(1-4)

보라 그들이 멸망을 피하여 갈지라도 애굽은 그들을 모으고 놉은 그들을 장사하리니 그들의 은은 귀한 것이나 찔레가 덮을 것이요 그들의 장막 안에는 가시덩굴이 퍼지리라...(6-7)

옛적에 내가 이스라엘을 만나기를 광야에서 포도를 만남 같이 하였으며 너희 조상들을 보기를 무화과나무에서 처음 맺힌 첫 열매를 봄 같이 하였거늘 그들이 바알브올에 가서 부끄러운 우상에게 몸을 드림으로 저희가 사랑하는 우상 같이 가증하여졌도다...(10-17)

• 시편 126-128편 : 세우시고 지키시는 여호와의 주권에 관한 교훈

여호와께서 시온의 포로를 돌려 보내실 때에 우리는 꿈꾸는 것 같았도다...(126:1-3)

눈물을 흘리며 씨를 뿌리는 자는 기쁨으로 거두리로다...(126:5-6)

여호와께서 집을 세우지 아니하시면 세우는 자의 수고가 헛되며 여호와께서 성을 지키지 아니하시면 파수꾼의 깨어 있음이 헛되도다...(127:1-5)

여호와를 경외하며 그의 길을 걷는 자마다 복이 있도다...(128:1-6)

Ⅲ. 묵상을 위한 질문

1. 유다 왕 아하스는 남왕국 유다의 역대 왕들과 다르게 어떤 왕이었나요?(2~4)
2. 유다 왕 아하스는 나라의 정치와 종교를 어떻게 이끌었나요?(7~15)
3. 바울은 디도에게 목회를 할 때에 성별과 연령에 따라 어떻게 가르치라고 교훈했나요?(1~8,15)
4. 바울은 디도에게 구원받은 모든 성도들을 향하여 하나님의 은혜가 어떻게 나타났다고 말했나요?(11~14)
5. 호세아 선지자는 이스라엘에게 어떤 죄를 지적하고 벌을 예고했나요?(1,3~4,6~7)
6. 호세아 선지자는 여호와 하나님이 에브라임에게 어떤 무서운 벌을 내리실 것이라고 예언했나요?(11~14,16)
7. 솔로몬 왕은 전도서와 같은 시편에서 어떤 내용을 고백했나요?(127:1~5)
8. 시편 기자는 여호와를 경외하는 자에게 어떤 복이 있다고 선포했나요?(128:1~6)

Ⅳ. 기도

1. 주여, 주어진 사명과 직분을 올바로 감당하여 좋은 열매를 맺게 하옵소서.
2. 주여, 늙은 자와 젊은 자, 남자와 여자 모두가 바른 교훈을 따르게 하옵소서.
3. 주여, 여호와를 경외함으로 약속되고 보장된 복을 누리게 하옵소서.

• 하나님 마음 알아가기 •

• 나에게 주시는 말씀(암송하기) •

• 오늘의 감사(기록하기) •

308 일차 / 365 열매 11월 4일

I. 맥체인성경의 통독구조<308>

통일성: 구약과 신약은 예수 그리스도 안에서 연결되고 통일된다. 신구약 네 장을 통독하면서 이 내용을 찾아 해석하는 구조이다.

II. 핵심구절 읽기

성경본문	열왕기하 17장	디도서 3장	호세아 10장	시편 129-131편
통일주제	**열매** (일의 좋은 결과를 비유적으로 이르는 말)			
개별주제	이주와 혼합종교정책으로 불법적인 열매를 맺음	다툼과 정욕을 버리고 성령 안에서 열매 맺음	주가 주신 무성한 열매로 주상과 제단을 꾸밈	교만과 오만을 버리고 주를 바라며 열매 맺음
연합내용	**식물은 맛있고 풍성한 열매를 맺어야 하고 사람은 아름답고 성숙한 열매를 맺어야 한다. 하나님은 이런 열매를 맺도록 은혜를 베푸셨으나 인간은 불법과 다툼과 정욕과 교만으로 악취나는 썩은 열매를 맺는다.**			
핵심구절	1~18,20,23~24 27~29,32~33 36~39,41	1~8,10,14	1~2,4~7,9~10 12	129:4~5 130:1~8 131:1~2

• 열왕기하 17장 : 이주와 혼합종교정책으로 불법적인 열매를 맺음

유다의 왕 아하스 제십이년에 엘라의 아들 호세아가 사마리아에서 이스라엘 왕이 되어 구 년간 다스리며...(1-18)

여호와께서 이스라엘의 온 족속을 버리사 괴롭게 하시며 노략꾼의 손에 넘기시고 마침내 그의 앞에서 쫓아내시니라(20)

여호와께서 그의 종 모든 선지자를 통하여 하신 말씀대로 드디어 이스라엘을 그 앞에서 내쫓으신지라 이스라엘이 고향에서 앗수르에 사로잡혀 가서 오늘까지 이르렀더라...(23-24)

앗수르 왕이 명령하여 이르되 너희는 그 곳에서 사로잡아 온 제사장 한 사람을 그 곳으로 데려가되 그가 그 곳에 가서 거주하며 그 땅 신의 법을 무리에게 가르치게 하라 하니...(27-29)

그들이 또 여호와를 경외하여 자기 중에서 사람을 산당의 제사장으로 택하여 그 산당들에서 자기를 위하여 제사를 드리게 하니라...(32-33)

오직 큰 능력과 편 팔로 너희를 애굽에서 인도하여 내신 여호와만 경외하여 그를 예배하며 그에게 제사를 드릴 것이며...(36-39)

이 여러 민족이 여호와를 경외하고 또 그 아로새긴 우상을 섬기니 그들의 자자 손손이 그들의 조상들이 행하던 대로 그들도 오늘까지 행하니라(41)

• 디도서 3장 : 다툼과 정욕을 버리고 성령 안에서 열매 맺음

너는 그들로 하여금 통치자들과 권세 잡은 자들에게 복종하며 순종하며 모든 선한 일 행하기를 준비하게 하며...(1-8)

이단에 속한 사람을 한두 번 훈계한 후에 멀리하라(10)

또 우리 사람들도 열매 없는 자가 되지 않게 하기 위하여 필요한 것을 준비하는 좋은 일에 힘 쓰기를 배우게 하라(14)

• 호세아 10장 : 주가 주신 무성한 열매로 주상과 제단을 꾸밈

이스라엘은 열매 맺는 무성한 포도나무라 그 열매가 많을수록 제단을 많게 하며 그 땅이 번영할수록 주상을 아름답게 하도다...(1-2)

그들이 헛된 말을 내며 거짓 맹세로 언약을 세우니 그 재판이 밭이랑에 돋는 독초 같으리로다...(4-7)

이스라엘아 네가 기브아 시대로부터 범죄하더니 지금까지 죄를 짓는구나 그러니 범죄한 자손들에 대한 전쟁이 어찌 기브아에서 일어나지 않겠느냐...(9-10)

너희가 자기를 위하여 공의를 심고 인애를 거두라 너희 묵은 땅을 기경하라 지금이 곧 여호와를 찾을 때니 마침내 여호와께서 오사 공의를 비처럼 너희에게 내리시리라(12)

• 시편 129-131편 : 교만과 오만을 버리고 주를 바라며 열매 맺음

여호와께서는 의로우사 악인들의 줄을 끊으셨도다...(129:4-5)

여호와여 내가 깊은 곳에서 주께 부르짖었나이다...(130:1-8)

여호와여 내 마음이 교만하지 아니하고 내 눈이 오만하지 아니하오며 내가 큰 일과 감당하지 못할 놀라운 일을 하려고 힘쓰지 아니하나이다...(131:1-2)

Ⅲ. 묵상을 위한 질문

1. 북왕국 이스라엘의 수도인 사마리아가 앗수르에 의해 점령당한 이유는 무엇일까요?(3~12,13~20)
2. 앗수르 왕은 점령한 사마리아에 누구를 이주시켰으며 그들은 어떤 신앙생활을 했나요?(24,27~29,32~33,41)
3. 바울은 디도에게 하나님의 구원사역을 어떻게 가르쳐 주었나요?(4~7)
4. 바울은 디도에게 굳세게 할 것과 피할 것에 관해 어떻게 가르쳐 주었나요?(8~10)
5. 여호와께서는 이스라엘이 하나님이 주신 축복을 어디에 사용했기에 멸망시킨다고 말씀하셨나요?(1~2,5~6)
6. 호세아를 통해 이스라엘에게 징계를 선언하신 하나님은 다시 어떤 회복의 말씀을 주셨나요?(12)
7. 시편 기자는 죄악을 사유하시는 여호와를 어떤 마음으로 기다린다고 했나요?(130:3~6)
8. 다윗은 자신의 영혼이 젖 뗀 아이 같기에 무엇에 힘쓰지 않는다고 했나요?(131:1~2)

Ⅳ. 기도

1. 주여, 지역사회가 아무리 변할지라도 신앙은 언제나 성서적이게 하옵소서.
2. 주여, 어리석은 변론과 분쟁과 말씀에 대한 다툼과 이단을 피하게 하옵소서.
3. 주여, 나로 하여금 파수꾼이 아침을 기다림보다 더 주를 기다리게 하옵소서.

• 하나님 마음 알아가기 •

• 나에게 주시는 말씀(암송하기) •

• 오늘의 감사(기록하기) •

309 일차 / 365 의뢰 11월 5일

Ⅰ. 맥체인성경의 통독구조<309>

구약 2장, 신약 2장을 읽을 때 제일 먼저 읽는 구약성경에서 가능한 주제를 모두 묵상하여 찾고 그 다음 신약을 읽을 때 연관된 주제를 찾은 후, 그 다음부터 구약 그리고 신약에서 주제를 점점 좁혀가는 묵상구조이다.

Ⅱ. 핵심구절 읽기

성경본문	열왕기하 18장	빌레몬서 1장	호세아 11장	시편 132-134편
통일주제	**의뢰** (依賴, 남에게 의지하고 부탁함. 하나님을 의지함)			
개별주제	앗수르의 침략을 물리쳐 주실 하나님을 의뢰함	도망자 오네시모를 용납해 줄 빌레몬을 의뢰함	구원을 베풀 바알과 아로새긴 우상을 의뢰함	여호와의 처소 찾기를 도우실 하나님을 의뢰함
연합내용	**식물은 맛있고 풍성한 열매를 맺어야 하고 사람은 아름답고 성숙한 열매를 맺어야 한다. 하나님은 이런 열매를 맺도록 은혜를 베푸셨으나 인간은 불법과 다툼과 정욕과 교만으로 악취나는 썩은 열매를 맺는다.**			
핵심구절	3~8,13~33 35~36	4~7,9~14,16~18 20~21	1~5,7~11	132:1~5,7,9,11~14,16~17 133:1~3,134:1~3

• 열왕기하 18장 : 앗수르의 침략을 물리쳐 주실 하나님을 의뢰함

히스기야가 그의 조상 다윗의 모든 행위와 같이 여호와께서 보시기에 정직하게 행하여...(3-8)

히스기야 왕 제십사년에 앗수르의 왕 산헤립이 올라와서 유다 모든 견고한 성읍들을 쳐서 점령하매...(13-33)

민족의 모든 신들 중에 누가 그의 땅을 내 손에서 건졌기에 여호와가 예루살렘을 내 손에서 건지겠느냐 하셨느니라...(35-36)

• 빌레몬서 1장 : 도망자 오네시모를 용납해 줄 빌레몬을 의뢰함

내가 항상 내 하나님께 감사하고 기도할 때에 너를 말함은...(4-7)

도리어 사랑으로써 간구하노라 나이가 많은 나 바울은 지금 또 예수 그리스도를 위하여 갇힌 자 되어...(9-14)

이 후로는 종과 같이 대하지 아니하고 종 이상으로 곧 사랑 받는 형제로 둘 자라 내게 특별히 그러하거든 하물며 육신과 주 안에서 상관된 네게랴...(16-18)

오 형제여 나로 주 안에서 너로 말미암아 기쁨을 얻게 하고 내 마음이 그리스도 안에서 평안하게 하라...(20-21)

• 호세아 11장 : 구원을 베풀 바알과 아로새긴 우상을 의뢰함

이스라엘이 어렸을 때에 내가 사랑하여 내 아들을 애굽에서 불러냈거늘...(1-5)

내 백성이 끝끝내 내게서 물러가나니 비록 그들을 불러 위에 계신 이에게로 돌아오라 할지라도 일어나는 자가 하나도 없도다...(7-11)

• 시편 132-134편 : 여호와의 처소 찾기를 도우실 하나님을 의뢰함

여호와여 다윗을 위하여 그의 모든 겸손을 기억하소서...(132:1-5)

우리가 그의 계신 곳으로 들어가서 그의 발등상 앞에서 엎드려 예배하리로다(132:7)

주의 제사장들은 의를 옷 입고 주의 성도들은 즐거이 외칠지어다(132:9)

여호와께서 다윗에게 성실히 맹세하셨으니 변하지 아니하실지라 이르시기를 네 몸의 소생을 네 왕위에 둘지라...(132:11-14)

내가 그 제사장들에게 구원을 옷 입히리니 그 성도들은 즐거이 외치리로다...(132:16-17)

보라 형제가 연합하여 동거함이 어찌 그리 선하고 아름다운고...(133:1-3)

보라 밤에 여호와의 성전에 서 있는 여호와의 모든 종들아 여호와를 송축하라...(134:1-3)

Ⅲ. 묵상을 위한 질문

1. 아버지 아하스에 반하여 아들 히스기야 왕은 어떤 종교개혁을 단행했나요?(3~7)
2. 앗수르 왕 산헤립은 랍사게에게 대군을 이끌고 예루살렘에 올라가서 히스기야 왕과 유다 백성들에게 어떤 말을 전하라고 했나요?(19~33,35)
3. 바울은 빌레몬에게 명령이 아닌 사랑으로써 무엇을 의뢰하였나요?(8~11,14~17)
4. 바울은 빌레몬을 누구라고 불렀으며 의뢰한 것에 대해 순종할 것을 무엇으로 확신했나요?(20~21)
5. 하나님의 각별한 사랑을 받은 이스라엘은 오히려 어떻게 행동했나요?(1~4,7)
6. 하나님은 우상을 섬긴 에브라임에 대해 어떻게 하시겠다고 말씀하셨나요?(8~11)
7. 다윗은 여호와의 처소를 발견하기까지 무엇을 하지 않겠다고 했나요?(132:1~5)
8. 다윗은 여호와께서 복을 주실 자가 누구라고 했나요?(133:1~3,134:1~3)

Ⅳ. 기도

1. 주여, 어떤 반대와 어려움 가운데서도 오직 그리스도 신앙을 지키게 하옵소서.
2. 주여, 과거에 내게 피해를 준 자라 할지라도 용서하고 용납하게 하옵소서.
3. 주여, 몸된 교회를 늘 생각하고 성도 간에 연합함으로 복을 받게 하옵소서.

• 하나님 마음 알아가기 •

• 나에게 주시는 말씀(암송하기) •

• 오늘의 감사(기록하기) •

310 일차 / 365 존귀 11월 6일

Ⅰ. 맥체인성경의 통독구조<310>

네 권의 책을 한 장씩 읽을 때 먼저 각 장마다 전체적인 내용을 파악하고 핵심주제 2개 이상을 찾는다. 그 다음 각 장의 주제를 비교하여 동일한 것을 연결하여 묵상하는 구조이다.

Ⅱ. 핵심구절 읽기

성경본문	열왕기하 19장	히브리서 1장	호세아 12장	시편 135-136편
통일주제	**존귀** (尊貴, 지위나 신분이 높고 귀함)			
개별주제	존귀하신 주 여호와를 비방한 산헤립의 최후	존귀하신 예수 그리스도는 천사보다 뛰어남	존귀하신 만군의 하나님께 돌아오길 호소함	모든 신들보다 존귀하신 여호와를 감사 찬송함
연합내용	**창조주이시고 구원자이시며 전능자이신 하나님과 예수 그리스도는 천지만물뿐만이 아니라 그 위에 가장 존귀하시다. 모든 피조물은 존귀하신 성부와 성자께 찬송해야 하며 또 감사해야 한다.**			
핵심구절	1~4,6~7,9~11 14~19,21~25 28~31,34~37	1~5,8~9,11	1~6,8~10,12~13	135:1~3,5~6,8 12~14,19~21 136:1~4,10~14 17,21,23~25

• 열왕기하 19장 : 존귀하신 주 여호와를 비방한 산헤립의 최후

히스기야 왕이 듣고 그 옷을 찢고 굵은 베를 두르고 여호와의 전에 들어가서...(1-4)

이사야가 그들에게 이르되 너희는 너희 주에게 이렇게 말하라 여호와의 말씀이 너는 앗수르 왕의 신복에게 들은 바 나를 모욕하는 말 때문에 두려워하지 말라...(6-7)

앗수르 왕은 구스 왕 디르하가가 당신과 싸우고자 나왔다 함을 듣고 다시 히스기야에게 사자를 보내며 이르되...(9-11)

히스기야가 사자의 손에서 편지를 받아보고 여호와의 성전에 올라가서 히스기야가 그 편지를 여호와 앞에 펴 놓고...(14-19)

여호와께서 앗수르 왕에게 대하여 이같이 말씀하시기를 처녀 딸 시온이 너를 멸시하며 너를 비웃었으며 딸 예루살렘이 너를 향하여 머리를 흔들었느니라...(21-25)

네가 내게 향한 분노와 네 교만한 말이 내 귀에 들렸도다 그러므로 내가 갈고리를 네 코에 꿰고 재갈을 네 입에 물려 너를 오던 길로 끌어 돌이키리라 하셨나이다...(28-31)

내가 나와 나의 종 다윗을 위하여 이 성을 보호하여 구원하리라 하셨나이다 하였더라...(34-37)

• 히브리서 1장 : 존귀하신 예수 그리스도는 천사보다 뛰어남

옛적에 선지자들을 통하여 여러 부분과 여러 모양으로 우리 조상들에게 말씀하신...(1-5)

아들에 관하여는 하나님이여 주의 보좌는 영영하며 주의 나라의 규는 공평한 규이니이다...(8-9)

그것들은 멸망할 것이나 오직 주는 영존할 것이요 그것들은 다 옷과 같이 낡아지리니(11)

• 호세아 12장 : 존귀하신 만군의 하나님께 돌아오길 호소함

에브라임은 바람을 먹으며 동풍을 따라가서 종일토록 거짓과 포학을 더하여 앗수르와 계약을 맺고 기름을 애굽에 보내도다...(1-6)

에브라임이 말하기를 나는 실로 부자라 내가 재물을 얻었는데 내가 수고한 모든 것 중에서 죄라 할 만한 불의를 내게서 찾아 낼 자 없으리라 하거니와...(8-10)

야곱이 아람의 들로 도망하였으며 이스라엘이 아내를 얻기 위하여 사람을 섬기며 아내를 얻기 위하여 양을 쳤고...(12-13)

• 시편 135-136편 : 모든 신들보다 존귀하신 여호와를 감사 찬송함

할렐루야 여호와의 이름을 찬송하라 여호와의 종들아 찬송하라...(135:1-3)

내가 알거니와 여호와께서는 위대하시며 우리 주는 모든 신들보다 위대하시도다...(135:5-6)

그가 애굽의 처음 난 자를 사람부터 짐승까지 치셨도다(135:8)

그들의 땅을 기업으로 주시되 자기 백성 이스라엘에게 기업으로 주셨도다...(135:12-14)

이스라엘 족속아 여호와를 송축하라 아론의 족속아 여호와를 송축하라...(135:19-21)

여호와께 감사하라 그는 선하시며 그 인자하심이 영원함이로다...(136:1-4)

애굽의 장자를 치신 이에게 감사하라 그 인자하심이 영원함이로다...(136:10-14)

큰 왕들을 치신 이에게 감사하라 그 인자하심이 영원함이로다(136:17)

그들의 땅을 기업으로 주신 이에게 감사하라 그 인자하심이 영원함이로다(137:21)

우리를 비천한 가운데에서도 기억해 주신 이에게 감사하라 그 인자하심이 영원함이로다...(136:23-25)

Ⅲ. 묵상을 위한 질문

1. 랍사게의 말을 들은 히스기야 왕은 하나님께 어떻게 나아갔나요?(1~4,14~19)
2. 교만한 산헤립 왕은 여호와를 비방하다가 어떤 최후를 맞이했나요?(28,35~37)
3. 히브리서 기자는 예수 그리스도에 관하여 어떻게 설명했나요?(1~3,8~9,11~12)
4. 히브리서 기자는 예수 그리스도를 특히 무엇보다 뛰어나시다고 강조했나요?(4~7,13~14)
5. 호세아는 과거부터 현재까지의 에브라임과 유다의 죄를 어떻게 지적했나요?(1~2,7~8,11,13~14)
6. 호세아는 이스라엘에게 하나님의 뜻을 전하면서 어떤 호소를 했나요?(3~6,9~10)
7. 시편 기자는 주 여호와 하나님이 찬송 받으셔야 할 이유를 어떻게 말했나요?(135:1~3,5~6,8,12~14,19~21)
8. 시편 기자는 왜 주 여호와께 감사하라고 했나요?(136:1~3,5~9,10~20,21~22)

Ⅳ. 기도

1. 주여, 스스로 감당할 수 없는 일을 만났을 때 주 앞에 나가 간구하게 하옵소서.
2. 주여, 존귀하신 예수 그리스도를 날마다 믿고 따르며 널리 전파하게 하옵소서.
3. 주여, 창조주이시며 구원자이신 여호와 하나님을 찬송하고 감사하게 하옵소서.

• 하나님 마음 알아가기 •

• 나에게 주시는 말씀(암송하기) •

• 오늘의 감사(기록하기) •

311 일차 / 365 보응 11월 7일

I. 맥체인성경의 통독구조<311>

사복음서를 통해 입체적인 예수님을 보듯 신구약 네 장 통독을 통해 하나님의 역사하심을 입체적으로 보는 구조이다.

II. 핵심구절 읽기

성경본문	열왕기하 20장	히브리서 2장	호세아 13장	시편 137-138편
통일주제	**보응** (報應, 착한 일과 악한 일이 그 원인과 결과에 따라 대갚음을 받음)			
개별주제	전심으로 기도하는 히스기야에게 보응하심	구원을 등한히 여기는 성도에게 보응하심	바알과 우상을 숭배한 에브라임에게 보응하심	감사와 찬송으로 예배하는 자에게 보응하심
연합내용	**창조주이시고 구원자이시며 전능자이신 하나님과 예수 그리스도는 천지만물뿐만이 아니라 그 위에 가장 존귀하시다. 모든 피조물은 존귀하신 성부와 성자께 찬송해야 하며 또 감사해야 한다.**			
핵심구절	1~3,5~7,12~15, 17~19	1~4,6~10,14~18	1~6,9~11	137:3~4,7~8 138:1~3,7~8

• **열왕기하 20장 : 전심으로 기도하는 히스기야에게 보응하심**

그 때에 히스기야가 병들어 죽게 되매 아모스의 아들 선지자 이사야가 그에게 나아와서 그에게 이르되 여호와의 말씀이 너는 집을 정리하라 네가 죽고 살지 못하리라 하셨나이다...(1-3)

너는 돌아가서 내 백성의 주권자 히스기야에게 이르기를 왕의 조상 다윗의 하나님 여호와의 말씀이 내가 네 기도를 들었고 네 눈물을 보았노라 내가 너를 낫게 하리니 네가 삼 일 만에 여호와의 성전에 올라가겠고...(5-7)

그 때에 발라단의 아들 바벨론의 왕 브로닥발라단이 히스기야가 병 들었다 함을 듣고 편지와 예물을 그에게 보낸지라...(12-15)

여호와의 말씀이 날이 이르리니 왕궁의 모든 것과 왕의 조상들이 오늘까지 쌓아 두었던 것이 바벨론으로 옮긴 바 되고 하나도 남지 아니할 것이요...(17-19)

• 히브리서 2장 : 구원을 등한히 여기는 성도에게 보응하심

그러므로 우리는 들은 것에 더욱 유념함으로 우리가 흘러 떠내려가지 않도록 함이 마땅하니라...(1-4)

그러나 누구인가가 어디에서 증언하여 이르되 사람이 무엇이기에 주께서 그를 생각하시며 인자가 무엇이기에 주께서 그를 돌보시나이까...(6-10)

자녀들은 혈과 육에 속하였으매 그도 또한 같은 모양으로 혈과 육을 함께 지니심은 죽음을 통하여 죽음의 세력을 잡은 자 곧 마귀를 멸하시며...(14-18)

• 호세아 13장 : 바알과 우상을 숭배한 에브라임에게 보응하심

에브라임이 말을 하면 사람들이 떨었도다 그가 이스라엘 중에서 자기를 높이더니 바알로 말미암아 범죄하므로 망하였거늘...(1-6)

이스라엘아 네가 패망하였나니 이는 너를 도와 주는 나를 대적함이니라...(9-11)

• 시편 137-138편 : 감사와 찬송으로 예배하는 자에게 보응하심

이는 우리를 사로잡은 자가 거기서 우리에게 노래를 청하며 우리를 황폐하게 한 자가 기쁨을 청하고 자기들을 위하여 시온의 노래 중 하나를 노래하라 함이로다...(137:3-4)

여호와여 예루살렘이 멸망하던 날을 기억하시고 에돔 자손을 치소서 그들의 말이 헐어 버리라 헐어 버리라 그 기초까지 헐어 버리라 하였나이다...(137:7-8)

내가 전심으로 주께 감사하며 신들 앞에서 주께 찬송하리이다...(138:1-3)

내가 환난 중에 다닐지라도 주께서 나를 살아나게 하시고 주의 손을 펴사 내 원수들의 분노를 막으시며 주의 오른손이 나를 구원하시리이다...(138:7-8)

Ⅲ. 묵상을 위한 질문

1. 자신의 병을 놓고 통곡하며 기도하는 히스기야 왕에게 하나님은 어떤 약속으로 응답하셨나요?(5~6)
2. 바벨론에서 온 사자들에게 히스기야 왕은 무엇을 보여 주었나요?(13)
3. 예수 그리스도와 구원에 관하여 히브리서 기자가 인용한 시편의 내용은 무엇일까요?(6~8)
4. 만약 성도가 시험을 당했을 때 누구를 바라봄으로 승리할 수 있을까요?(18)
5. 여호와 하나님이 보시기에 에브라임이 행한 범죄는 무엇이었나요?(1~3)
6. 하나님께서는 에브라임에 대한 분노가 어떠하다고 표현하셨나요?(7~8)
7. 시편 기자가 바벨론의 강변에서 시온을 기억하며 울었던 이유는 무엇일까요?(3~4)
8. 다윗이 전심으로 감사하며 찬송할 수 있는 이유는 무엇이었나요?(7~8)

Ⅳ. 기도

1. 주여, 질병과 아픔으로 통곡하는 모든 기도를 들으시고, 눈물을 보시옵소서.
2. 주여, 들은 말씀에 유념하며 흘러 떠내려가지 않도록 힘과 의지를 주옵소서.
3. 주여, 나라를 위해 기도케 하시고, 주의 손으로 지으신 것을 버리지 마옵소서.

• 하나님 마음 알아가기 •

• 나에게 주시는 말씀(암송하기) •

• 오늘의 감사(기록하기) •

312 일차 / 365 불의 11월 8일

I. 맥체인성경의 통독구조<312>

먼저 첫 번째 장을 읽을 때 전체 줄거리 중에서 몇 개의 주제를 찾고 이어 두 번째 장을 읽을 때 그 중 같은 주제를 찾아 연관 짓는다. 이어 세 번째, 네 번째 장을 읽으면서 통일된 한 개의 주제로 압축하는 통독구조이다.

II. 핵심구절 읽기

성경본문	열왕기하 21장	히브리서 3장	호세아 14장	시편 139편
통일주제	**불의** (不義, 정의롭지 못하고 도리에 어긋남. 하나님의 뜻을 거역함)			
개별주제	불의한 므낫세 왕이 아버지의 업적을 무너뜨림	불의한 출애굽 백성이 주의 안식에 못 들어감	불의한 이스라엘이 회개하고 돌아오길 호소함	불의한 자를 미워하는 다윗을 다 아시는 여호와
연합내용	**하나님의 은혜와 사랑을 풍성히 받았으면서도 하나님의 뜻과 법을 어기며 불의를 행한 남왕국 유다의 왕과 출애굽한 백성들, 북왕국 이스라엘의 백성들과 다윗을 해롭게 한 원수들은 모두 멸망을 당하였다.**			
핵심구절	1~9,11~13,16 19~24	1~3,5~6,12~14 16~19	1~3,4~7,9	1~5,7,10,12~14 16~17,19~22,24

• 열왕기하 21장 : 불의한 므낫세 왕이 아버지의 업적을 무너뜨림

므낫세가 왕이 될 때에 나이가 십이 세라 예루살렘에서 오십오 년간 다스리니라 그의 어머니의 이름은 헵시바더라...(1-9)

유다 왕 므낫세가 이 가증한 일과 악을 행함이 그 전에 있던 아모리 사람들의 행위보다 더욱 심하였고 또 그들의 우상으로 유다를 범죄하게 하였도다...(11-13)

므낫세가 유다에게 범죄하게 하여 여호와께서 보시기에 악을 행한 것 외에도 또 무죄한 자의 피를 심히 많이 흘려 예루살렘 이 끝에서 저 끝까지 가득하게 하였더라(16)

아몬이 왕이 될 때에 나이가 이십이 세라 예루살렘에서 이 년간 다스리니라 그의 어머니의 이름은 므술레멧이요 욧바 하루스의 딸이더라...(19-24)

• 히브리서 3장 : 불의한 출애굽 백성이 주의 안식에 못 들어감

그러므로 함께 하늘의 부르심을 받은 거룩한 형제들아 우리가 믿는 도리의 사도이시며 대제사장이신 예수를 깊이 생각하라...(1-3)

또한 모세는 장래에 말할 것을 증언하기 위하여 하나님의 온 집에서 종으로서 신실하였고...(5-6)

형제들아 너희는 삼가 혹 너희 중에 누가 믿지 아니하는 악한 마음을 품고 살아 계신 하나님에게서 떨어질까 조심할 것이요...(12-14)

듣고 격노하시게 하던 자가 누구냐 모세를 따라 애굽에서 나온 모든 사람이 아니냐...(16-19)

• 호세아 14장 : 불의한 이스라엘이 회개하고 돌아오길 호소함

이스라엘아 네 하나님 여호와께로 돌아오라 네가 불의함으로 말미암아 엎드러졌느니라...(1-3)

내가 그들의 반역을 고치고 기쁘게 그들을 사랑하리니 나의 진노가 그에게서 떠났음이니라...(4-7)

누가 지혜가 있어 이런 일을 깨달으며 누가 총명이 있어 이런 일을 알겠느냐 여호와의 도는 정직하니 의인은 그 길로 다니거니와 그러나 죄인은 그 길에 걸려 넘어지리라(9)

• 시편 139편 : 불의한 자를 미워하는 다윗을 다 아시는 여호와

여호와여 주께서 나를 살펴 보셨으므로 나를 아시나이다...(1-5)

내가 주의 영을 떠나 어디로 가며 주의 앞에서 어디로 피하리이까(7)

거기서도 주의 손이 나를 인도하시며 주의 오른손이 나를 붙드시리이다(10)

주에게서는 흑암이 숨기지 못하며 밤이 낮과 같이 비추이나니 주에게는 흑암과 빛이 같음이니이다...(12-14)

내 형질이 이루어지기 전에 주의 눈이 보셨으며 나를 위하여 정한 날이 하루도 되기 전에 주의 책에 다 기록이 되었나이다...(16-17)

하나님이여 주께서 반드시 악인을 죽이시리이다 피 흘리기를 즐기는 자들아 나를 떠날지어다...(19-22)

내게 무슨 악한 행위가 있나 보시고 나를 영원한 길로 인도하소서(24)

Ⅲ. 묵상을 위한 질문

1. 아버지 히스기야와는 다르게 55년 동안 통치한 아들 므낫세 왕은 여호와 보시기에 어떤 악을 행하였나요?(1~9,16)
2. 므낫세의 아들 아몬 왕은 2년 동안 어떻게 통치했나요?(19~22)
3. 히브리서 기자는 대제사장이신 예수를 누구보다 더 존귀하다고 했나요?(1~3)
4. 히브리서 기자는 믿는 형제들에게 무엇을 조심하라고 했나요?(12~14)
5. 호세아 선지자는 이스라엘에게 어떤 호소를 했나요?(1~3)
6. 호세아 선지자는 여호와의 진노가 이스라엘에게서 떠나면 어떤 결과가 온다고 예언했나요?(4~8)
7. 다윗은 여호와 하나님이 자신의 무엇을 아신다고 고백했나요?(1~4,7,13,15)
8. 다윗은 다 아시는 하나님께서 악인에 대해 어떻게 하시길 원했나요?(19~22)

Ⅳ. 기도

1. 주여, 우리의 자녀들과 후손들이 부모의 옳은 신앙생활을 배우게 하옵소서.
2. 주여, 믿지 아니하는 악한 마음을 품고 주에게서 떨어지는 일이 없게 하옵소서.
3. 주여, 우리를 지으시고 모든 것을 다 아시는 주께 삶을 맡기고 살게 하옵소서.

• 하나님 마음 알아가기 •

• 나에게 주시는 말씀(암송하기) •

• 오늘의 감사(기록하기) •

결부

Ⅰ. 맥체인성경의 통독구조<313>

워드링크를 할 때 꼭 네 장 중에 같은 단어만을 뽑는 것은 아니다. 한 단어만 뽑더라도 다른 장에서 비슷한 단어가 나오면 연결할 수 있다. 전혀 단어로 연결이 되지 않을 때는 네 장의 모든 내용을 담을 수 있는 새로운 단어를 제시하면 된다.

Ⅱ. 핵심구절 읽기

성경본문	열왕기하 22장	히브리서 4장	요엘 1장	시편 140-141편
통일주제	**결부** (結付, 일정한 사물이나 현상을 서로 끌어 붙여 연관시킴)			
개별주제	율법책을 백성통치에 결부시켜 나라를 세움	들은 복음을 믿음에 결부시켜 안식에 들어감	심판의 교훈을 회개에 결부시켜 후손에게 전함	악의 시험과 의의 책망을 성숙에 결부시켜 기도함
연합내용	**올바른 결부는 아름다운 열매를 맺지만 그릇된 결부는 자기 합리화에 빠져 핑계와 변명으로 추한 결과를 낳는다. 그러므로 하나님이 주시는 모든 것을 우리의 인생에 바로 결부시켜 승리하는 자가 되어야 한다.**			
핵심구절	1~8,10~17,19	1~2,6~13,14~16	1~7,9~15,17~18	140:1,4,6,9~12 141:2~5,8~10

• 열왕기하 22장 : 율법책을 백성통치에 결부시켜 나라를 세움

요시야가 왕위에 오를 때에 나이가 팔 세라 예루살렘에서 삼십일 년간 다스리니라 그의 어머니의 이름은 여디다요 보스갓 아다야의 딸이더라...(1-8)

또 서기관 사반이 왕에게 말하여 이르되 제사장 힐기야가 내게 책을 주더이다 하고 사반이 왕의 앞에서 읽으매...(10-17)

내가 이 곳과 그 주민에게 대하여 빈 터가 되고 저주가 되리라 한 말을 네가 듣고 마음이 부드러워져서 여호와 앞 곧 내 앞에서 겸비하여 옷을 찢고 통곡하였으므로 나도 네 말을 들었노라 여호와가 말하였느니라(19)

• 히브리서 4장 : 들은 복음을 믿음에 결부시켜 안식에 들어감

그러므로 우리는 두려워할지니 그의 안식에 들어갈 약속이 남아 있을지라도 너희 중에는 혹 이르지 못할 자가 있을까 함이라...(1-2)

그러면 거기에 들어갈 자들이 남아 있거니와 복음 전함을 먼저 받은 자들은 순종하지 아니함으로 말미암아 들어가지 못하였으므로...(6-16)

• 요엘 1장 : 심판의 교훈을 회개에 결부시켜 후손에게 전함

브두엘의 아들 요엘에게 임한 여호와의 말씀이라...(1-7)

소제와 전제가 여호와의 성전에서 끊어졌고 여호와께 수종드는 제사장은 슬퍼하도다...(9-15)

씨가 흙덩이 아래에서 썩어졌고 창고가 비었고 곳간이 무너졌으니 이는 곡식이 시들었음이로다...(17-18)

• 시편 140-141편 : 악의 시험과 의의 책망을 성숙에 결부시켜 기도함

여호와여 악인에게서 나를 건지시며 포악한 자에게서 나를 보전하소서(140:1)

여호와여 나를 지키사 악인의 손에 빠지지 않게 하시며 나를 보전하사 포악한 자에게서 벗어나게 하소서 그들은 나의 걸음을 밀치려 하나이다(140:4)

내가 여호와께 말하기를 주는 나의 하나님이시니 여호와여 나의 간구하는 소리에 귀를 기울이소서 하였나이다(140:6)

나를 에워싸는 자들이 그들의 머리를 들 때에 그들의 입술의 재난이 그들을 덮게 하소서...(140:9-12)

나의 기도가 주의 앞에 분향함과 같이 되며 나의 손 드는 것이 저녁 제사 같이 되게 하소서...(141:2-5)

주 여호와여 내 눈이 주께 향하며 내가 주께 피하오니 내 영혼을 빈궁한 대로 버려 두지 마옵소서...(141:8-10)

Ⅲ. 묵상을 위한 질문

1. 남왕국 유다의 요시야 왕은 어떤 왕이었으며 무슨 일을 단행하였나요?(17)
2. 요시야 왕은 대제사장 힐기야가 서기관 사반을 통해 전해 준 율법책을 어떻게 대하였나요?(10~17)
3. 믿는 자가 하나님의 안식에 들어가기 위해 무엇을 힘써야 할까요?(1~2,6~13)
4. 우리에게 계신 큰 대제사장은 누구시며 어떤 일을 해 주실 수 있을까요?(14~16)
5. 하나님이 요엘을 통해 자손대대에 전하실 심판의 내용은 무엇이었나요?(1~13)
6. 요엘 선지자는 여호와의 날, 심판의 날이 이르기 전에 제사장과 백성은 무엇을 하라고 외쳤나요?(14~15)
7. 다윗은 여호와께 악인과 포악한 자를 어떻게 해 달라고 기도했나요?(140:1,4,9~11)
8. 다윗이 자신의 성숙함을 위하여 여호와께 기도한 내용은 무엇일까요?(141:2~5)

Ⅳ. 기도

1. 주여, 하나님이 주신 말씀을 철저히 관리하고 그 말씀 따라 살게 하옵소서.
2. 주여, 안식에 들어가기 위해 연약함을 동정하시는 주님을 의지하게 하옵소서.
3. 주여, 재림과 심판의 날이 이르기 전에 회개와 말씀 중심의 삶을 살게 하옵소서.

• 하나님 마음 알아가기 •

• 나에게 주시는 말씀(암송하기) •

• 오늘의 감사(기록하기) •

314 일차 / 365

온전

11월 10일

I. 맥체인성경의 통독구조<314>

성경을 읽으면서 하나님의 모습, 신앙인의 모습, 대적자의 모습, 주어진 환경 등을 분류하면서 세심하게 읽으면 통일주제를 더 쉽게 발견할 수 있는 구조다.

II. 핵심구절 읽기

성경본문	열왕기하 23장	히브리서 5장	요엘 2장	시편 142편
통일주제	**온전** (穩全, 결점이 없고 완전함)			
개별주제	요시야 왕의 온전한 종교개혁과 유월절 지킴	온전한 예수 그리스도의 순종과 영원한 구원	백성의 온전한 회개와 여호와의 풍성한 회복	다윗의 온전한 부르짖음과 여호와의 보호하심
연합내용	**성경에서 온전은 성삼위일체 하나님과 사람에게 사용되었다. 물론 하나님의 온전하심과 인간의 온전함은 다르다. 하나님의 형상을 따라 지음받은 인간은 피조물로서의 최선의 온전함을 의미한다.**			
핵심구절	1~6,9~12,15~16 19~21,24~27,29 31~34,36~37	1~9,12~14	1~6,11~19 23~27,28~32	1~7

• 열왕기하 23장 : 요시야 왕의 온전한 종교개혁과 유월절 지킴

왕이 보내 유다와 예루살렘의 모든 장로를 자기에게로 모으고...(1-6)

산당들의 제사장들은 예루살렘 여호와의 제단에 올라가지 못하고 다만 그의 형제 중에서 무교병을 먹을 뿐이었더라...(9-12)

또한 이스라엘에게 범죄하게 한 느밧의 아들 여로보암이 벧엘에 세운 제단과 산당을 왕이 헐고 또 그 산당을 불사르고 빻아서 가루를 만들며 또 아세라 목상을 불살랐더라...(15-16)

전에 이스라엘 여러 왕이 사마리아 각 성읍에 지어서 여호와를 격노하게 한 산당을 요시야가 다 제거하되 벧엘에서 행한 모든 일대로 행하고...(19-21)

요시야가 또 유다 땅과 예루살렘에 보이는 신접한 자와 점쟁이와 드라빔과 우상과 모든 가증한 것을 다 제거하였으니 이는 대제사장 힐기야가 여호와의 성전에서 발견한 책에 기록된 율법의 말씀을 이루려 함이라...(24-27)

요시야 당시에 애굽의 왕 바로 느고가 앗수르 왕을 치고자 하여 유브라데 강으로 올라가므로 요시야 왕이 맞서 나갔더니 애굽 왕이 요시야를 므깃도에서 만났을 때에...(29)

여호아하스가 왕이 될 때에 나이가 이십삼 세라 예루살렘에서 석 달간 다스리니라 그의 어머니의 이름은 하무달이라 립나 예레미야의 딸이더라...(31-34)

여호야김이 왕이 될 때에 나이가 이십오 세라 예루살렘에서 십일 년간 다스리니라 그의 어머니의 이름은 스비다라 루마 브다야의 딸이더라...(36-37)

• 히브리서 5장 : 온전한 예수 그리스도의 순종과 영원한 구원

대제사장마다 사람 가운데서 택한 자이므로 하나님께 속한 일에 사람을 위하여 예물과 속죄하는 제사를 드리게 하나니...(1-9)

때가 오래 되었으므로 너희가 마땅히 선생이 되었을 터인데 너희가 다시 하나님의 말씀의 초보에 대하여 누구에게서 가르침을 받아야 할 처지이니 단단한 음식은 못 먹고 젖이나 먹어야 할 자가 되었도다...(12-14)

• 요엘 2장 : 백성의 온전한 회개와 여호와의 풍성한 회복

시온에서 나팔을 불며 나의 거룩한 산에서 경고의 소리를 질러 이 땅 주민들로 다 떨게 할지니 이는 여호와의 날이 이르게 됨이니라 이제 임박하였으니...(1-6)

여호와께서 그의 군대 앞에서 소리를 지르시고 그의 진영은 심히 크고 그의 명령을 행하는 자는 강하니 여호와의 날이 크고 심히 두렵도다 당할 자가 누구이랴...(11-19)

시온의 자녀들아 너희는 너희 하나님 여호와로 말미암아 기뻐하며 즐거워할지어다 그가 너희를 위하여 비를 내리시되 이른 비를 너희에게 적당하게 주시리니 이른 비와 늦은 비가 예전과 같을 것이라...(23-32)

• 시편 142편 : 다윗의 온전한 부르짖음과 여호와의 보호하심

내가 소리 내어 여호와께 부르짖으며 소리 내어 여호와께 간구하는도다 내가 내 원통함을 그의 앞에 토로하며 내 우환을 그의 앞에 진술하는도다...(1-7)

Ⅲ. 묵상을 위한 질문

1. 요시야 왕의 종교개혁은 어느 정도로 온전했나요?(4~15,19~21,24~25)
2. 여호아하스와 여호야김은 하나님 보시기에 어떤 왕이었나요?(31~32,34,36~37)
3. 히브리서 기자는 예수 그리스도가 하나님의 부르심을 받아 어떤 사역을 감당했다고 선포하고 있나요?(4~9)
4. 히브리서 기자는 장성한 자와 어린 아이의 차이가 무엇이라고 했나요?(12~14)
5. 요엘은 이스라엘 백성에게 온전한 회개에 대하여 어떻게 가르쳤나요?(12~17)
6. 요엘 선지자는 이스라엘 백성이 온전히 회개한다면 여호와가 어떤 두 가지의 축복을 내려 주신다고 말했나요?(18~19,23~27,28~30,32)
7. 다윗은 굴에 있을 때 여호와 하나님께 어떤 간구를 드렸나요?(1~2,4,6)
8. 다윗은 여호와께 온전히 부르짖은 후 어떤 확신을 가졌나요?(3,5,7)

Ⅳ. 기도

1. 주여, 신앙의 연륜이 더 할수록 말씀을 잘 분별하는 장성한 자가 되게 하옵소서.
2. 주여, 만민에게 성령을 부어 주시고 자녀들에게 장래 일을 말하게 하옵소서.
3. 주여, 원통함과 우환으로 부르짖은 후에는 오직 믿음으로 기다리게 하옵소서.

• 하나님 마음 알아가기 •

• 나에게 주시는 말씀(암송하기) •

• 오늘의 감사(기록하기) •

315 일차 / 365 맹세 11월 11일

Ⅰ. 맥체인성경의 통독구조<315>

성경 4장 본문을 읽고 4시대 가운데 나타나는 하나님의 역사에 대해 공통주제와 사상을 찾은 후 그 핵심단어를 서로 링크하여 적용점을 묵상하는 구조이다.

Ⅱ. 핵심구절 읽기

성경본문	열왕기하 24장	히브리서 6장	요엘 3장	시편 143편
통일주제	**맹세** (盟誓, 임무나 약속을 시행하거나 목표를 이룰 것을 굳게 다짐함)			
개별주제	주 하나님이 유다를 멸하실 것을 맹세하심	주가 기업을 받는 자에게 약속을 맹세하심	여호와가 이방민족을 멸할 것을 맹세하심	다윗이 종으로서 영혼을 주께 드림을 맹세함
연합내용	**성경은 맹세의 문제를 매우 중요하게 다룬다. 누구에게 맹세를 할 것인가의 문제로부터 무엇을 맹세할 것인가를 다룬다. 하나님은 자신에게 맹세하고 인간은 하나님께 맹세하되 진실과 결단의 문제를 다룬다.**			
핵심구절	1~4,8~10,13~19	1~2,4~6,9~13 17~20	1~3,5~8,11~12 16~18,21	1~4,6~10,12

• 열왕기하 24장 : 주 하나님이 유다를 멸하실 것을 맹세하심

여호야김 시대에 바벨론의 왕 느부갓네살이 올라오매 여호야김이 삼 년간 섬기다가 돌아서 그를 배반하였더니...(1-4)

여호야긴이 왕이 될 때에 나이가 십팔 세라 예루살렘에서 석 달간 다스리니라 그의 어머니의 이름은 느후스다요 예루살렘 엘라단의 딸이더라...(8-10)

그가 여호와의 성전의 모든 보물과 왕궁 보물을 집어내고 또 이스라엘의 왕 솔로몬이 만든 것 곧 여호와의 성전의 금 그릇을 다 파괴하였으니 여호와의 말씀과 같이 되었더라...(13-19)

• 히브리서 6장 : 주가 기업을 받는 자에게 약속을 맹세하심

그러므로 우리가 그리스도의 도의 초보를 버리고 죽은 행실을 회개함과 하나님께 대한 신앙과...(1-2)

한 번 빛을 받고 하늘의 은사를 맛보고 성령에 참여한 바 되고...(4-6)

사랑하는 자들아 우리가 이같이 말하나 너희에게는 이보다 더 좋은 것 곧 구원에 속한 것

이 있음을 확신하노라...(9-13)

하나님은 약속을 기업으로 받는 자들에게 그 뜻이 변하지 아니함을 충분히 나타내시려고 그 일을 맹세로 보증하셨나니...(17-20)

• 요엘 3장 : 여호와가 이방민족을 멸할 것을 맹세하심

보라 그 날 곧 내가 유다와 예루살렘 가운데에서 사로잡힌 자를 돌아오게 할 그 때에...(1-3)

곧 너희가 내 은과 금을 빼앗고 나의 진기한 보물을 너희 신전으로 가져갔으며...(5-8)

사면의 민족들아 너희는 속히 와서 모일지어다 여호와여 주의 용사들로 그리로 내려오게 하옵소서...(11-12)

여호와께서 시온에서 부르짖고 예루살렘에서 목소리를 내시리니 하늘과 땅이 진동하리로다 그러나 여호와께서 그의 백성의 피난처, 이스라엘 자손의 산성이 되시리로다...(16-18)

내가 전에는 그들의 피흘림 당한 것을 갚아 주지 아니하였거니와 이제는 갚아 주리니 이는 여호와께서 시온에 거하심이니라(21)

• 시편 143편 : 다윗이 종으로서 영혼을 주께 드림을 맹세함

여호와여 내 기도를 들으시며 내 간구에 귀를 기울이시고 주의 진실과 의로 내게 응답하소서...(1-4)

주를 향하여 손을 펴고 내 영혼이 마른 땅 같이 주를 사모하나이다 (셀라)...(6-10)

주의 인자하심으로 나의 원수들을 끊으시고 내 영혼을 괴롭게 하는 자를 다 멸하소서 나는 주의 종이니이다(12)

Ⅲ. 묵상을 위한 질문

1. 바벨론의 왕 느브갓네살은 남왕국 유다의 왕 여호야김 시대에 유다를 향하여 어떤 일을 행하였나요?(1~4)
2. 남왕국 유다의 왕 여호야긴과 시드기야는 여호와 보시기에 어떤 왕이었나요?(8~10,13~19)
3. 히브리서 기자는 믿는 자가 어떻게 될 것을 가장 염려하고 있나요?(1~2,4~6)
4. 히브리서 기자는 믿는 자가 소망의 풍성함을 끝까지 이루기 위하여 어떤 권면을 하고 있나요?(9~12,18~20)
5. 요엘은 여호와께서 만국을 심판하시는 이유가 무엇이라고 말했나요?(1~3,5~6,19)
6. 요엘은 여호와께서 만국을 어떻게 심판하신다고 예언했나요?(7~8,11~12)
7. 다윗은 환난 중에 하나님의 어떤 성품을 의지하여 기도했나요?(1,8,10~12)
8. 다윗은 여호와 하나님께 자신의 힘든 상태를 어떻게 표현했나요?(3~4,7,9)

Ⅳ. 기도

1. 주여, 하나님이 멸하기로 맹세하실 만큼 악한 삶을 살지 말게 하옵소서.
2. 주여, 하늘의 은사와 내세의 능력을 맛보고도 타락하는 일이 없게 하옵소서.
3. 주여, 환난 가운데 있을 때 진솔하게 기도하고 주의 역사를 기다리게 하옵소서.

• 하나님 마음 알아가기 •

• 나에게 주시는 말씀(암송하기) •

• 오늘의 감사(기록하기) •

316 일차 / 365 목자 11월 12일

Ⅰ. 맥체인성경의 통독구조<316>

신구약 4장은 각 장마다 주제를 가지고 있다. 그 각 장의 개별주제를 서로 연결하여 연합내용을 작성한다. 이때 연합내용은 통일주제를 설명하는 핵심내용이 되는 구조다.

Ⅱ. 핵심구절 읽기

성경본문	열왕기하 25장	히브리서 7장	아모스 1장	시편 144편
통일주제	**목자** (牧者, 양을 치는 사람, 영혼을 돌보는 자를 가리킴)			
개별주제	목자를 잃어버린 유다가 범죄로 멸망을 당함	목자이신 대제사장 예수께서 언약을 이루심	목자이신 여호와께서 이방민족을 징벌하심	목자이신 주 여호와께서 다윗의 산성이 되심
연합내용	**성경은 하나님을 목자로, 우리를 양으로 비유한다. 또한 하나님은 자신의 종인 왕과 제사장과 선지자와 사도와 목사를 모든 백성들의 목자로 파송하신다. 선한 목자의 유무에 따라 백성의 삶은 좌우된다.**			
핵심구절	1~13,20~22,24 27~30	1~6,9,11~12 14~26,28	1,3~6,9,11,13	2~4,7~10,12~15

• 열왕기하 25장 : 목자를 잃어버린 유다가 범죄로 멸망을 당함

시드기야 제구년 열째 달 십일에 바벨론의 왕 느부갓네살이 그의 모든 군대를 거느리고 예루살렘을 치러 올라와서 그 성에 대하여 진을 치고 주위에 토성을 쌓으매...(1-13)

시위대장 느부사라단이 그들을 사로잡아 가지고 리블라 바벨론 왕에게 나아가매...(20-22)

그달리야가 그들과 그를 따르는 군사들에게 맹세하여 이르되 너희는 갈대아 인을 섬기기를 두려워하지 말고 이 땅에 살며 바벨론 왕을 섬기라 그리하면 너희가 평안하리라...(24)

유다의 왕 여호야긴이 사로잡혀 간 지 삼십칠 년 곧 바벨론의 왕 에윌므로닥이 즉위한 원년 십이월 그 달 이십칠일에 유다의 왕 여호야긴을 옥에서 내놓아...(27-30)

• 히브리서 7장 : 목자이신 대제사장 예수께서 언약을 이루심

이 멜기세덱은 살렘 왕이요 지극히 높으신 하나님의 제사장이라 여러 왕을 쳐서 죽이고 돌아오는 아브라함을 만나 복을 빈 자라...(1-6)

또한 십분의 일을 받는 레위도 아브라함으로 말미암아 십분의 일을 바쳤다고 할 수 있나니(9)

레위 계통의 제사 직분으로 말미암아 온전함을 얻을 수 있었으면 (백성이 그 아래에서 율법을 받았으니) 어찌하여 아론의 반차를 따르지 않고 멜기세덱의 반차를 따르는 다른 한 제사장을 세울 필요가 있느냐...(11-12)

우리 주께서는 유다로부터 나신 것이 분명하도다 이 지파에는 모세가 제사장들에 관하여 말한 것이 하나도 없고...(14-26)

율법은 약점을 가진 사람들을 제사장으로 세웠거니와 율법 후에 하신 맹세의 말씀은 영원히 온전하게 되신 아들을 세우셨느니라(28)

• 아모스 1장 : 목자이신 여호와께서 이방민족을 징벌하심

유다 왕 웃시야의 시대 곧 이스라엘 왕 요아스의 아들 여로보암의 시대 지진 전 이년에 드고아 목자 중 아모스가 이스라엘에 대하여 이상으로 받은 말씀이라(1)

여호와께서 이와 같이 말씀하시되 다메섹의 서너 가지 죄로 말미암아 내가 그 벌을 돌이키지 아니하리니 이는 그들이 철 타작기로 타작하듯 길르앗을 압박하였음이라...(3-6)

여호와께서 이와 같이 말씀하시되 두로의 서너 가지 죄로 말미암아 내가 그 벌을 돌이키지 아니하리니 이는 그들이 그 형제의 계약을 기억하지 아니하고 모든 사로잡은 자를 에돔에 넘겼음이라(9)

여호와께서 이와 같이 말씀하시되 에돔의 서너 가지 죄로 말미암아 내가 그 벌을 돌이키지 아니하리니 이는 그가 칼로 그의 형제를 쫓아가며 긍휼을 버리며 항상 맹렬히 화를 내며 분을 끝없이 품었음이라(11)

여호와께서 이와 같이 말씀하시되 암몬 자손의 서너 가지 죄로 말미암아 내가 그 벌을 돌이키지 아니하리니 이는 그들이 자기 지경을 넓히고자 하여 길르앗의 아이 밴 여인의 배를 갈랐음이니라(13)

• 시편 144편 : 목자이신 주 여호와께서 다윗의 산성이 되심

여호와는 나의 사랑이시요 나의 요새이시요 나의 산성이시요 나를 건지시는 이시요 나의 방패이시니 내가 그에게 피하였고 그가 내 백성을 내게 복종하게 하셨나이다...(2-4)

위에서부터 주의 손을 펴사 나를 큰 물과 이방인의 손에서 구하여 건지소서...(7-10)

우리 아들들은 어리다가 장성한 나무들과 같으며 우리 딸들은 궁전의 양식대로 아름답게 다듬은 모퉁잇돌들과 같으며...(12-15)

Ⅲ. 묵상을 위한 질문

1. 시드기야 왕이 유다를 통치할 때에 바벨론 왕 느부갓네살이 예루살렘을 2년간 포위하다가 양식이 떨어졌을 때 왕과 백성과 성전을 어떻게 대했나요?(1~15)
2. 바벨론 왕 느부갓네살은 전쟁에 패한 유다 땅을 누가 관할하게 했나요?(22)
3. 히브리서 기자는 멜기세덱을 어떻게 소개했나요?(1~6)
4. 히브리서 기자는 멜기세덱의 반차를 따라 맹세로 제사장이 된 예수 그리스도에 관하여 어떻게 기술하고 있나요?(14~17,20~22,24~26,28)
5. 아모스 선지자가 이스라엘에 대하여 예언의 말씀을 전한 때는 언제일까요?(1)
6. 아모스는 어느 나라들의 서너 가지 죄에 대한 심판을 예언했나요?(3,6,9,11,13)
7. 다윗은 여호와 하나님과 자신에 대해서 어떻게 대조적으로 표현했나요?(2~4)
8. 다윗은 여호와를 자기 하나님으로 삼는 백성에게 어떤 복이 있다고 말했나요?(12~15)

Ⅳ. 기도

1. 주여, 우리 민족이 나약해져서 외침을 받는 일이 없도록 보호하여 주옵소서.
2. 주여, 대제사장 되신 예수 그리스도에게 영광을 돌리는 자가 되게 하옵소서.
3. 주여, 여호와를 아버지로 모신 자로서 자녀와 물질의 복을 누리게 하옵소서.

• 하나님 마음 알아가기 •

• 나에게 주시는 말씀(암송하기) •

• 오늘의 감사(기록하기) •

317 일차 / 365 선택 11월 13일

Ⅰ. 맥체인성경의 통독구조<317>

파편적으로 듣는 말씀 : 우리가 듣는 설교는 일반적으로 설교자의 주관적 본문선택 및 해석에 의해 듣게 되는 경우가 많다. 단 강해설교는 예외일 수 있다.
종합적으로 듣는 말씀 : 반면 맥체인성경의 통독은 전혀 다른 본문을 순서적으로 읽게 되어 입체적이고 사면적으로 통독하기에 종합적인 말씀이 된다.

Ⅱ. 핵심구절 읽기

성경본문	역대상 1-2장	히브리서 8장	아모스 2장	시편 145편
통일주제	**선택** (選擇, 여럿 가운데서 필요한 것을 골라 뽑음)			
개별주제	야곱의 열 두 아들 중에 유다를 선택하심	선민 중에 새 언약을 받을 백성을 선택하심	서너 가지 죄를 지은 벌할 민족을 선택하심	하나님을 찬송하고 선포할 성도를 선택하심
연합내용	**하나님의 다스리심은 선택의 역사다. 선택한 자를 통해 민족을 이루시고 민족을 통해 세계를 구원하신다. 선택에 순종하는 자는 사명과 아울러 상을 받고 선택을 거역한 자는 그에 따른 심판과 벌을 받는다.**			
핵심구절	1:1~4,8~10,12~15,17~19,26~28, 32,43 2:1~4,7,10~15,18~23,49~50,55	1~7,9~13	1~4,6~8,12~16	1~4,6,8~10 13~20

• 역대상 1-2장 : 야곱의 열 두 아들 중에 유다를 선택하심

아담, 셋, 에노스, 게난, 마할랄렐, 야렛, 에녹, 므두셀라, 라멕, 노아, 셈, 함과 야벳은 조상들이라(1:1-4)

함의 자손은 구스와 미스라임과 붓과 가나안이요...(1:8-10)

바드루심과 가슬루힘과 갑도림을 낳았으니 블레셋 종족은 가슬루힘에게서 나왔으며...(1:12-15)

셈의 자손은 엘람과 앗수르와 아르박삿과 룻과 아람과 우스와 훌과 게델과 메섹이라...(1:17-19)

아브라함의 소실 그두라가 낳은 자손은 시므란과 욕산과 므단과 미디안과 이스박과 수아요 욕산의 자손은 스바와 드단이요(1:32)

이스라엘 자손을 다스리는 왕이 있기 전에 에돔 땅을 다스린 왕은 이러 하니라 브올의 아

들 벨라니 그의 도성 이름은 딘하바이며(1:43)

이스라엘의 아들은 이러하니 르우벤과 시므온과 레위와 유다와 잇사갈과...(2:1-4)

갈미의 아들은 아갈이니 그는 진멸시킬 물건을 범하여 이스라엘을 괴롭힌 자이며(2:7)

람은 암미나답을 낳고 암미나답은 나손을 낳았으니 나손은 유다 자손의...(2:10-15)

헤스론의 아들 갈렙이 그의 아내 아수바와 여리옷에게서 아들을 낳았으니 그가 낳은 아들들은 예셀과 소밥과 아르돈이며...(2:18-23)

또 맛만나의 아버지 사압을 낳았고 또 막베나와 기브아의 아버지 스와를 낳았으며 갈렙의 딸은 악사더라...(2:49-50)

야베스에 살던 서기관 종족 곧 디랏 종족과 시므앗 종족과 수갓 종족이니 이는 다 레갑 가문의 조상 함맛에게서 나온 겐 종족이더라(2:55)

• 히브리서 8장 : 선민 중에 새 언약을 받을 백성을 선택하심

지금 우리가 하는 말의 요점은 이러한 대제사장이 우리에게 있다는 것이라 그는 하늘에서 지극히 크신 이의 보좌 우편에 앉으셨으니...(1-7)

또 주께서 이르시기를 이 언약은 내가 그들의 열조의 손을 잡고 애굽 땅에서 인도하여 내던 날에 그들과 맺은 언약과 같지 아니하도다 그들은 내 언약 안에 머물러 있지 아니하므로 내가 그들을 돌보지 아니하였노라...(9-13)

• 아모스 2장 : 서너 가지 죄를 지은 벌할 민족을 선택하심

여호와께서 이와 같이 말씀하시되 모압의 서너 가지 죄로 말미암아 내가 그 벌을 돌이키지 아니하리니 이는 그가 에돔 왕의 뼈를 불살라 재를 만들었음이라...(1-4)

여호와께서 이와 같이 말씀하시되 이스라엘의 서너 가지 죄로 말미암아 내가 그 벌을 돌이키지 아니하리니 이는 그들이 은을 받고 의인을 팔며 신 한 켤레를 받고 가난한 자를 팔며...(6-8)

그러나 너희가 나실 사람으로 포도주를 마시게 하며 또 선지자에게 명령하여 예언하지 말라 하였느니라...(12-16)

• 시편 145편 : 하나님을 찬송하고 선포할 성도를 선택하심

왕이신 나의 하나님이여 내가 주를 높이고 영원히 주의 이름을 송축하리이다...(1-4)

사람들은 주의 두려운 일의 권능을 말할 것이요 나도 주의 위대하심을 선포하리이다(6)

여호와는 은혜로우시며 긍휼이 많으시며 노하기를 더디 하시며 인자하심이...(8-10)

주의 나라는 영원한 나라이니 주의 통치는 대대에 이르리이다...(13-20)

Ⅲ. 묵상을 위한 질문

1. 역대상 1장에서 이스마엘과 에서의 후손을 언급하고 에돔이 먼저 번성함을 기록한 것은 어떤 의미를 가지고 있을까요?(1:28~31,34~43)
2. 역대상 2장에서 야곱의 12아들 중 유다의 가계를 먼저 언급한 것은 어떤 의미가 있을까요?(2:1~4,7,10~15,18~23,49~50)
3. 히브리서 기자는 예수 그리스도가 어떤 대제사장이라고 말했나요?(1~6)
4. 하나님이 이스라엘 집과 선택한 백성에게 주시는 새 언약은 무엇일까요?(9~13)
5. 하나님이 모압과 유다와 이스라엘을 벌하시는 이유가 무엇일까요?(1~4,6~8,12)
6. 하나님은 아모스를 통해 자신이 내리는 벌은 어떻다고 말씀하셨나요?(13~16)
7. 다윗이 하나님을 찬송하고 선포할 수밖에 없는 이유는 무엇일까요?(1,3~4,6
8. 하나님은 자신을 경외하고 사랑하는 자에게 어떻게 행하시나요?(8~9,14~20)

Ⅳ. 기도

1. 주여, 많은 사람 중에 선택하시고 일꾼 삼아 주셨으니 늘 충성하게 하옵소서.
2. 주여, 새 언약을 생각에 두고 마음에 기록하여 주의 백성으로 살게 하옵소서.
3. 주여, 하나님을 찬양하고 선포하며 송축하는 참 믿음의 사람이 되게 하옵소서.

• 하나님 마음 알아가기 •

• 나에게 주시는 말씀(암송하기) •

• 오늘의 감사(기록하기) •

318 일차 / 365 현현 11월 14일

I. 맥체인성경의 통독구조<318>

사복음서를 통해 입체적인 예수님을 보듯 신구약 네 장 통독을 통해 하나님의 역사하심을 입체적으로 보는 구조이다.

II. 핵심구절 읽기

성경본문	역대상 3-4장	히브리서 9장	아모스 3장	시편 146-147편
통일주제	**현현** (顯現, 명백하게 나타나거나 나타냄)			
개별주제	다윗의 족보를 통해 하나님의 구속사가 현현됨	예수님의 희생을 통해 하나님의 구원이 현현됨	선지자들의 선포를 통해 하나님의 말씀이 현현됨	곤고한 자들의 회복을 통해 하나님의 사랑이 현현됨
연합내용	**창조주 하나님께서는 피조물인 인간에게 여러 가지 방법과 모양으로 자신을 나타내셨다. 우리는 성경 말씀을 통해서 현현하심의 여러 형태인 성막과 환상, 율법과 증거, 기적과 사건 등을 알게 된다.**			
핵심구절	3:1~8,10~16 4:1,9~10,21~23 38~43	1~3,6~7,11~12 14~15,23~28	1~2,7~8,11~15	146:1~3,5,7~9 147:3,5,10~11 15,18~19

• 역대상 3-4장 : 다윗의 족보를 통해 하나님의 구속사가 현현됨

다윗이 헤브론에서 낳은 아들들은 이러하니 맏아들은 암논이라 이스르엘 여인 아히노암의 소생이요 둘째는 다니엘이라 갈멜 여인 아비가일의 소생이요...(3:1-8)

솔로몬의 아들은 르호보암이요 그의 아들은 아비야요 그의 아들은 아사요 그의 아들은 여호사밧이요...(3:10-16)

유다의 아들들은 베레스와 헤스론과 갈미와 훌과 소발이라(4:1)

야베스는 그의 형제보다 귀중한 자라 그의 어머니가 이름하여 이르되 야베스라 하였으니 이는 내가 수고로이 낳았다 함이었더라...(4:9-10)

유다의 아들 셀라의 자손은 레가의 아버지 에르와 마레사의 아버지 라아다와 세마포 짜는 자의 집 곧 아스베야의 집 종족과...(4:21-23)

여기 기록된 것들은 그들의 종족과 그들의 가문의 지도자들의 이름이라 그들이 매우 번성한지라...(4:38-43)

• **히브리서 9장 : 예수님의 희생을 통해 하나님의 구원이 현현됨**

첫 언약에도 섬기는 예법과 세상에 속한 성소가 있더라...(1-3)

이 모든 것을 이같이 예비하였으니 제사장들이 항상 첫 장막에 들어가 섬기는...(6-7)

그리스도께서는 장래 좋은 일의 대제사장으로 오사 손으로 짓지 아니한 것 곧 이 창조에 속하지 아니한 더 크고 온전한 장막으로 말미암아...(11-12)

하물며 영원하신 성령으로 말미암아 흠 없는 자기를 하나님께 드린 그리스도의 피가 어찌 너희 양심을 죽은 행실에서 깨끗하게 하고 살아 계신 하나님을 섬기게 하지 못하겠느냐...(14-15)

그러므로 하늘에 있는 것들의 모형은 이런 것들로써 정결하게 할 필요가 있었으나 하늘에 있는 그것들은 이런 것들보다 더 좋은 제물로 할지니라...(23-28)

• **아모스 3장 : 선지자들의 선포를 통해 하나님의 말씀이 현현됨**

이스라엘 자손들아 여호와께서 너희에 대하여 이르시는 이 말씀을 들으라 애굽 땅에서 인도하여 올리신 모든 족속에 대하여 이르시기를...(1-2)

주 여호와께서는 자기의 비밀을 그 종 선지자들에게 보이지 아니하시고는 결코 행하심이 없으시리라...(7-8)

그러므로 주 여호와께서 이와 같이 말씀하시되 이 땅 사면에 대적이 있어 네 힘을 쇠하게 하며 네 궁궐을 약탈하리라...(11-15)

• **시편 146-147편 : 곤고한 자들의 회복을 통해 하나님의 사랑이 현현됨**

할렐루야 내 영혼아 여호와를 찬양하라...(146:1-3)

야곱의 하나님을 자기의 도움으로 삼으며 여호와 자기 하나님에게 자기의 소망을 두는 자는 복이 있도다(146:5)

억눌린 사람들을 위해 정의로 심판하시며 주린 자들에게 먹을 것을 주시는 이시로다 여호와께서는 갇힌 자들에게 자유를 주시는도다...(146:7-9)

상심한 자들을 고치시며 그들의 상처를 싸매시는도다...(147:3)

우리 주는 위대하시며 능력이 많으시며 그의 지혜가 무궁하시도다(147:5)

여호와는 말의 힘이 세다 하여 기뻐하지 아니하시며 사람의 다리가 억세다...(147:10-11)

그의 명령을 땅에 보내시니 그의 말씀이 속히 달리는도다(147:15)

그의 말씀을 보내사 그것들을 녹이시고 바람을 불게 하신즉 물이 흐르는도다...(147:18-19)

Ⅲ. 묵상을 위한 질문

1. 역대상 3장의 족보에 따르면 다윗과 그 후손은 총 몇 명일까요?(3:1~24)
2. 역대상 말씀에 기록된 족보는 역대기 사가의 어떤 의도가 담긴 것일까요?
3. 예수 그리스도께서는 무엇을 통해 새 언약의 중보자가 되셨나요?(12,15)
4. 히브리서 기자가 예수 그리스도께서 자기를 바라는 자들에게 두 번째 나타나실 것이라고 말한 의미는 무엇일까요?(28)
5. 아모스는 이스라엘 자손들이 여호와께서 이르시는 말씀을 들어야 할 이유가 무엇이라고 말했나요?(1~2)
6. 아모스는 하나님의 말씀을 선포하면서 하나님을 어떤 분으로 묘사했나요?(13)
7. 억눌린 사람들을 위해 정의로 심판하시며 갇힌 자들에게 자유를 주시는 등 시편 기자가 묘사한 하나님은 어떤 분이실까요?(146:6~9)
8. 시편 기자가 하나님의 명령을 땅에 보내시고 그의 말씀이 속히 달린다고 노래한 이유는 무엇일까요?(147:15~19)

Ⅳ. 기도

1. 주여, 나의 자녀와 자손을 통해 하나님의 구속사가 선히 드러나게 하옵소서.
2. 주여, 다시 오실 예수님을 기대하고 기다리며 준비하는 자가 되게 하옵소서.
3. 주여, 하나님을 경외하며 주의 일하심을 노래하는 기쁜 주일 되게 하옵소서.

• 하나님 마음 알아가기 •

• 나에게 주시는 말씀(암송하기) •

• 오늘의 감사(기록하기) •

319 일차 / 365 거룩 11월 15일

Ⅰ. 맥체인성경의 통독구조<319>

기존성경은 각 권마다 줄거리를 가지고 있다. 그러므로 맥체인성경을 묵상할 때도 신구약 4장의 내용의 공통주제를 찾은 후 그 다음 4장의 공통주제를 다시 찾을 때 줄거리를 정리하여 연속적으로 연관된 내용이 되도록 묵상함이 바람직하다.

Ⅱ. 핵심구절 읽기

성경본문	역대상 5-6장	히브리서 10장	아모스 4장	시편 148-150편
통일주제	**거룩** (하나님의 속성을 표현하는 말로 성결하고 깨끗하며 성스러움을 뜻함)			
개별주제	거룩하신 여호와의 직무를 담당하는 레위 자손	거룩하신 하나님께 단번의 제사를 드린 예수	거룩하신 여호와께 돌아오지 않는 이스라엘	거룩하신 여호와께 모든 것으로 찬양하는 성도
연합내용	**거룩은 성결함과 깨끗함을 뜻한다. 즉 더러운 죄와 악이 없는 성스러운 상태를 말한다. 그러므로 거룩한 분은 하나님 밖에 없다. 단지 그 하나님과 연관되어 일하는 자나 기구나 지역이 거룩함을 입는 것이다.**			
핵심구절	5:1~3,6,9~11 16~23,25~26 6:1~4,8~10,15,22 31~34,37~39,48~50	1~6,9~12,14 19~25,29,32 34~36,39	1~2,4~6,8~11 13	148:1~2,5~6,11~14 149:1~2,4~6,9 150:1~3,6

• 역대상 5-6장 : 거룩하신 여호와의 직무를 담당하는 레위 자손

이스라엘의 장자 르우벤의 아들들은 이러하니라 (르우벤은 장자라도 그의 아버지의 침상을 더럽혔으므로 명분대로 기록되지 못하였느니라...(5:1-3)

그의 아들은 브에라이니 그는 르우벤 자손의 지도자로서 앗수르 왕 디글랏빌레셀에게 사로잡힌 자라(5:6)

또 동으로 가서 거주하면서 유브라데 강에서부터 광야 지경까지 다다랐으니...(5:9-11)

그들이 바산 길르앗과 그 마을과 사론의 모든 들에 거주하여 그 사방 변두리에...(5:16-23)

그들이 그들의 조상들의 하나님께 범죄하여 하나님이 그들 앞에서 멸하신...(5:25-26)

레위의 아들들은 게르손과 그핫과 므라리요...(6:1-4)

아히둡은 사독을 낳고 사독은 아히마아스를 낳고...(6:8-10)

여호와께서 느부갓네살의 손으로 유다와 예루살렘 백성을 옮기실 때에(6:15)

그핫에게서 난 자는 곧 그 아들은 암미나답이요 그의 아들은 고라요 그의 아들은 앗실이요(6:22)

언약궤가 평안을 얻었을 때에 다윗이 여호와의 성전에서 찬송하는 직분을...(6:31-34)

스바냐는 다핫의 아들이요 다핫은 앗실의 아들이요 앗실은 에비아삽의...(6:37-39)

그들의 형제 레위 사람들은 하나님의 집 장막의 모든 일을 맡았더라...(6:46-50)

• 히브리서 10장 : 거룩하신 하나님께 단번의 제사를 드린 예수

율법은 장차 올 좋은 일의 그림자일 뿐이요 참 형상이 아니므로 해마다...(1-6)

그 후에 말씀하시기를 보시옵소서 내가 하나님의 뜻을 행하러 왔나이다...(9-12)

그가 거룩하게 된 자들을 한 번의 제사로 영원히 온전하게 하셨느니라(14)

그러므로 형제들아 우리가 예수의 피를 힘입어 성소에 들어갈 담력을 얻었나니...(19-25)

하물며 하나님의 아들을 짓밟고 자기를 거룩하게 한 언약의 피를 부정한 것으로...(29)

전날에 너희가 빛을 받은 후에 고난의 큰 싸움을 견디어 낸 것을 생각하라(32)

너희가 갇힌 자를 동정하고 너희 소유를 빼앗기는 것도 기쁘게 당한 것은 더 낫고...(34-36)

우리는 뒤로 물러가 멸망할 자가 아니요 오직 영혼을 구원함에 이르는 믿음을...(39)

• 아모스 4장 : 거룩하신 여호와께 돌아오지 않는 이스라엘

사마리아의 산에 있는 바산의 암소들아 이 말을 들으라 너희는 힘 없는 자를...(1-2)

너희는 벧엘에 가서 범죄하며 길갈에 가서 죄를 더하며 아침마다 너희 희생을...(4-6)

두 세 성읍 사람이 어떤 성읍으로 비틀거리며 물을 마시러 가서 만족하게 마시지...(8-11)

보라 산들을 지으며 바람을 창조하며 자기 뜻을 사람에게 보이며 아침을 어둡게...(13)

• 시편 148-150편 : 거룩하신 여호와께 모든 것으로 찬양하는 성도

할렐루야 하늘에서 여호와를 찬양하며 높은 데서 그를 찬양할지어다...(148:1-2)

그것들이 여호와의 이름을 찬양함은 그가 명령하시므로 지음을 받았음이로다...(148:5-6)

세상의 왕들과 모든 백성들과 고관들과 땅의 모든 재판관들이며...(148:11-14)

할렐루야 새 노래로 여호와께 노래하며 성도의 모임 가운데에서 찬양할지어다...(149:1-2)

여호와께서는 자기 백성을 기뻐하시며 겸손한 자를 구원으로 아름답게 하심이로다...(149:4-6)

기록한 판결대로 그들에게 시행할지로다 이런 영광은 그의 모든 성도에게 있도다...(149:9)

할렐루야 그의 성소에서 하나님을 찬양하며 그의 권능의 궁창에서 그를...(150:1-3)

호흡이 있는 자마다 여호와를 찬양할지어다 할렐루야(150:6)

Ⅲ. 묵상을 위한 질문

1. 르우벤 자손과 므낫세 자손의 좋은 점과 나쁜 점은 무엇일까요?(5:1~3,9~10,18~26)
2. 레위 자손은 무슨 일을 맡았으며 그 정착지는 어디였나요?(6:31~33,48~49,54)
3. 왜 하나님은 율법에 근거하여 드린 각종 제사를 기뻐하지 않으시고 오직 예수 그리스도가 단번에 드린 제사를 기뻐하셨나요?(1~6,8~12,14)
4. 히브리서 기자는 하나님께 나아가는 자는 어떤 자세가 필요하다고 말했나요?(19,22~25,36)
5. 아모스 선지자가 선포하는 여호와 하나님은 어떤 분이실까요?(2,13)
6. 아모스 선지자는 이스라엘의 가장 나쁜 죄가 무엇이라고 말했나요?(6,8~11)
7. 시편 기자는 누구에게 여호와를 찬양하라고 명령했나요?(148:2~5,7~13)
8. 시편 기자는 어디에서 어떻게 여호와를 찬양하라고 명령했나요?(149:1,3,150:1,3~6)

Ⅳ. 기도

1. 주여, 모든 사람을 위해 중보적인 사역을 감당하는 자가 되게 하옵소서.
2. 주여, 자신을 단번의 제사로 드려 하나님을 기쁘시게 한 주를 닮게 하옵소서.
3. 주여, 호흡이 있는 우리가 모든 것을 다하여 여호와를 찬양하게 하옵소서.

• 하나님 마음 알아가기 •

• 나에게 주시는 말씀(암송하기) •

• 오늘의 감사(기록하기) •

320 일차 / 365 생육 11월 16일

Ⅰ. 맥체인성경의 통독구조<320>

신구약 4장을 동시에 읽으면 전혀 다른 배경과 내용이 나온다. 그 곳에서 공통점을 찾으면 주님의 입체적으로 일하심을 발견하게 된다. 따라서 지금 우리의 기도와 실천도 다양한 말씀에 대입하고 응용하여 주어진 삶에 적용할 수 있는 구조다.

Ⅱ. 핵심구절 읽기

성경본문	역대상 7-8장	히브리서 11장	아모스 5장	누가복음 1장 1-38절
통일주제	**생육** (生育, 생물이 나서 자람)			
개별주제	야곱의 일곱 지파가 대를 이어 생육함	사라의 후손이 해변의 모래같이 생육함	창조주 여호와를 다시 찾음으로 생육함	청결한 엘리사벳과 마리아가 생육함
연합내용	**하나님은 천지만물을 창조하신 후 당신의 형상대로 사람을 지으셨다. 그리고 복을 주시며 생육하고 번성하여 땅에 충만하라고 말씀하셨다. 그러므로 우리가 주 안에 있을 때 생육하고 번성하며 충만하게 된다.**			
핵심구절	7:1~2,5~7,13~15 20~23,27~28,40 8:1,13,28,33,40	1,3~11,16~17 19~26,31~33 35~38,40	2~6,8,10~12 14~15,21~22,24	3~8,11,13~17 19~20,22,24~25 27~33,35~38

• 역대상 7-8장 : 야곱의 일곱 지파가 대를 이어 생육함

잇사갈의 아들들은 돌라와 부아와 야숩과 시므론 네 사람이며...(7:1-2)

그의 형제 잇사갈의 모든 종족은 다 용감한 장사라 그 전체를 계수하면 팔만 칠천 명이었더라...(7:5-7)

납달리의 아들들은 야시엘과 구니와 예셀과 살룸이니 이는 빌하의 손자더라...(7:13-15)

에브라임의 아들은 수델라요 그의 아들은 베렛이요 그의 아들은 다핫이요...(7:20-23)

그의 아들은 눈이요 그의 아들은 여호수아더라...(7:27-28)

이는 다 아셀의 자손으로 우두머리요 정선된 용감한 장사요 방백의 우두머리라...(7:40)

베냐민이 낳은 자는 맏아들 벨라와 둘째 아스벨과 셋째 아하라와(8:1)

또 브리아와 세마이니 그들은 아얄론 주민의 우두머리가 되어 그들이 가드 주민을 쫓아냈더라(8:13)

그들은 다 가문의 우두머리이며 그들의 족보의 우두머리로서 예루살렘에...(8:28)

넬은 기스를 낳고 기스는 사울을 낳고 사울은 요나단과 말기수아와 아비나답과...(8:33)

울람의 아들은 다 용감한 장사요 활을 잘 쏘는 자라 아들과 손자가 많아...(8:40)

• 히브리서 11장 : 사라의 후손이 해변의 모래같이 생육함

믿음은 바라는 것들의 실상이요 보이지 않는 것들의 증거니(1)

믿음으로 모든 세계가 하나님의 말씀으로 지어진 줄을 우리가 아나니 보이는 것은...(3-11)

그들이 이제는 더 나은 본향을 사모하니 곧 하늘에 있는 것이라 이러므로...(16-17)

그가 하나님이 능히 이삭을 죽은 자 가운데서 다시 살리실 줄로 생각한지라...(19-26)

믿음으로 기생 라합은 정탐꾼을 평안히 영접하였으므로 순종하지 아니한 자와...(31-33)

여자들은 자기의 죽은 자들을 부활로 받아들이기도 하며 또 어떤 이들은...(35-38)

이는 하나님이 우리를 위하여 더 좋은 것을 예비하셨은즉 우리가 아니면...(40)

• 아모스 5장 : 창조주 여호와를 다시 찾음으로 생육함

처녀 이스라엘이 엎드러졌음이여 다시 일어나지 못하리로다 자기 땅에 던지움이여...(2-6)

묘성과 삼성을 만드시며 사망의 그늘을 아침으로 바꾸시고 낮을 어두운 밤으로...(8)

무리가 성문에서 책망하는 자를 미워하며 정직히 말하는 자를 싫어하는도다...(10-12)

너희는 살려면 선을 구하고 악을 구하지 말지어다 만군의 하나님 여호와께서...(14-15)

내가 너희 절기들을 미워하여 멸시하며 너희 성회들을 기뻐하지 아니하나니...(21-22)

오직 정의를 물 같이, 공의를 마르지 않는 강 같이 흐르게 할지어다(24)

• 누가복음 1장 1-38절 : 청결한 엘리사벳과 마리아가 생육함

그 모든 일을 근원부터 자세히 미루어 살핀 나도 데오빌로 각하에게 차례대로...(3-8)

주의 사자가 그에게 나타나 향단 우편에 선지라(11)

천사가 그에게 이르되 사가랴여 무서워하지 말라 너의 간구함이 들린지라...(13-17)

천사가 대답하여 이르되 나는 하나님 앞에 서 있는 가브리엘이라 이 좋은 소식을...(19-20)

그가 나와서 그들에게 말을 못하니 백성들이 그가 성전 안에서 환상을 본 줄...(22)

이 후에 그의 아내 엘리사벳이 잉태하고 다섯 달 동안 숨어 있으며 이르되...(24-25)

다윗의 자손 요셉이라 하는 사람과 약혼한 처녀에게 이르니 그 처녀의 이름은...(27-33)

천사가 대답하여 이르되 성령이 네게 임하시고 지극히 높으신 이의 능력이 너를 덮으시리니 이러므로 나실 바 거룩한 이는 하나님의 아들이라 일컬어지리라...(35-38)

Ⅲ. 묵상을 위한 질문

1. 잇사갈, 베냐민, 에브라임, 아셀 자손의 특징은 무엇일까요?(7:1~2,5~7,20~23,40)
2. 베냐민 자손의 특징은 무엇일까요?(8:13,28,33,40)
3. 히브리서 기자는 믿음이란 무엇이라고 했나요?(1~2,6,10,16,40)
4. 히브리서 기자는 믿음의 사람으로 누구를 언급했나요?(4~5,7~8,11,20~23,31)
5. 아모스가 이스라엘 족속에게 간절히 호소하는 내용은 무엇일까요?(4,6,8)
6. 아모스는 이스라엘 족속에게 무엇을 강같이 흐르게 하라고 말했나요?(15,24)
7. 가브리엘 천사는 반열의 차례대로 제사장 직무를 집행하는 사가랴에게 어떤 좋은 소식을 전해 주었나요?(5~6,8,13~17,19,24)
8. 가브리엘 천사는 요셉과 마리아에게 어떤 놀라운 소식을 전했으며 또 마리아는 어떻게 받아 드렸나요?(27~33,35,37~38)

Ⅳ. 기도

1. 주여, 믿음의 영웅처럼 현실을 보는 것이 아니라 나중의 영광을 보게 하옵소서.
2. 주여, 우상을 좇지 않고 생명의 주이신 창조주 여호와 하나님을 찾게 하옵소서.
3. 주여, 믿기 어려운 축복의 좋은 소식을 들을 수 있도록 늘 청결하게 하옵소서.

• 하나님 마음 알아가기 •

• 나에게 주시는 말씀(암송하기) •

• 오늘의 감사(기록하기) •

321 일차 / 365 성직 11월 17일

Ⅰ. 맥체인성경의 통독구조<321>

묵상하기 여덟 문제의 답을 요약하여 핵심을 정리하고 그것을 중심으로 세 가지의 기도문 초안을 작성한 후, 신구약 네 장의 말씀을 기도 중에 재차 묵상하는 구조이다.

Ⅱ. 핵심구절 읽기

성경본문	역대상 9-10장	히브리서 12장	아모스 6장	누가복음 1장 39-80절
통일주제	**성직** (聖職, 교회에 의해 규정된 규범에 따라 봉사하는 거룩한 직분)			
개별주제	성전에서 제사를 집례하는 레위 자손의 성직	주의 뜻을 받들어 감당한 예수의 대속적 성직	이스라엘을 경책한 아모스의 선지자적 성직	구속사를 위한 사가랴와 마리아의 중보적 성직
연합내용	**거룩하신 하나님은 사람을 통해 구속사를 이끌어 가신다. 구약에서는 제사장과 선지자에게, 신약에서는 예수 그리스도와 사도 및 제자들에게 성직을 주시고 복음의 말씀을 전하게 하심으로 구속의 역사를 이루신다.**			
핵심구절	9:1~2,10~11,13 19,22,26~33,39 10:1~4,8~14	1~3,6~16,22~25 28~29	1~6,8~10,12~14	39~42,46~50 54~58,62~73 76~77,80

• 역대상 9-10장 : 성전에서 제사를 집례하는 레위 자손의 성직

온 이스라엘이 그 계보대로 계수되어 그들은 이스라엘 왕조실록에 기록되니라 유다가 범죄함으로 말미암아 바벨론으로 사로잡혀 갔더니...(9:1-2)

제사장 중에서는 여다야와 여호야립과 야긴과...(9:10-11)

또 그의 형제들이니 종족의 가문의 우두머리라 하나님의 성전의 임무를 수행할 힘있는 자는 모두 천칠백육십 명이더라(9:13)

고라의 증손 에비아삽의 손자 고레의 아들 살룸과 그의 종족 형제 곧 고라의 자손이 수종드는 일을 맡아 성막 문들을 지켰으니 그들의 조상들도 여호와의 진영을 맡고 출입문을 지켰으며(9:19)

택함을 입어 문지기 된 자가 모두 이백열두 명이니 이는 그들의 마을에서 그들의 계보대로 계수된 자요 다윗과 선견자 사무엘이 전에 세워서 이 직분을 맡긴 자라(9:22)

이는 문지기의 우두머리 된 레위 사람 넷이 중요한 직분을 맡아 하나님의 성전 모든 방과 곳간을 지켰음이라...(9:26-33)

넬은 기스를 낳고 기스는 사울을 낳고 사울은 요나단과 말기수아와 아비나답과 에스바알을 낳았으며(9:39)

블레셋 사람들과 이스라엘이 싸우더니 이스라엘 사람들이 블레셋 사람들 앞에서 도망하다가 길보아 산에서 죽임을 당하여 엎드러지니라...(10:1-4)

이튿날에 블레셋 사람들이 와서 죽임을 당한 자의 옷을 벗기다가 사울과 그의 아들들이 길보아 산에 엎드러졌음을 보고...(10:8-14)

• 히브리서 12장 : 주의 뜻을 받들어 감당한 예수의 대속적 성직

이러므로 우리에게 구름 같이 둘러싼 허다한 증인들이 있으니 모든 무거운 것과 얽매이기 쉬운 죄를 벗어 버리고 인내로써 우리 앞에 당한 경주를 하며...(1-3)

주께서 그 사랑하시는 자를 징계하시고 그가 받아들이시는 아들마다 채찍질하심이라 하였으니...(6-16)

그러나 너희가 이른 곳은 시온 산과 살아 계신 하나님의 도성인 하늘의 예루살렘과 천만 천사와...(22-25)

그러므로 우리가 흔들리지 않는 나라를 받았은즉 은혜를 받자 이로 말미암아 경건함과 두려움으로 하나님을 기쁘시게 섬길지니...(28-29)

• 아모스 6장 : 이스라엘을 경책한 아모스의 선지자적 성직

화 있을진저 시온에서 교만한 자와 사마리아 산에서 마음이 든든한 자 곧 백성들의 머리인 지도자들이여 이스라엘 집이 그들을 따르는도다...(1-6)

만군의 하나님 여호와의 말씀이니라 주 여호와가 당신을 두고 맹세하셨노라 내가 야곱의 영광을 싫어하며 그 궁궐들을 미워하므로 이 성읍과 거기에 가득한 것을 원수에게 넘기리라 하셨느니라...(8-10)

말들이 어찌 바위 위에서 달리겠으며 소가 어찌 거기서 밭 갈겠느냐 그런데 너희는 정의를 쓸개로 바꾸며 공의의 열매를 쓴 쑥으로 바꾸며...(12-14)

• 누가복음 1장 39-80절 : 구속사를 위한 사가랴와 마리아의 중보적 성직

이 때에 마리아가 일어나 빨리 산골로 가서 유대 한 동네에 이르러...(39-42)

마리아가 이르되 내 영혼이 주를 찬양하며...(46-50)

그 종 이스라엘을 도우사 긍휼히 여기시고 기억하시되...(54-58)

그의 아버지께 몸짓하여 무엇으로 이름을 지으려 하는가 물으니...(62-73)

이 아이여 네가 지극히 높으신 이의 선지자라 일컬음을 받고 주 앞에 앞서 가서 그 길을 준비하여...(76-77)

아이가 자라며 심령이 강하여지며 이스라엘에게 나타나는 날까지 빈 들에 있으니라(80)

Ⅲ. 묵상을 위한 질문

1. 바벨론 포로에서 돌아와 예루살렘에 정착한 레위인은 어떤 일을 했나요?(9:1~2,26~33)
2. 하나님이 사울을 블레셋과의 싸움에서 죽게 하신 이유는 무엇일까요?(10:2~4,13~14)
3. 히브리서 기자는 믿는 자들에게 누구를 본으로 설명하면서 신앙생활 중에 어떤 것을 달게 여기고 순종하며 열매를 맺으라고 말했나요?(1~3,6~11)
4. 히브리서 기자는 믿는 자가 영원한 나라에 이르기 위하여 하나님을 어떻게 섬겨야 한다고 권면했나요?(22~25,28)
5. 아모스는 다가오는 흉한 날과 환난에 대해 이스라엘의 무감각과 불감증을 어떻게 지적했나요?(1~6)
6. 아모스는 하나님이 죄에 무감각한 이스라엘을 어떻게 대하신다고 했나요?(8~10,14)
7. 마리아가 산골로 가서 엘리사벳을 문안했을 때 어떤 일이 있었나요?(39~42,44)
8. 요한이 출생했을 때 주변 사람과 사가랴는 어떻게 반응했나요?(57~58,66~73,76~79)

Ⅳ. 기도

1. 주여, 바른 신앙생활을 위해 징계받음과 경건함과 두려움을 좇게 하옵소서.
2. 주여, 영적으로 무감각한 자가 되지 않게 하셔서 지역사회를 깨우게 하옵소서.
3. 주여, 민족을 구원할 위대한 종이 이 교회를 통해서 태어나게 하옵소서.

• 하나님 마음 알아가기 •

• 나에게 주시는 말씀(암송하기) •

• 오늘의 감사(기록하기) •

322 일차 / 365 충성 11월 18일

Ⅰ. 맥체인성경의 통독구조<322>

통일주제를 찾을 때 다음의 순서로 접근하는 것이 바람직하다. 먼저 하나님의 입장에서, 다음으로 중심등장인물 입장에서, 그리고 내용의 특징에서 찾는 것이다.

Ⅱ. 핵심구절 읽기

성경본문	역대상 11-12장	히브리서 13장	아모스 7장	누가복음 2장
통일주제	**충성** (忠誠, 하나님, 왕, 윗사람, 나라 등을 위해 몸과 마음을 다함)			
개별주제	다윗과 그의 나라를 세우는 용사들의 충성	하나님의 말씀으로 인도하는 자들의 충성	이스라엘에 내린 재앙을 막는 아모스의 충성	메시야를 기다리던 시므온과 안나의 충성
연합내용	**맡은 자에게 구할 것은 충성이다. 하나님은 각 사람에게 능력에 따라 은사를 주시고 주어진 사명을 감당토록 하신다. 그러므로 주의 종이요 일꾼들은 마음과 뜻과 힘과 정성과 목숨을 다하여 충성해야 한다.**			
핵심구절	11:1~6,9~12,15~20,22,26, 12:1~3,8,14~1820~23,29, 32~33,38	1~2,5,7~9 12~17,20~21	1~8,10~17	3~14,19,22 25~32,34~38 40~49,52

• 역대상 11-12장 : 다윗과 그의 나라를 세우는 용사들의 충성

온 이스라엘이 헤브론에 모여 다윗을 보고 이르되 우리는 왕의 가까운...(11:1-6)

만군의 여호와께서 함께 계시니 다윗이 점점 강성하여 가니라...(11:9-12)

삼십 우두머리 중 세 사람이 바위로 내려가서 아둘람 굴 다윗에게 이를 때에...(11:15-20)

갑스엘 용사의 손자 여호야다의 아들 브나야는 용감한 사람이라 그가 모압 아리엘의 아들 둘을 죽였고 또 눈 올 때에 함정에 내려가서 사자 한 마리를 죽였으며(11:22)

또 군사 중의 큰 용사는 요압의 아우 아사헬과 베들레헴 사람 도도의 아들 엘하난과(11:26)

다윗이 기스의 아들 사울로 말미암아 시글락에 숨어 있을 때에 그에게 와서 싸움을 도운 용사 중에 든 자가 있었으니...(12:1-3)

갓 사람 중에서 광야에 있는 요새에 이르러 다윗에게 돌아온 자가 있었으니...(12:8)

이 갓 자손이 군대 지휘관이 되어 그 작은 자는 백부장이요, 그 큰 자는 천부장이더니...(12:14-18)

다윗이 시글락으로 갈 때에 므낫세 지파에서 그에게로 돌아온 자는 아드나와 요사밧과 여디아엘과 미가엘과 요사밧과 엘리후와 실르대이니 다 므낫세의 천부장이라...(18:20-23)

베냐민 자손 곧 사울의 동족은 아직도 태반이나 사울의 집을 따르나 그 중에서 나온 자가 삼천 명이요(12:29)

잇사갈 자손 중에서 시세를 알고 이스라엘이 마땅히 행할 것을 아는 우두머리가 이백 명이니 그들은 그 모든 형제를 통솔하는 자이며...(12:32-33)

이 모든 군사가 전열을 갖추고 다 성심으로 헤브론에 이르러 다윗을 온 이스라엘 왕으로 삼고자 하고 또 이스라엘의 남은 자도 다 한 마음으로 다윗을 왕으로 삼고자 하여(12:38)

• 히브리서 13장 : 하나님의 말씀으로 인도하는 자들의 충성

형제 사랑하기를 계속하고...(1-2)

돈을 사랑하지 말고 있는 바를 족한 줄로 알라 그가 친히 말씀하시기를 내가 결코 너희를 버리지 아니하고 너희를 떠나지 아니하리라 하셨느니라(5)

하나님의 말씀을 너희에게 일러 주고 너희를 인도하던 자들을 생각하며 그들의...(7-9)

그러므로 예수도 자기 피로써 백성을 거룩하게 하려고 성문 밖에서 고난을 받으셨느니라...(12-17)

양들의 큰 목자이신 우리 주 예수를 영원한 언약의 피로 죽은 자 가운데서 이끌어 내신 평강의 하나님이...(20-21)

• 아모스 7장 : 이스라엘에 내린 재앙을 막는 아모스의 충성

주 여호와께서 내게 보이신 것이 이러하니라 왕이 풀을 벤 후 풀이 다시 움돋기 시작할 때에 주께서 메뚜기를 지으시매...(1-8)

때에 벧엘의 제사장 아마샤가 이스라엘의 왕 여로보암에게 보내어 이르되 이스라엘 족속 중에 아모스가 왕을 모반하나니 그 모든 말을 이 땅이 견딜 수 없나이다...(10-17)

• 누가복음 2장 : 메시야를 기다리던 시므온과 안나의 충성

모든 사람이 호적하러 각각 고향으로 돌아가매...(3-14)

마리아는 이 모든 말을 마음에 새기어 생각하니라(19)

모세의 법대로 정결예식의 날이 차매 아기를 데리고 예루살렘에 올라가니(22)

예루살렘에 시므온이라 하는 사람이 있으니 이 사람은 의롭고 경건하여...(25-32)

시므온이 그들에게 축복하고 그의 어머니 마리아에게 말하여 이르되 보라...(34-38)

아기가 자라며 강하여지고 지혜가 충만하며 하나님의 은혜가 그의 위에 있더라...(40-49)

예수는 지혜와 키가 자라가며 하나님과 사람에게 더욱 사랑스러워 가시더라(52)

Ⅲ. 묵상을 위한 질문

1. 여호와 하나님은 다윗을 점점 강성케 하기 위하여 어떤 방법을 사용하셨나요? (11:1~3,6,9~10,15,20,22,26)
2. 베냐민 지파, 갓 지파, 므낫세 지파에서 다윗을 도운 용사들은 어떤 사람들이었나요?(12:1~2,8,14~15,20~22)
3. 히브리서 기자는 하나님이 기뻐하시는 제사에 대해 어떻게 말했나요?(12~16)
4. 히브리서 기자는 말씀을 인도하여 주는 자에게 어떻게 하라고 말했나요?(7,17)
5. 아모스는 하나님이 이스라엘에 내리신 메뚜기와 불 재앙을 어떻게 막았나요?(1~6)
6. 아모스는 예언 사역을 금지하는 아마샤에게 어떻게 말했나요?(10~17)
7. 예수의 나심은 어느 때에 어디서였으며 누구의 경배를 받았나요?(3~15)
8. 예수의 나심을 간절히 기다리다가 만나게 된 두 사람은 누구일까요?(25~38)

Ⅳ. 기도

1. 주여, 충성스러운 사람들을 주위에 보내 주사 형통하고 강성하게 하옵소서.
2. 주여, 말씀으로 갈 길을 인도하여 주는 목자들에게 항상 순종하게 하옵소서.
3. 주여, 다시 오실 예수 그리스도를 기다리는 간절한 마음으로 살게 주옵소서.

• 하나님 마음 알아가기 •

• 나에게 주시는 말씀(암송하기) •

• 오늘의 감사(기록하기) •

323 일차 / 365 시련 11월 19일

I. 맥체인성경의 통독구조<323>

핵심요절은 묵상하기 문제를 만드는 근거가 되고 제시된 문제의 답을 주기도 한다. 또한 신학적 질문을 던져 깊이 묵상하게 하는 구조이다.

II. 핵심구절 읽기

성경본문	역대상 13-14장	야고보서 1장	아모스 8장	누가복음 3장
통일주제	**시련** (試鍊, 겪어 내기 힘든 고난이나 어려움)			
개별주제	하나님의 궤를 옮기다가 생긴 시련	신앙생활 중에 만나는 믿음의 시련	외식과 범죄로 당하는 심판적 시련	회개와 정의를 외치다가 당한 시련
연합내용	**시련은 성도를 단련하고 새롭게 무장하는 과정이다. 믿는 자에게는 복과 평안만 있는 것이 아니다. 오히려 세상과 악의 영에 대하여 씨름하므로 더 큰 시련을 만난다. 이 때 주님이 함께하심을 체험하게 된다.**			
핵심구절	13:1~4,6~14 14:1~2,8~10,13~15,17	2~8,12~17 19~22,25~27	2~11,14	1~3,6~9,11 13~17,19~23,38

• 역대상 13-14장 : 하나님의 궤를 옮기다가 생긴 시련

다윗이 천부장과 백부장 곧 모든 지휘관과 더불어 의논하고...(13:1-4)

다윗이 온 이스라엘을 거느리고 바알라 곧 유다에 속한 기럇여아림에 올라가서 여호와 하나님의 궤를 메어오려 하니 이는 여호와께서 두 그룹 사이에 계시므로 그러한 이름으로 일컬음을 받았더라...(13:6-14)

두로 왕 히람이 다윗에게 사신들과 백향목과 석수와 목수를 보내 그의 궁전을 건축하게 하였더라...(14:1-2)

다윗이 기름 부음을 받아 온 이스라엘의 왕이 되었다 함을 블레셋 사람들이 듣고 모든 블레셋 사람들이 다윗을 찾으러 올라오매 다윗이 듣고 대항하러 나갔으나...(14:8-10)

블레셋 사람들이 다시 골짜기를 침범한지라...(14:13-15)

다윗의 명성이 온 세상에 퍼졌고 여호와께서 모든 이방 민족으로 그를 두려워하게 하셨더라(14:17)

• 야고보서 1장 : 신앙생활 중에 만나는 믿음의 시련

내 형제들아 너희가 여러 가지 시험을 당하거든 온전히 기쁘게 여기라...(2-8)

시험을 참는 자는 복이 있나니 이는 시련을 견디어 낸 자가 주께서 자기를 사랑하는 자들에게 약속하신 생명의 면류관을 얻을 것이기 때문이라...(12-17)

내 사랑하는 형제들아 너희가 알지니 사람마다 듣기는 속히 하고 말하기는 더디 하며 성내기도 더디 하라...(19-22)

자유롭게 하는 온전한 율법을 들여다보고 있는 자는 듣고 잊어버리는 자가 아니요 실천하는 자니 이 사람은 그 행하는 일에 복을 받으리라...(25-27)

• 아모스 8장 : 외식과 범죄로 당하는 심판적 시련

그가 말씀하시되 아모스야 네가 무엇을 보느냐 내가 이르되 여름 과일 한 광주리니이다 하매 여호와께서 내게 이르시되 내 백성 이스라엘의 끝이 이르렀은즉 내가 다시는 그를 용서하지 아니하리니...(2-11)

사마리아의 죄된 우상을 두고 맹세하여 이르기를 단아 네 신들이 살아 있음을 두고 맹세하노라 하거나 브엘세바가 위하는 것이 살아 있음을 두고 맹세하노라 하는 사람은 엎드러지고 다시 일어나지 못하리라(14)

• 누가복음 3장 : 회개와 정의를 외치다가 당한 시련

디베료 황제가 통치한 지 열다섯 해 곧 본디오 빌라도가 유대의 총독으로, 헤롯이 갈릴리의 분봉 왕으로, 그 동생 빌립이 이두래와 드라고닛 지방의 분봉 왕으로, 루사니아가 아빌레네의 분봉 왕으로...(1-3)

모든 육체가 하나님의 구원하심을 보리라 함과 같으니라...(6-9)

대답하여 이르되 옷 두 벌 있는 자는 옷 없는 자에게 나눠 줄 것이요 먹을 것이 있는 자도 그렇게 할 것이니라 하고(11)

이르되 부과된 것 외에는 거두지 말라 하고...(13-17)

분봉 왕 헤롯은 그의 동생의 아내 헤로디아의 일과 또 자기가 행한 모든 악한 일로 말미암아 요한에게 책망을 받고...(19-23)

그 위는 에노스요 그 위는 셋이요 그 위는 아담이요 그 위는 하나님이시니라(38)

Ⅲ. 묵상을 위한 질문

1. 하나님의 궤와 관련하여 다윗과 웃사와 오벧에돔은 어떤 결과를 보았나요?(13:6~14)
2. 다윗 왕은 블레셋과의 싸움에서 하나님께 물어봄으로 어떤 결과를 얻었나요?(14:10~11,13~17)
3. 야고보는 흩어져 있는 열두 지파에게 어떤 교훈으로 문안했나요?(2~8,12~17)
4. 야고보가 참된 경건에 대하여 강조한 세 가지는 무엇일까요?(19,22,25~27)
5. 여호와 하나님이 아모스에게 절대로 잊지 않겠다고 말씀하신 이스라엘의 죄악은 무엇이었나요?(4~7,14)
6. 여호와께서 아모스에게 말씀하신 이스라엘의 심판 내용은 무엇일까요?(3,9~11)
7. 사가랴의 아들 세례 요한은 본디오 빌라도 총독과 헤롯 분봉 왕이 통치할 때에 이스라엘 백성에게 어떤 말씀을 전파하였나요?(1~3,7~9,11,13~14,19)
8. 세례 요한은 예수 그리스도에 관하여 무엇이라고 전파했나요?(16~17,21~22)

Ⅳ. 기도

1. 주여, 하나님의 궤와 하나님의 성전을 가까이 함으로 큰 복을 받게 하옵소서.
2. 주여, 신앙생활 중 시련을 만났을 때 인내와 경건으로 능히 이기게 하옵소서.
3. 주여, 복음을 전하고 정의를 외치다가 시련을 당할 때 낙심치 않게 하옵소서.

• 하나님 마음 알아가기 •

• 나에게 주시는 말씀(암송하기) •

• 오늘의 감사(기록하기) •

324 일차 / 365 경배 11월 20일

I. 맥체인성경의 통독구조<324>

통일주제로 연결된 네 장의 개별주제가 맥체인설교방식에서는 네 개의 대지가 되게 하면 풍성한 설교가 된다.

II. 핵심구절 읽기

성경본문	역대상 15장	야고보서 2장	아모스 9장	누가복음 4장
통일주제	**경배** (敬拜, 경의나 공경의 뜻을 나타내기 위하여 공손히 절함)			
개별주제	다윗과 백성이 언약궤 앞에서 여호와를 경배함	행함이 있는 믿음으로 예수 그리스도를 경배함	범죄한 이스라엘이 회복되어 여호와를 경배함	가르침과 병고침을 받은 자들이 주를 경배함
연합내용	**십계명의 첫 계명은 나 외에 다른 신을 네게 있게 하지 말라 이다. 오직 하나님만 경배하라고 명령하셨다. 하나님의 백성이요 예수 그리스도를 믿고 자녀가 된 성도는 오직 하나님께 경배와 찬양을 올려야 한다.**			
핵심구절	1~4,11~13,16 19~26,29	1~5,8~10,13~17 19,21~26	1~4,8~15	1~9,12,14~19 22,24~29,33~36 38~41,43~44

• 역대상 15장 : 다윗과 백성이 언약궤 앞에서 여호와를 경배함

다윗이 다윗 성에서 자기를 위하여 궁전을 세우고 또 하나님의 궤를 둘 곳을 마련하고 그것을 위하여 장막을 치고...(1-4)

다윗이 제사장 사독과 아비아달을 부르고 또 레위 사람 우리엘과 아사야와 요엘과 스마야와 엘리엘과 암미나답을 불러...(11-13)

다윗이 레위 사람의 어른들에게 명령하여 그의 형제들을 노래하는 자들로 세우고 비파와 수금과 제금 등의 악기를 울려서 즐거운 소리를 크게 내라 하매(16)

노래하는 자 헤만과 아삽과 에단은 놋제금을 크게 치는 자요...(19-26)

여호와의 언약궤가 다윗 성으로 들어올 때에 사울의 딸 미갈이 창으로 내다보다가 다윗 왕이 춤추며 뛰노는 것을 보고 그 마음에 업신여겼더라(29)

• 야고보서 2장 : 행함이 있는 믿음으로 예수 그리스도를 경배함

내 형제들아 영광의 주 곧 우리 주 예수 그리스도에 대한 믿음을 너희가 가졌으니 사람을 차

별하여 대하지 말라...(1-5)

너희가 만일 성경에 기록된 대로 네 이웃 사랑하기를 네 몸과 같이 하라 하신 최고의 법을 지키면 잘하는 것이거니와...(8-10)

긍휼을 행하지 아니하는 자에게는 긍휼 없는 심판이 있으리라 긍휼은 심판을 이기고 자랑하느니라...(13-17)

네가 하나님은 한 분이신 줄을 믿느냐 잘하는도다 귀신들도 믿고 떠느니라(19)

우리 조상 아브라함이 그 아들 이삭을 제단에 바칠 때에 행함으로 의롭다 하심을 받은 것이 아니냐...(21-26)

• 아모스 9장 : 범죄한 이스라엘이 회복되어 여호와를 경배함

내가 보니 주께서 제단 곁에 서서 이르시되 기둥 머리를 쳐서 문지방이 움직이게 하며 그것으로 부서져서 무리의 머리에 떨어지게 하라 내가 그 남은 자를 칼로 죽이리니 그 중에서 한 사람도 도망하지 못하며 그 중에서 한 사람도 피하지 못하리라...(1-4)

보라 주 여호와의 눈이 범죄한 나라를 주목하노니 내가 그것을 지면에서 멸하리라 그러나 야곱의 집은 온전히 멸하지는 아니하리라 여호와의 말씀이니라...(8-15)

• 누가복음 4장 : 가르침과 병고침을 받은 자들이 주를 경배함

예수께서 성령의 충만함을 입어 요단 강에서 돌아오사 광야에서 사십 일 동안 성령에게 이끌리시며...(1-9)

예수께서 대답하여 이르시되 주 너의 하나님을 시험하지 말라 하였느니라(12)

예수께서 성령의 능력으로 갈릴리에 돌아가시니 그 소문이 사방에 퍼졌고...(14-19)

그들이 다 그를 증언하고 그 입으로 나오는 바 은혜로운 말을 놀랍게 여겨 이르되 이 사람이 요셉의 아들이 아니냐(22)

또 이르시되 내가 진실로 너희에게 이르노니 선지자가 고향에서는 환영을 받는 자가 없느니라...(24-29)

회당에 더러운 귀신 들린 사람이 있어 크게 소리 질러 이르되...(33-36)

예수께서 일어나 회당에서 나가사 시몬의 집에 들어가시니 시몬의 장모가 중한 열병을 앓고 있는지라 사람들이 그를 위하여 예수께 구하니...(38-41)

예수께서 이르시되 내가 다른 동네들에서도 하나님의 나라 복음을 전하여야 하리니 나는 이 일을 위해 보내심을 받았노라 하시고...(43-44)

Ⅲ. 묵상을 위한 질문

1. 다윗 왕은 하나님의 궤를 예루살렘 성에 두기 위해 옮겨 오기 전에 무엇을 어떻게 준비했나요?(1~2,12,16)
2. 다윗 성에서 여호와의 궤를 맞이하는 두 부류의 사람은 누구일까요?(27~29)
3. 야고보는 주 예수 그리스도에 대한 믿음을 가진 자에게 절대 무엇을 하지 말라고 말했나요?(1,4,9,13)
4. 야고보는 형제들에게 어떤 믿음이 참 믿음이라고 강조했나요?(14,17,20,22,26)
5. 아모스는 여호와 하나님이 무엇을 주목하신다고 말했나요?(1~4,8~10)
6. 아모스는 여호와 하나님의 어떤 계획을 예언했나요?(11~15)
7. 예수님이 성령충만하실 때 누구와 누구에게 시험과 배척을 받으셨나요?(1~9,28~29)
8. 예수님은 가버나움 동네에서 어떤 사역을 하셨나요?(31,33~36,38~41,43~44)

Ⅳ. 기도

1. 주여, 여호와의 궤, 즉 하나님의 말씀을 가까이하고 즐거워하게 하옵소서.
2. 주여, 행함이 있는 믿음으로 많은 사역을 하여 주께 영광을 돌리게 하옵소서.
3. 주여, 시험과 배척 중에도 강한 믿음으로 복음과 신유사역을 행케 하옵소서.

• 하나님 마음 알아가기 •

• 나에게 주시는 말씀(암송하기) •

• 오늘의 감사(기록하기) •

325 일차 / 365 주권 11월 21일

Ⅰ. 맥체인성경의 통독구조<325>

사복음서를 통해 입체적인 예수님을 보듯 신구약 네 장 통독을 통해 하나님의 역사하심을 입체적으로 보는 구조이다.

Ⅱ. 핵심구절 읽기

성경본문	역대상 16장	야고보서 3장	오바댜 1장	누가복음 5장
통일주제	**준수** (遵守, 규칙과 명령 등을 그대로 좇아 지킴)			
개별주제	온 백성들이 다윗의 명령대로 준수함	성도들이 선생의 가르침대로 준수함	구원 받은 자들이 주의 말씀대로 준수함	제자들이 예수님의 말씀대로 준수함
연합내용	**하나님은 율법을 준수하는 자에게 땅과 자손의 복을 주셨고 예수님의 가르침을 준수하는 자에게 기적과 능력을 베풀어 주셨다. 우리가 믿음으로 주의 말씀을 준수할 때 복과 기적의 은혜를 경험할 수 있다.**			
핵심구절	1~6,8~10,15~17 23~27,31~33 37~42	2,8~12,17~18	1,3~4,7~8,10 15~16,18~21	3~11,18~24 27~32

• 역대상 16장 : 온 백성들이 다윗의 명령대로 준수함

하나님의 궤를 메고 들어가서 다윗이 그것을 위하여 친 장막 가운데에 두고 번제와 화목제를 하나님께 드리니라...(1-6)

너희는 여호와께 감사하며 그의 이름을 불러 아뢰며 그가 행하신 일을 만민 중에 알릴지어다...(8-10)

너희는 그의 언약 곧 천 대에 명령하신 말씀을 영원히 기억할지어다...(15-17)

온 땅이여 여호와께 노래하며 그의 구원을 날마다 선포할지어다...(23-27)

하늘은 기뻐하고 땅은 즐거워하며 모든 나라 중에서는 이르기를 여호와께서 통치하신다 할지로다...(31-33)

다윗이 아삽과 그의 형제를 여호와의 언약궤 앞에 있게 하며 항상 그 궤 앞에서 섬기게 하되 날마다 그 일대로 하게 하였고...(37-42)

• 야고보서 3장 : 성도들이 선생의 가르침대로 준수함

우리가 다 실수가 많으니 만일 말에 실수가 없는 자라면 곧 온전한 사람이라 능히 온 몸도 굴레 씌우리라(2)

혀는 능히 길들일 사람이 없나니 쉬지 아니하는 악이요 죽이는 독이 가득한 것이라...(8-12)

오직 위로부터 난 지혜는 첫째 성결하고 다음에 화평하고 관용하고 양순하며 긍휼과 선한 열매가 가득하고 편견과 거짓이 없나니...(17-18)

• 오바댜 1장 : 구원 받은 자들이 주의 말씀대로 준수함

오바댜의 묵시라 주 여호와께서 에돔에 대하여 이와 같이 말씀하시니라 우리가 여호와께로 말미암아 소식을 들었나니 곧 사자가 나라들 가운데에 보내심을 받고 이르기를 너희는 일어날지어다 우리가 일어나서 그와 싸우자 하는 것이니라(1)

너의 마음의 교만이 너를 속였도다 바위 틈에 거주하며 높은 곳에 사는 자여 네가 마음에 이르기를 누가 능히 나를 땅에 끌어내리겠느냐 하니...(3-4)

너와 약조한 모든 자들이 다 너를 쫓아 변경에 이르게 하며 너와 화목하던 자들이 너를 속여 이기며 네 먹을 것을 먹는 자들이 네 아래에 함정을 파니 네 마음에 지각이 없음이로다...(7-8)

네가 네 형제 야곱에게 행한 포학으로 말미암아 부끄러움을 당하고 영원히 멸절되리라(10)

여호와께서 만국을 벌할 날이 가까웠나니 네가 행한 대로 너도 받을 것인즉 네가 행한 것이 네 머리로 돌아갈 것이라...(15-16)

야곱 족속은 불이 될 것이며 요셉 족속은 불꽃이 될 것이요 에서 족속은 지푸라기가 될 것이라 그들이 그들 위에 붙어서 그들을 불사를 것인즉 에서 족속에 남은 자가 없으리니 여호와께서 말씀하셨음이라...(18-21)

• 누가복음 5장 : 제자들이 예수님의 말씀대로 준수함

예수께서 한 배에 오르시니 그 배는 시몬의 배라 육지에서 조금 떼기를 청하시고 앉으사 배에서 무리를 가르치시더니...(3-11)

한 중풍병자를 사람들이 침상에 메고 와서 예수 앞에 들여놓고자 하였으나...(18-24)

그 후에 예수께서 나가사 레위라 하는 세리가 세관에 앉아 있는 것을 보시고 나를 따르라 하시니...(27-32)

Ⅲ. 묵상을 위한 질문

1. 다윗은 하나님의 궤를 장막 가운데에 두고 어떤 제사를 하나님께 드렸나요?(1)
2. 다윗은 아삽과 그의 형제를 언약궤 앞에 있게 하여 그들이 어떻게 섬기도록 했나요?(37)
3. 야고보는 말에 실수가 없어야 함을 강조하면서 어떤 예를 들어 설명했나요?(9~12)
4. 야고보는 위로부터 난 지혜가 무엇들이며 무슨 열매를 거둘 수 있다고 했나요?(17~18)
5. 여호와께서는 오바댜를 통해 에돔의 마음이 교만한 이유가 무엇이라고 하셨나요?(3~4)
6. 여호와께서는 만국을 벌하실 날에 에돔의 죄를 어떻게 갚으신다고 하셨나요?(15~16)
7. 시몬의 배에 오르셔서 말씀을 마치신 예수님은 시몬에게 다시 어떤 말씀을 하셨나요?(3~4)
8. 세관에 앉아있는 레위에게 예수님은 어떤 말씀을 하셨나요?(27~28)

Ⅳ. 기도

1. 주여, 매일 말씀을 통독하며 주를 찬송함이 나의 기쁨 되게 하옵소서.
2. 주여, 나의 혀를 주장하셔서 저주가 아닌 복음만을 전하게 하옵소서.
3. 주여, 나를 따르라하실 때에 주저함없이 주를 좇는 믿음을 주옵소서.

• 하나님 마음 알아가기 •

• 나에게 주시는 말씀(암송하기) •

• 오늘의 감사(기록하기) •

계시

Ⅰ. 맥체인성경의 통독구조<326>

성경 66권은 1600년이 넘는 긴 세월 동안 성령의 감동을 입은 각 시대의 사람들이 각기 다른 장소에서 기록한 것을 정경화한 것이다. 그럼에도 불구하고 놀랍게도 제각각 짝이 있고 통일된 주제와 일관된 메시지를 전한다. 이것은 우연이 아니며 하나님이 저자이심을 증명하고 있다. 따라서 새로운 편집방식으로 읽을 때 더 깊은 감동을 경험하게 된다.

Ⅱ. 핵심구절 읽기

성경본문	역대상 17장	야고보서 4장	요나 1장	누가복음 6장
통일주제	**계시** (啓示, 하나님이 인간을 깨우치기 위해 열어 보여주시는 말씀과 환상)			
개별주제	성전을 건축하려던 다윗에게 주신 말씀과 계시	정욕을 멀리하고 하나님을 가까이 하라는 계시	악독이 심한 니느웨에 심판을 선포하라는 계시	새로운 마음과 행동으로 생활하라는 주의 계시
연합내용	**하나님은 그의 사랑하는 백성들에게 직접 또는 선지자와 사도를 통해 계시하신다. 말씀과 계시를 듣고 믿음으로 순종하면 그에 따른 영광을 누리게 된다. 반면 불신하고 거역하면 그에 따른 벌을 받는다.**			
핵심구절	1~14,17~19 22~27	1~4,7~14,17	1~4,6~9,11~15 17	1~2,5~10,12~13 17~23,27~31,35~38 41~43,45,47~49

• 역대상 17장 : 성전을 건축하려던 다윗에게 주신 말씀과 계시

다윗이 그의 궁전에 거주할 때에 다윗이 선지자 나단에게 이르되 나는 백향목 궁에 거주하거늘 여호와의 언약궤는 휘장 아래에 있도다...(1-14)

하나님이여 주께서 이것을 오히려 작게 여기시고 또 종의 집에 대하여 먼 장래까지 말씀하셨사오니 여호와 하나님이여 나를 존귀한 자들 같이 여기셨나이다...(17-19)

주께서 주의 백성 이스라엘을 영원히 주의 백성으로 삼으셨사오니 여호와여 주께서 그들의 하나님이 되셨나이다...(22-27)

• 야고보서 4장 : 정욕을 멀리하고 하나님을 가까이 하라는 계시

너희 중에 싸움이 어디로부터 다툼이 어디로부터 나느냐 너희 지체 중에서 싸우는 정욕으로부터 나는 것이 아니냐...(1-4)

그런즉 너희는 하나님께 복종할지어다 마귀를 대적하라 그리하면 너희를 피하리라...(7-14)

그러므로 사람이 선을 행할 줄 알고도 행하지 아니하면 죄니라(17)

• 요나 1장 : 악독이 심한 니느웨에 심판을 선포하라는 계시

여호와의 말씀이 아밋대의 아들 요나에게 임하니라 이르시되...(1-4)

선장이 그에게 가서 이르되 자는 자여 어찌함이냐 일어나서 네 하나님께 구하라 혹시 하나님이 우리를 생각하사 망하지 아니하게 하시리라 하니라...(6-9)

바다가 점점 흉용한지라 무리가 그에게 이르되 우리가 너를 어떻게 하여야 바다가 우리를 위하여 잔잔하겠느냐 하니...(11-15)

여호와께서 이미 큰 물고기를 예비하사 요나를 삼키게 하셨으므로 요나가 밤낮 삼 일을 물고기 뱃속에 있으니라(17)

• 누가복음 6장 : 새로운 마음과 행동으로 생활하라는 주의 계시

안식일에 예수께서 밀밭 사이로 지나가실새 제자들이 이삭을 잘라 손으로 비비어 먹으니...(1-2)

또 이르시되 인자는 안식일의 주인이니라 하시더라...(5-10)

이 때에 예수께서 기도하시러 산으로 가사 밤이 새도록 하나님께 기도하시고...(12-13)

예수께서 그들과 함께 내려오사 평지에 서시니 그 제자의 많은 무리와 예수의 말씀도 듣고 병 고침을 받으려고 유대 사방과 예루살렘과 두로와 시돈의 해안으로부터 온 많은 백성도 있더라...(17-23)

그러나 너희 듣는 자에게 내가 이르노니 너희 원수를 사랑하며 너희를 미워하는 자를 선대하며...(27-31)

오직 너희는 원수를 사랑하고 선대하며 3)아무 것도 바라지 말고 꾸어 주라 그리하면 너희 상이 클 것이요 또 지극히 높으신 이의 아들이 되리니 그는 은혜를 모르는 자와 악한 자에게도 인자하시니라...(35-38)

어찌하여 형제의 눈 속에 있는 티는 보고 네 눈 속에 있는 들보는 깨닫지 못하느냐...(41-43)

선한 사람은 마음에 쌓은 선에서 선을 내고 악한 자는 그 쌓은 악에서 악을 내나니 이는 마음에 가득한 것을 입으로 말함이니라(45)

내게 나아와 내 말을 듣고 행하는 자마다 누구와 같은 것을 너희에게 보이리라...(47-49)

Ⅲ. 묵상을 위한 질문

1. 성전을 건축하려던 다윗은 하나님에게 어떤 말씀과 계시를 들었나요?(1~14)
2. 다윗은 하나님의 말씀과 계시를 들은 후 어떤 감사기도를 드렸나요?(17~19,22~27)
3. 야고보는 하나님을 가까이 하기 위해 무엇을 대적하고 어떤 마음을 가지라고 권면했나요?(7~10)
4. 야고보는 형제들에게 서로 무엇과 무엇을 하지 말라고 권면했나요?(11~12)
5. 여호와 하나님은 요나에게 어떤 사명을 주셨나요?(1~2)
6. 하나님의 명령을 불순종한 요나는 어떤 일을 당하였나요?(4,6~9,11~15,17)
7. 예수님이 행하신 가장 따뜻한 사역은 어떤 사역이셨나요?(6,10,17~19)
8. 예수님이 제자들에게 말씀하신 내용 중 행하기 어려운 말씀은 무엇일까요?(22~23,27~30,35,37,42)

Ⅳ. 기도

1. 주여, 하나님의 마음을 감동시키는 생활로 주의 말씀과 계시를 받게 하옵소서.
2. 주여, 마귀를 대적하고 하나님 사랑과 이웃 사랑을 실천할 권능을 주옵소서.
3. 주여, 감당하기 어려운 사명을 받았을 때 바로 순종할 수 있는 힘을 주옵소서.

• 하나님 마음 알아가기 •

• 나에게 주시는 말씀(암송하기) •

• 오늘의 감사(기록하기) •

327 일차 / 365 정성 11월 23일

Ⅰ. 맥체인성경의 통독구조<327>

맥체인성경의 순서대로!

창세기~역대하 : 만물의 시작과 이스라엘의 시작

마태복음~요한복음 : 예수의 복음사역과 십자가 구속

에스라~말라기 : 이스라엘의 멸망과 새 시대의 시작

사도행전~요한계시록 : 교회의 시작과 선교

Ⅱ. 핵심구절 읽기

성경본문	역대상 18장	야고보서 5장	요나 2장	누가복음 7장
통일주제	**정성** (精誠, 온갖 힘을 다하려는 진실되고 성실한 마음)			
개별주제	전쟁에 승리한 다윗이 정성을 다해 드린 예물	고난을 당하는 자가 정성을 다해 드린 기도	물고기 뱃속에서 요나가 정성을 다해 드린 기도	죄를 지은 한 여자가 정성을 다해 향유를 부음
연합내용	**사람은 형식적으로 행동하는 모습과 정성을 다하는 모습을 가지고 있다. 하나님과 사람 앞에 정성을 다하는 자의 행동은 놀라운 결과를 얻게 된다. 왜냐하면 하나님은 중심을 보시고 역사하시기 때문이다.**			
핵심구절	1~3,5~8,11 13~17	1~5,7~10,13~16 19~20	1~4,6~7,9~10	2~16,20,22 24~28,30~34 36~48,50

• 역대상 18장 : 전쟁에 승리한 다윗이 정성을 다해 드린 예물

그 후에 다윗이 블레셋 사람들을 쳐서 항복을 받고 블레셋 사람들의 손에서 가드와 그 동네를 빼앗고...(1-3)

다메섹 아람 사람이 소바 왕 하닷에셀을 도우러 온지라 다윗이 아람 사람 이만 이천 명을 죽이고...(5-8)

다윗 왕이 그것도 여호와께 드리되 에돔과 모압과 암몬 자손과 블레셋 사람들과 아말렉 등 모든 이방 민족에게서 빼앗아 온 은금과 함께 하여 드리니라(11)

다윗이 에돔에 수비대를 두매 에돔 사람이 다 다윗의 종이 되니라 다윗이 어디로 가든지 여호와께서 이기게 하셨더라...(13-17)

• 야고보서 5장 : 고난을 당하는 자가 정성을 다해 드린 기도

들으라 부한 자들아 너희에게 임할 고생으로 말미암아 울고 통곡하라...(1-5)

그러므로 형제들아 주께서 강림하시기까지 길이 참으라 보라 농부가 땅에서 나는 귀한 열매를 바라고 길이 참아 이른 비와 늦은 비를 기다리나니...(7-10)

너희 중에 고난 당하는 자가 있느냐 그는 기도할 것이요 즐거워하는 자가 있느냐 그는 찬송할지니라...(13-16)

내 형제들아 너희 중에 미혹되어 진리를 떠난 자를 누가 돌아서게 하면...(19-20)

• 요나 2장 : 물고기 뱃속에서 요나가 정성을 다해 드린 기도

요나가 물고기 뱃속에서 그의 하나님 여호와께 기도하여...(1-4)

내가 산의 뿌리까지 내려갔사오며 땅이 그 빗장으로 나를 오래도록 막았사오나 나의 하나님 여호와여 주께서 내 생명을 구덩이에서 건지셨나이다...(6-7)

나는 감사하는 목소리로 주께 제사를 드리며 나의 서원을 주께 갚겠나이다 구원은 여호와께 속하였나이다 하니라...(9-10)

• 누가복음 7장 : 죄를 지은 한 여자가 정성을 다해 향유를 부음

어떤 백부장의 사랑하는 종이 병들어 죽게 되었더니...(2-16)

그들이 예수께 나아가 이르되 세례 요한이 우리를 보내어 당신께 여쭈어 보라고 하기를 오실 그이가 당신이오니이까 우리가 다른 이를 기다리오리이까 하더이다 하니(20)

예수께서 대답하여 이르시되 너희가 가서 보고 들은 것을 요한에게 알리되 맹인이 보며 못 걷는 사람이 걸으며 나병환자가 깨끗함을 받으며 귀먹은 사람이 들으며 죽은 자가 살아나며 가난한 자에게 복음이 전파된다 하라(22)

요한이 보낸 자가 떠난 후에 예수께서 무리에게 요한에 대하여 말씀하시되 너희가 무엇을 보려고 광야에 나갔더냐 바람에 흔들리는 갈대냐...(24-28)

바리새인과 율법교사들은 그의 세례를 받지 아니함으로 그들 자신을 위한 하나님의 뜻을 저버리니라...(30-34)

한 바리새인이 예수께 자기와 함께 잡수시기를 청하니 이에 바리새인의 집에 들어가 앉으셨을 때에...(36-48)

예수께서 여자에게 이르시되 네 믿음이 너를 구원하였으니 평안히 가라 하시니라(50)

Ⅲ. 묵상을 위한 질문

1. 다윗이 모든 전쟁에서 승리할 수 있었던 이유는 무엇일까요?(1~3,5~6)
2. 다윗은 대부분의 조공과 전리품을 어떻게 처리했나요?(2,6~11)
3. 야고보는 부한 자들에게 어떤 경고를 내렸나요?(1~5,7~8)
4. 야고보는 마지막 장에서 형제들에게 어떤 신앙생활을 강조했나요?(7~10,13~16)
5. 요나는 물고기 뱃속에서 여호와께 어떤 기도를 드렸나요?(1~4,6~7,9)
6. 요나의 기도를 들으신 여호와 하나님은 그에게 어떻게 하셨나요?(10)
7. 예수님은 백부장의 종과 나인성 과부의 아들을 왜 고치고 살려 주셨나요?(2~16)
8. 예수님은 세례 요한과 향유를 부은 여자를 향해 각각 어떤 말씀을 하셨나요?
   (22,24~28,37~38,44~48,50)

Ⅳ. 기도

1. 주여, 어디로 가든지 이기게 하시고 모든 것을 드리는 자가 되게 하옵소서.
2. 주여, 길이 참는 인내를 주시고 늘 기도하며 찬송하는 자가 되게 하옵소서.
3. 주여, 백부장의 믿음과 향유를 붓는 여자의 헌신을 닮는 자가 되게 하옵소서.

• 하나님 마음 알아가기 •

• 나에게 주시는 말씀(암송하기) •

• 오늘의 감사(기록하기) •

328 일차 / 365 의심 11월 24일

I. 맥체인성경의 통독구조<328>

하나님의 섭리의 다각성을 살펴보면, 하나님의 섭리(뜻)는 다양한 방향으로 나타나며, 또한 하나님의 섭리(뜻)는 다양한 방법으로 나타난다.

II. 핵심구절 읽기

성경본문	역대상 19-20장	베드로전서 1장	요나 3장	누가복음 8장
통일주제	**의심** (疑心, 믿지 못하거나 확실히 알 수 없어서 의아하게 여김)			
개별주제	다윗의 나하스왕 조문을 의심하는 암몬 신하들	그리스도 보배 피로 대속받음을 의심하지 않음	요나의 멸망선포를 의심하지 않고 회개한 백성	야이로 외딸의 다시 살아남을 의심하는 사람들
연합내용	**성경은 믿음의 책이다. 하나님을 믿고 그의 아들 독생자를 믿는다. 또한 성삼위일체가 행하신 모든 일을 믿는다. 그러나 믿지 못하고 의심하는 자는 불안과 두려움 속에 빠져 결국은 구원을 얻지 못하게 된다.**			
핵심구절	19:1~8,12~19 20:1~7	1~2,5~9,10~12 13~15,17~19 21~23,25	2~10	1~3,5~8,10~16 20~25,27~32 35~37,41~55

• 역대상 19-20장 : 다윗의 나하스왕 조문을 의심하는 암몬 신하들

그 후에 암몬 자손의 왕 나하스가 죽고 그의 아들이 대신하여 왕이 되니...(19:1-8)

이르되 만일 아람 사람이 나보다 강하면 네가 나를 돕고 만일 암몬 자손이 너보다 강하면 내가 너를 도우리라...(19:12-19)

해가 바뀌어 왕들이 출전할 때가 되매 요압이 그 군대를 거느리고 나가서 암몬 자손의 땅을 격파하고 들어가 랍바를 에워싸고 다윗은 예루살렘에 그대로 있더니 요압이 랍바를 쳐서 함락시키매...(20:1-7)

• 베드로전서 1장 : 그리스도 보배 피로 대속받음을 의심하지 않음

예수 그리스도의 사도 베드로는 본도, 갈라디아, 갑바도기아, 아시아와 비두니아에 흩어진 나그네...(1-2)

너희는 말세에 나타내기로 예비하신 구원을 얻기 위하여 믿음으로 말미암아 하나님의 능력으로 보호하심을 받았느니라...(5-15)

외모로 보시지 않고 각 사람의 행위대로 심판하시는 이를 너희가 아버지라 부른즉 너희가 나그네로 있을 때를 두려움으로 지내라...(17-19)

너희는 그를 죽은 자 가운데서 살리시고 영광을 주신 하나님을 그리스도로 말미암아 믿는 자니 너희 믿음과 소망이 하나님께 있게 하셨느니라...(21-23)

오직 주의 말씀은 세세토록 있도다 하였으니 너희에게 전한 복음이 곧 이 말씀이니라(25)

• 요나 3장 : 요나의 멸망선포를 의심하지 않고 회개한 백성

일어나 저 큰 성읍 니느웨로 가서 내가 네게 명한 바를 그들에게 선포하라 하신지라 요나가 여호와의 말씀대로 일어나서 니느웨로 가니라 니느웨는 사흘 동안 걸을 만큼 하나님 앞에 큰 성읍이더라...(2-10)

• 누가복음 8장 : 야이로 외딸의 다시 살아남을 의심하는 사람들

그 후에 예수께서 각 성과 마을에 두루 다니시며 하나님의 나라를 선포하시며 그 복음을 전하실새 열두 제자가 함께 하였고...(1-3)

씨를 뿌리는 자가 그 씨를 뿌리러 나가서 뿌릴새 더러는 길 가에 떨어지매 밟히며 공중의 새들이 먹어버렸고...(5-8)

이르시되 하나님 나라의 비밀을 아는 것이 너희에게는 허락되었으나 다른 사람에게는 비유로 하나니 이는 그들로 보아도 보지 못하고 들어도 깨닫지 못하게 하려 함이라...(10-16)

어떤 이가 알리되 당신의 어머니와 동생들이 당신을 보려고 밖에 서 있나이다...(20-25)

예수께서 육지에 내리시매 그 도시 사람으로서 귀신 들린 자 하나가 예수를 만나니 그 사람은 오래 옷을 입지 아니하며 집에 거하지도 아니하고 무덤 사이에 거하는 자라...(27-32)

사람들이 그 이루어진 일을 보러 나와서 예수께 이르러 귀신 나간 사람이 옷을 입고 정신이 온전하여 예수의 발치에 앉아 있는 것을 보고 두려워하거늘...(35-37)

이에 회당장인 야이로라 하는 사람이 와서 예수의 발 아래에 엎드려 자기 집에 오시기를 간구하니...(41-55)

Ⅲ. 묵상을 위한 질문

1. 다윗이 암몬과 아람을 치게 된 이유는 무엇이었나요?(19:1~8,16~19)
2. 다윗과 신하가 랍바와 게셀과 가드에서 전쟁할 때에 누구를 멸했나요?(20:1~8)
3. 베드로는 누구에게 이 편지를 썼으며 구원의 전래 과정을 어떻게 설명했나요? (1~2,10~12)
4. 베드로가 흩어진 나그네 곧 택하심을 받은 자들에게 예수 그리스도의 나타나심을 강조하면서 어떤 신앙생활을 간곡히 권면했나요?(13~15,17,21~22)
5. 요나는 여호와께 받은 선포 명령을 몇 일 동안 준행하였나요?(2~4)
6. 요나의 심판 선포를 들은 니느웨 왕과 사람들은 어떻게 반응하였나요?(5~9)
7. 예수님이 전하신 씨 뿌리는 자의 비유는 어떤 깊은 의미가 있나요?(5~8,10~15)
8. 예수님이 행하신 기적은 어떤 종류이며 그 결과로 어떤 일들이 일어났나요? (22~25,27~32,35~37,41~55)

Ⅳ. 기도

1. 주여, 근신함과 거룩함과 두려움으로 주의 재림을 기다리는 자가 되게 하옵소서.
2. 주여, 주의 사자가 삶의 죄와 허물을 지적할 때 온전히 회개하게 하옵소서.
3. 주여, 체험 있는 신앙으로 구원을 얻고 복음을 전하는 자가 되게 하옵소서.

• 하나님 마음 알아가기 •

• 나에게 주시는 말씀(암송하기) •

• 오늘의 감사(기록하기) •

329 일차 / 365 실수 11월 25일

I. 맥체인성경의 통독구조<329>

역사이해 : 과거의 역사를 살피고 오늘의 관점에서 다시 재해석한다.

성경해석 : 본문시대의 역사 – 본문 속에 등장한 사건시대의 역사를 말한다.
기록시대의 역사 – 성경을 기술한 해당시대의 역사를 말한다.
독자시대의 역사 – 성경을 읽고 있는 독자시대의 역사를 말한다.

II. 핵심구절 읽기

성경본문	역대상 21장	베드로전서 2장	요나 4장	누가복음 9장
통일주제	**실수** (失手, 부주의로 잘못을 저지르거나 언행이 예의에 어긋남)			
개별주제	다윗이 사단의 충동을 받아 인구조사하는 실수	육체의 정욕과 부당한 고난중에 실수하지 않음	요나가 니느웨의 구원을 보고 성을 내는 실수	제자들이 귀신제어 능력을 쓰지 못하는 실수
연합내용	**인간은 연약성을 가지고 있다. 마귀는 인간의 연약성과 부패성을 자극하여 실수를 유도하고 죄를 짓게 만든다. 그러므로 성도는 전신갑주를 입고 성령충만하여 자신을 지키고 항상 깨어 사명을 감당해야 한다.**			
핵심구절	1~8,11~17 18~24,26~27 29~30	1~5,8~12,15~17 19~25	1~11	1~4,7~9,11~17 20~24,26,28~31 35,37~42,46~48 51~55,58,60,62

• 역대상 21장 : 다윗이 사단의 충동을 받아 인구조사하는 실수

사탄이 일어나 이스라엘을 대적하고 다윗을 충동하여 이스라엘을 계수하게 하니라...(1-8)

갓이 다윗에게 나아가 그에게 말하되 여호와의 말씀이 너는 마음대로 택하라...(11-24)

다윗이 거기서 여호와를 위하여 제단을 쌓고 번제와 화목제를 드려 여호와께 아뢰었더니 여호와께서 하늘에서부터 번제단 위에 불을 내려 응답하시고...(26-27)

옛적에 모세가 광야에서 지은 여호와의 성막과 번제단이 그 때에 기브온 산당에 있었으나...(29-30)

• 베드로전서 2장 : 육체의 정욕과 부당한 고난중에 실수하지 않음

그러므로 모든 악독과 모든 기만과 외식과 시기와 모든 비방하는 말을 버리고...(1-5)

또한 부딪치는 돌과 걸려 넘어지게 하는 바위가 되었다 하였느니라 그들이 말씀을 순종하지

아니하므로 넘어지나니 이는 그들을 이렇게 정하신 것이라...(8-12)

곧 선행으로 어리석은 사람들의 무식한 말을 막으시는 것이라...(15-17)

부당하게 고난을 받아도 하나님을 생각함으로 슬픔을 참으면 이는 아름다우나...(19-25)

• 요나 4장 : 요나가 니느웨의 구원을 보고 성을 내는 실수

요나가 매우 싫어하고 성내며 여호와께 기도하여 이르되 여호와여 내가 고국에 있을 때에 이러하겠다고 말씀하지 아니하였나이까 그러므로 내가 빨리 다시스로 도망하였사오니 주께서는 은혜로우시며 자비로우시며 노하기를 더디하시며 인애가 크시사 뜻을 돌이켜 재앙을 내리지 아니하시는 하나님이신 줄을 내가 알았음이니이다...(1-11)

• 누가복음 9장 : 제자들이 귀신제어능력을 쓰지 못하는 실수

예수께서 열두 제자를 불러 모으사 모든 귀신을 제어하며 병을 고치는 능력과...(1-4)

분봉 왕 헤롯이 이 모든 일을 듣고 심히 당황하니 이는 어떤 사람은 요한이 죽은 자...(7-9)

무리가 알고 따라왔거늘 예수께서 그들을 영접하사 하나님 나라의 일을 이야기하시며 병 고칠 자들은 고치시더라...(11-17)

예수께서 이르시되 너희는 나를 누구라 하느냐 베드로가 대답하여 이르되 하나님의 그리스도시니이다 하니...(20-24)

누구든지 나와 내 말을 부끄러워하면 인자도 자기와 아버지와 거룩한 천사들의 영광으로 올 때에 그 사람을 부끄러워하리라(26)

이 말씀을 하신 후 팔 일쯤 되어 예수께서 베드로와 요한과 야고보를 데리고...(28-31)

구름 속에서 소리가 나서 이르되 이는 나의 아들 곧 택함을 받은 자니 너희는 그의 말을 들으라 하고(35)

이튿날 산에서 내려오시니 큰 무리가 맞을새...(37-42)

제자 중에서 누가 크냐 하는 변론이 일어나니...(46-48)

예수께서 승천하실 기약이 차가매 예루살렘을 향하여 올라가기로 굳게 결심하시고...(51-55)

예수께서 이르시되 여우도 굴이 있고 공중의 새도 집이 있으되 인자는 머리 둘 곳이 없도다 하시고(58)

이르시되 죽은 자들로 자기의 죽은 자들을 장사하게 하고 너는 가서 하나님의 나라를 전파하라 하시고(60)

예수께서 이르시되 손에 쟁기를 잡고 뒤를 돌아보는 자는 하나님의 나라에 합당하지 아니하니라 하시니라(62)

Ⅲ. 묵상을 위한 질문

1. 다윗은 사탄으로부터 어떤 인간적인 충동을 받았나요?(1~8)
2. 다윗은 이 죄로 인해 어떤 결과를 보았으며 그 후 속죄함을 얻기 위하여 여호와 하나님께 어떤 제사를 드렸나요?(11~19,24~27)
3. 베드로는 믿는 자들에게 무엇을 버리고 무엇이 되라고 권면했나요?(1~5,9~10)
4. 베드로는 믿는 자가 고난에 대해 어떤 자세를 가져야 한다고 말했나요?(19~24)
5. 요나는 어떤 성격을 가진 사역자였나요?(1~4,6,8~9)
6. 하나님 여호와는 어떤 성품을 가지신 분이실까요?(2,6~7,10~11)
7. 열두 제자에게 귀신을 제어하며 병을 고치는 능력과 권위를 주신 예수님은 제자와 함께 벳새다 광야에서 어떤 기적을 행하셨나요?(1~2,10~17)
8. 예수님은 제자들에게 자신에 대해 어떤 질문과 교훈을 하셨나요?(20~26)

Ⅳ. 기도

1. 주여, 성공했을 때에 인간적 충동으로 힘을 과시하는 일이 없게 하옵소서.
2. 주여, 자신의 뜻과 다른 결과가 나타났을 때에 성내지 않게 하옵소서.
3. 주여, 주신 능력과 권위를 잘 사용하여 복음사역을 온전히 감당하게 하옵소서.

• 하나님 마음 알아가기 •

• 나에게 주시는 말씀(암송하기) •

• 오늘의 감사(기록하기) •

330 일차 / 365 확산 11월 26일

Ⅰ. 맥체인성경의 통독구조<330>

시간적, 공간적 역사하심 찾기

하나님의 사역은 시간적으로나 공간적으로 섬세하게 역사하시며 나타난다.

편집순 읽기 -> 연대기 읽기 -> 입체적 읽기 등 읽는 방법에 따라 다양한 은혜를 경험할 수 있음으로 맥체인성경은 더욱 중요한 통독구조를 갖고 있다.

Ⅱ. 핵심구절 읽기

성경본문	역대상 22장	베드로전서 3장	미가 1장	누가복음 10장
통일주제	**확산** (擴散, 흩어져 널리 퍼짐)			
개별주제	다윗으로 인해 성전 건축의 사역이 확산됨	베드로로 인해 의와 선을 행함이 확산됨	사마리아와 예루살렘의 죄로 재앙이 확산됨	칠십인의 전파로 천국의 복음이 확산됨
연합내용	**겨자씨 한 알이 땅에 떨어져 자라면 나무가 되어 새들이 깃들고, 한 알의 밀이 떨어져 죽으면 많은 열매를 맺는다. 선과 악, 의와 불의, 복과 화의 모든 씨는 결국 시간이 흐름에 따라 자라서 확산된다.**			
핵심구절	2~5,7~12,14~15 19	1~4,7~9,13~19 21	1~2,5~7,9~16	1~3,5~7,9 13~16,17~21 25~37,38~42

• 역대상 22장 : 다윗으로 인해 성전건축의 사역이 확산됨

다윗이 명령하여 이스라엘 땅에 거류하는 이방 사람을 모으고 석수를 시켜 하나님의 성전을 건축할 돌을 다듬게 하고...(2-5)

다윗이 솔로몬에게 이르되 내 아들아 나는 내 하나님 여호와의 이름을 위하여 성전을 건축할 마음이 있었으나...(7-12)

내가 환난 중에 여호와의 성전을 위하여 금 십만 달란트와 은 백만 달란트와 놋과 철을 그 무게를 달 수 없을 만큼 심히 많이 준비하였고 또 재목과 돌을 준비하였으나 너는 더할 것이며...(14-15)

이제 너희는 마음과 뜻을 바쳐서 너희 하나님 여호와를 구하라 그리고 일어나서 여호와 하나님의 성전을 건축하고 여호와의 언약궤와 하나님 성전의 기물을 가져다가 여호와의 이름을 위하여 건축한 성전에 들이게 하라 하였더라(19)

• 베드로전서 3장 : 베드로로 인해 의와 선을 행함이 확산됨

아내들아 이와 같이 자기 남편에게 순종하라 이는 혹 말씀을 순종하지 않는 자라도 말로 말미암지 않고 그 아내의 행실로 말미암아 구원을 받게 하려 함이니...(1-4)

남편들아 이와 같이 지식을 따라 너희 아내와 동거하고 그를 더 연약한 그릇이요 또 생명의 은혜를 함께 이어받을 자로 알아 귀히 여기라 이는 너희 기도가 막히지 아니하게 하려 함이라...(7-9)

또 너희가 열심으로 선을 행하면 누가 너희를 해하리요...(13-19)

물은 예수 그리스도께서 부활하심으로 말미암아 이제 너희를 구원하는 표니 곧 세례라 이는 육체의 더러운 것을 제하여 버림이 아니요 하나님을 향한 선한 양심의 간구니라(21)

• 미가 1장 : 사마리아와 예루살렘의 죄로 재앙이 확산됨

유다의 왕들 요담과 아하스와 히스기야 시대에 모레셋 사람 미가에게 임한 여호와의 말씀 곧 사마리아와 예루살렘에 관한 묵시라...(1-2)

이는 다 야곱의 허물로 말미암음이요 이스라엘 족속의 죄로 말미암음이라 야곱의 허물이 무엇이냐 사마리아가 아니냐 유다의 산당이 무엇이냐 예루살렘이 아니냐...(5-7)

이는 그 상처는 고칠 수 없고 그것이 유다까지도 이르고 내 백성의 성문 곧 예루살렘에도 미쳤음이니라...(9-16)

• 누가복음 10장 : 칠십인의 전파로 천국의 복음이 확산됨

그 후에 주께서 따로 칠십 인을 세우사 친히 가시려는 각 동네와 각 지역으로 둘씩 앞서 보내시며...(1-3)

어느 집에 들어가든지 먼저 말하되 이 집이 평안할지어다 하라...(5-7)

거기 있는 병자들을 고치고 또 말하기를 하나님의 나라가 너희에게 가까이 왔다 하라(9)

화 있을진저 고라신아, 화 있을진저 벳새다야, 너희에게 행한 모든 권능을 두로와 시돈에서 행하였더라면 그들이 벌써 베옷을 입고 재에 앉아 회개하였으리라...(13-21)

어떤 율법교사가 일어나 예수를 시험하여 이르되 선생님 내가 무엇을 하여야 영생을 얻으리이까...(25-42)

Ⅲ. 묵상을 위한 질문

1. 다윗은 성전을 건축하기 위하여 무엇을 얼마만큼 준비했나요?(2~5,14~15)
2. 다윗은 자신이 성전을 건축할 수 없음을 알고 누구에게 부탁했나요?(7~12)
3. 베드로는 예수를 믿는 아내들과 남편들에게 어떤 교훈을 남겼나요?(1~4,7)
4. 베드로는 의를 위함과 선한 양심과 선을 행함으로 인해 고난을 받는 것에 대하여 어떤 명분을 제시했나요?(13~19)
5. 미가는 사마리아와 예루살렘의 죄를 어떻게 지적하고 있나요?(1~2,5~7)
6. 미가는 사마리아와 예루살렘의 죄로 인하여 유다의 여러 성읍들에 어떤 재앙이 임할 것이라고 예언했나요?(9~16)
7. 예수님은 칠십인 제자들에게 어떤 사명과 지침을 말씀하셨나요?(1~3,5~7,9)
8. 예수님은 자신을 시험한 어떤 율법교사에게 무슨 비유로 교훈하셨나요?(25~37)

Ⅳ. 기도

1. 주여, 성전을 건축할 마음을 가지고 서로 도와 완공하는 은혜를 주옵소서.
2. 주여, 신앙생활 중에 의와 선을 행하다가 고난을 받아도 견디게 하옵소서.
3. 주여, 제자와 일꾼으로 부름받은 자의 사명과 지침을 알고 충성하게 하옵소서.

• 하나님 마음 알아가기 •

• 나에게 주시는 말씀(암송하기) •

• 오늘의 감사(기록하기) •

331 일차 / 365 감수 11월 27일

Ⅰ. 맥체인성경의 통독구조<331>

사복음서를 통해 입체적인 예수님을 보듯 신구약 네 장 통독을 통해 하나님의 역사하심을 입체적으로 보는 구조이다.

Ⅱ. 핵심구절 읽기

성경본문	역대상 23장	베드로전서 4장	미가 2장	누가복음 11장
통일주제	**감수** (甘受, 어려운 상황이나 고통 따위를 달게 받아 들임)			
개별주제	레위 사람들이 변경된 성전에 직무를 감수함	성도가 마지막 때에 그리스도의 고난을 감수함	구원받을 백성들이 권력자들의 횡포를 감수함	예수가 서기관과 바리새인들의 박해를 감수함
연합내용	**하나님의 백성과 그리스도인에게는 늘 사명과 그에 따른 고난이 있다. 하나님은 그 사명과 고난을 온전히 감수할 수 있도록 능력과 은사를 주신다. 결국 승리한 자는 영원한 면류관과 상급을 받게 된다.**			
핵심구절	1~6,13~15 24~26,28~32	1~11,12~14 16~19	1~3,5~9,12~13	2~14,18,20,23~26 28~32,34~36 39~42,46,52~54

• 역대상 23장 : 레위 사람들이 변경된 성전에 직무를 감수함

다윗이 나이가 많아 늙으매 아들 솔로몬을 이스라엘 왕으로 삼고...(1-6)

아므람의 아들들은 아론과 모세이니 아론은 그 자손들과 함께 구별되어 몸을 성결하게 하여 영원토록 심히 거룩한 자가 되어 여호와 앞에 분향하고 섬기며 영원토록 그 이름으로 축복하게 되었느니라...(13-15)

이는 다 레위 자손이니 그 조상의 가문을 따라 계수된 이름이 기록되고 여호와의 성전에서 섬기는 일을 하는 이십세 이상 된 우두머리들이라...(24-26)

그 직분은 아론의 자손을 도와 여호와의 성전과 뜰과 골방에서 섬기고 또 모든 성물을 정결하게 하는 일 곧 하나님의 성전에서 섬기는 일과...(28-32)

• 베드로전서 4장 : 성도가 마지막 때에 그리스도의 고난을 감수함

그리스도께서 이미 육체의 고난을 받으셨으니 너희도 같은 마음으로 갑옷을 삼으라 이는 육체의 고난을 받은 자는 죄를 그쳤음이니...(1-14)

만일 그리스도인으로 고난을 받으면 부끄러워하지 말고 도리어 그 이름으로 하나님께 영광을 돌리라...(16-19)

• 미가 2장 : 구원받을 백성들이 권력자들의 횡포를 감수함

그들이 침상에서 죄를 꾀하며 악을 꾸미고 날이 밝으면 그 손에 힘이 있으므로 그것을 행하는 자는 화 있을진저...(1-3)

그러므로 여호와의 회중에서 분깃에 줄을 댈 자가 너희 중에 하나도 없으리라...(5-9)

야곱아 내가 반드시 너희 무리를 다 모으며 내가 반드시 이스라엘의 남은 자를 모으고 그들을 한 처소에 두기를 보스라의 양 떼 같이 하며 초장의 양 떼 같이 하리니 사람들이 크게 떠들 것이며...(12-13)

• 누가복음 11장 : 예수가 서기관과 바리새인들의 박해를 감수함

예수께서 이르시되 너희는 기도할 때에 이렇게 하라 아버지여 이름이 거룩히 여김을 받으시오며 나라가 임하시오며...(2-14)

너희 말이 내가 바알세불을 힘입어 귀신을 쫓아낸다 하니 만일 사탄이 스스로 분쟁하면 그의 나라가 어떻게 서겠느냐(18)

그러나 내가 만일 하나님의 손을 힘입어 귀신을 쫓아낸다면 하나님의 나라가 이미 너희에게 임하였느니라(20)

나와 함께 하지 아니하는 자는 나를 반대하는 자요 나와 함께 모으지 아니하는 자는 헤치는 자니라...(23-26)

예수께서 이르시되 오히려 하나님의 말씀을 듣고 지키는 자가 복이 있느니라 하시니라...(28-32)

네 몸의 등불은 눈이라 네 눈이 성하면 온 몸이 밝을 것이요 만일 나쁘면 네 몸도 어두우리라...(34-36)

주께서 이르시되 너희 바리새인은 지금 잔과 대접의 겉은 깨끗이 하나 너희 속에는 탐욕과 악독이 가득하도다...(39-42)

이르시되 화 있을진저 또 너희 율법교사여 지기 어려운 짐을 사람에게 지우고 너희는 한 손가락도 이 짐에 대지 않는도다(46)

화 있을진저 너희 율법교사여 너희가 지식의 열쇠를 가져가서 너희도 들어가지 않고 또 들어가고자 하는 자도 막았느니라 하시니라...(52-54)

Ⅲ. 묵상을 위한 질문

1. 다윗은 솔로몬에게 왕위를 넘긴 후 레위 사람을 어떻게 배치하였나요?(1~6)
2. 다윗의 유언에 따라 성전이 세워진 후 레위인의 사역은 성막 때와 다르게 어떻게 변화되었나요?(24~26,28~32)
3. 베드로는 만물의 마지막이 가까이 왔음으로 어떻게 신앙생활을 하라고 권면했나요?(7~11)
4. 베드로는 그리스도의 고난에 참여하는 것에 대하여 어떻게 여기라고 했나요?(13~14,16,19)
5. 미가는 저주를 받을 권력자들의 횡포를 어떻게 고발하고 있나요?(1~9)
6. 미가는 이스라엘에게 심판 후 장래에 어떤 일이 있을 것이라고 말했나요?(12~13)
7. 예수님은 제자들에게 기도의 내용과 방법에 대해 어떻게 가르치셨나요?(2~13)
8. 예수님은 악한 세대와 바리새인과 율법교사의 죄악을 각각 어떻게 지적하셨나요?(29~32,39~43,46~47,52)

Ⅳ. 기도

1. 주여, 교회의 상황과 여건에 따라 지혜롭게 변화를 주며 봉사하게 하옵소서.
2. 주여, 예수 그리스도로 인해 받는 고난을 영광으로 여기며 감당하게 하옵소서.
3. 주여, 주님이 가르쳐 주신 성서적인 기도를 하나님께 드릴 수 있게 하옵소서.

• 하나님 마음 알아가기 •

• 나에게 주시는 말씀(암송하기) •

• 오늘의 감사(기록하기) •

332 일차 / 365 본분 11월 28일

Ⅰ. 맥체인성경의 통독구조<332>

성경통독은 성경을 읽을 때 비행기를 타고 지나가듯 읽을 수 있으며 기차를 타고 지나가듯 읽을 수도 있다. 또한 자전거나 걸어가면서 가까이 보듯 읽을 수도 있다. 반면 맥체인성경은 입체적이며 전체대강의 줄거리를 보면서 묵상하는 구조다.

Ⅱ. 핵심구절 읽기

성경본문	역대상 24-25장	베드로전서 5장	미가 3장	누가복음 12장
통일주제	**본분** (本分, 의무적으로 마땅히 지켜 행하여야 할 책임과 의무)			
개별주제	제사장과 찬송을 맡을 자들의 본분	주의 양 무리를 쳐야 할 장로들의 본분	정의를 외쳐야 할 통치자들의 본분	기다리며 깨어있어야 할 제자들의 본분
연합내용	**구원 받은 성도는 제자요 하나님 나라의 백성이라는 신분을 갖게 된다. 그 신분을 가진 우리는 예수님께서 다시 오실 때까지 헌신과 충성으로 주어진 본분에 충실히 임해야 한다.**			
핵심구절	24:1~3,5,19 25:1~8	1~11	1~4,9~12	1~12,14~15 17~20,22~34 36~40,42~48

• 역대상 24-25장 : 제사장과 찬송을 맡을 자들의 본분

아론 자손의 계열들이 이러하니라 아론의 아들들은 나답과 아비후와 엘르아살과 이다말이라...(24:1-3)

이에 제비 뽑아 피차에 차등이 없이 나누었으니 이는 성전의 일을 다스리는 자와 하나님의 일을 다스리는 자가 엘르아살의 자손 중에도 있고 이다말의 자손 중에도 있음이라(24:5)

이와 같은 직무에 따라 여호와의 성전에 들어가서 그의 아버지 아론을 도왔으니 이는 이스라엘의 하나님 여호와께서 명하신 규례더라(24:19)

다윗이 군대 지휘관들과 더불어 아삽과 헤만과 여두둔의 자손 중에서 구별하여 섬기게 하되 수금과 비파와 제금을 잡아 신령한 노래를 하게 하였으니 그 직무대로 일하는 자의 수효는 이러하니라...(25:1-8)

• 베드로전서 5장 : 주의 양 무리를 쳐야 할 장로들의 본분

너희 중 장로들에게 권하노니 나는 함께 장로 된 자요 그리스도의 고난의 증인이요 나타날 영광에 참여할 자니라 너희 중에 있는 하나님의 양 무리를 치되 억지로 하지 말고 하나님의 뜻을 따라 자원함으로 하며 더러운 이득을 위하여 하지 말고 기꺼이 하며...(1-11)

• 미가 3장 : 정의를 외쳐야 할 통치자들의 본분

내가 또 이르노니 야곱의 우두머리들과 이스라엘 족속의 통치자들아 들으라 정의를 아는 것이 너희의 본분이 아니냐...(1-4)

야곱 족속의 우두머리들과 이스라엘 족속의 통치자들 곧 정의를 미워하고 정직한 것을 굽게 하는 자들아 원하노니 이 말을 들을지어다...(9-12)

• 누가복음 12장 : 기다리며 깨어있어야 할 제자들의 본분

그 동안에 무리 수만 명이 모여 서로 밟힐 만큼 되었더니 예수께서 먼저 제자들에게 말씀하여 이르시되 바리새인들의 누룩 곧 외식을 주의하라...(1-12)

이르시되 이 사람아 누가 나를 너희의 재판장이나 물건 나누는 자로 세웠느냐 하시고...(14-15)

심중에 생각하여 이르되 내가 곡식 쌓아 둘 곳이 없으니 어찌할까 하고...(17-20)

또 제자들에게 이르시되 그러므로 내가 너희에게 이르노니 너희 목숨을 위하여 무엇을 먹을까 몸을 위하여 무엇을 입을까 염려하지 말라...(22-34)

너희는 마치 그 주인이 혼인 집에서 돌아와 문을 두드리면 곧 열어 주려고 기다리는 사람과 같이 되라...(36-40)

주께서 이르시되 지혜 있고 진실한 청지기가 되어 주인에게 그 집 종들을 맡아 때를 따라 양식을 나누어 줄 자가 누구냐...(42-48)

Ⅲ. 묵상을 위한 질문

1. 제사장의 직분으로 성전과 하나님을 섬기는 일을 어떤 방법으로 나누었나요?(24:5)
2. 다윗은 누구의 자손들을 구별하여 하나님을 찬송하는 일에 섬기도록 하였나요?(25:1,6~8)
3. 베드로는 장로들에게 어떤 자세로 하나님의 양 무리를 칠 것을 권면했나요?(2~3)
4. 베드로는 젊은 자들에게 어떤 자세로 장로들을 섬길 것을 권면했나요?(5~6)
5. 미가는 이스라엘 족속의 통치자들이 가져야 할 본분은 무엇이라고 했나요?(1)
6. 미가는 우두머리들, 제사장들, 선지자들의 어떤 잘못을 질책하고 있나요?(11)
7. 예수님께서 바리새인들의 외식을 주의하라고 말씀하신 이유는 무엇인가요?(2)
8. 예수님께서 재물이 아닌 하나님의 나라를 구하라고 말씀하신 이유는 무엇인가요?(31)

Ⅳ. 기도

1. 주여, 교회에서 맡은 일을 기쁨으로 순종하고 즐거워하는 사람 되게 하소서.
2. 주여, 세상의 권세보다 크신 하나님을 경외하고 시인하는 사람 되게 하소서.
3. 주여, 다시 오실 날을 기다리고 기대하며 기도하는 신실한 사람 되게 하소서.

• 하나님 마음 알아가기 •

• 나에게 주시는 말씀(암송하기) •

• 오늘의 감사(기록하기) •

흡족

Ⅰ. 맥체인성경의 통독구조<333>

코끼리 알기 : 한 면만을 볼 경우 단면의 한계로 온전히 이해하기 어렵다.

코, 뿔, 다리, 꼬리 알기 : 각각의 특징, 지체를 종합하여 볼 때 온전한 모습을 볼 수 있다. 그러므로 성경의 네 시대를 함께 봄으로써 전체를 보는 구조이다.

Ⅱ. 핵심구절 읽기

성경본문	역대상 26-27장	베드로후서 1장	미가 4장	누가복음 13장
통일주제	**흡족** (洽足, 모자람이 없이 아주 넉넉하여 만족함)			
개별주제	다윗왕국의 모든 조직이 흡족하게 배치됨	신성한 성품의 요소가 흡족하게 갖추어짐	여호와의 통치로 평화가 흡족하게 이루어짐	복음이 흡족하게 전파되지 않아 안타까움
연합내용	**하나님이 주시는 모든 복과 은혜는 풍성하다. 그것을 어떻게 관리하고 개발하느냐에 따라 결과는 달라진다. 다윗은 조직을 통해 베드로는 성품훈련을 통해 예수님은 복음전파를 통해 흡족한 열매를 추구하셨다.**			
핵심구절	26:1,4~8,12~16 20,22,24,26~29 27:1,5~7,16,18 23~24,31~34	1,3~11,15~21	1~4,6~8,10~13	1~9,11~13 15~16,18~21 23~30,32~34

• 역대상 26-27장 : 다윗왕국의 모든 조직이 흡족하게 배치됨

고라 사람들의 문지기 반들은 이러하니라 아삽의 가문 중 고레의 아들 므셀레먀라(26:1)

오벧에돔의 아들들은 맏아들 스마야와 둘째 여호사밧과 셋째 요아와 넷째 사갈과 다섯째 느다넬과...(26:4-8)

이상은 다 문지기의 반장으로서 그 형제처럼 직임을 얻어 여호와의 성전에서 섬기는 자들이라...(26:12-16)

레위 사람 중에 아히야는 하나님의 전 곳간과 성물 곳간을 맡았으며(26:20)

여히엘리의 아들들은 스담과 그의 아우 요엘이니 여호와의 성전 곳간을 맡았고(26:22)

모세의 아들 게르솜의 자손 스브엘은 곳간을 맡았고(26:24)

이 슬로못과 그의 형제는 성물의 모든 곳간을 맡았으니 곧 다윗 왕과 가문의 우두머리와 천부장과 백부장과 군대의 모든 지휘관이 구별하여 드린 성물이라...(26:26-29)

이스라엘 자손의 모든 가문의 우두머리와 천부장과 백부장과 왕을 섬기는 관원들이 그들의 숫자대로 반이 나누이니 각 반열이 이만 사천 명씩이라 일 년 동안 달마다 들어가며 나왔으니(27:1)

셋째 달 군대의 셋째 지휘관은 대제사장 여호야다의 아들 브나야요 그의 반에 이만 사천 명이라...(27:5-7)

이스라엘 지파를 관할하는 자는 이러하니라 르우벤 사람의 지도자는 시그리의 아들 엘리에셀이요 시므온 사람의 지도자는 마아가의 아들 스바댜요(27:16)

유다의 지도자는 다윗의 형 엘리후요 잇사갈의 지도자는 미가엘의 아들 오므리요(27:18)

이스라엘 사람의 이십 세 이하의 수효는 다윗이 조사하지 아니하였으니 이는...(27:23-24)

다윗 왕의 재산을 맡은 자들이 이러하였더라...(27:31-34)

• 베드로후서 1장 : 신성한 성품의 요소가 흡족하게 갖추어짐

예수 그리스도의 종이며 사도인 시몬 베드로는 우리 하나님과 구주 예수 그리스도의 의를 힘입어 동일하게 보배로운 믿음을 우리와 함께 받은 자들에게 편지하노니(1)

그의 신기한 능력으로 생명과 경건에 속한 모든 것을 우리에게 주셨으니 이는 자기의...(3-11)

내가 힘써 너희로 하여금 내가 떠난 후에라도 어느 때나 이런 것을 생각나게 하려...(15-21)

• 미가 4장 : 여호와의 통치로 평화가 흡족하게 이루어짐

끝날에 이르러는 여호와의 전의 산이 산들의 꼭대기에 굳게 서며 작은 산들 위에...(1-4)

여호와께서 말씀하시되 그 날에는 내가 저는 자를 모으며 쫓겨난 자와 내가 환난 받게...(6-8)

딸 시온이여 해산하는 여인처럼 힘들여 낳을지어다 이제 네가 성읍에서 나가서 들에...(10-13)

• 누가복음 13장 : 복음이 흡족하게 전파되지 않아 안타까움

그 때 마침 두어 사람이 와서 빌라도가 어떤 갈릴리 사람들의 피를 그들의 제물에 섞은 일로 예수께 아뢰니...(1-9)

열여덟 해 동안이나 귀신 들려 앓으며 꼬부라져 조금도 펴지 못하는 한 여자가 있더라...(11-13)

주께서 대답하여 이르시되 외식하는 자들아 너희가 각각 안식일에 자기의 소나 나귀를 외양간에서 풀어내어 이끌고 가서 물을 먹이지 아니하느냐...(15-16)

그러므로 예수께서 이르시되 하나님의 나라가 무엇과 같을까 내가 무엇으로 비교할까...(18-21)

어떤 사람이 여짜오되 주여 구원을 받는 자가 적으니이까 그들에게 이르시되...(23-30)

이르시되 너희는 가서 저 여우에게 이르되 오늘과 내일은 내가 귀신을 쫓아내며 병을 고치다가 제삼일에는 완전하여지리라 하라...(32-34)

Ⅲ. 묵상을 위한 질문

1. 레위 사람들이 제비뽑아 성전의 직분을 맡아 순종할 때 어떤 열매가 있나요?(26:4~8, 12~13,20,22,24,26~29)
2. 다윗이 나라를 다스릴 때 잘한 점은 무엇일까요?(27:1,16,23,32~34)
3. 베드로는 어떤 자가 그리스도의 영원한 나라에 넉넉히 들어간다고 했나요?(4~11)
4. 베드로는 어떤 체험을 언급하면서 주의 영광의 날을 생각하라고 했나요?(14~19)
5. 끝날에 여호와께서 그의 도와 심판으로 온 민족들에게 무엇을 이루실까요?(1~4)
6. 여호와 하나님은 딸 시온에게 어떤 미래의 약속을 하셨나요?(6~8,10~13)
7. 예수님은 제자들에게 하나님의 나라를 무엇에 비유하여 가르치셨나요?(18~21)
8. 예수님이 예루살렘에 대해 큰 안타까움을 가지신 일은 무엇일까요?(23~30,34)

Ⅳ. 기도

1. 주여, 주의 일을 할 때에 조직적으로 배치하여 풍성한 결실을 맺게 하옵소서.
2. 주여, 신성한 성품에 참여하여 그리스도의 영원한 나라에 들어가게 하옵소서.
3. 주여, 주님처럼 안타까운 마음으로 하나님의 나라를 열심히 전하게 하옵소서.

• 하나님 마음 알아가기 •

• 나에게 주시는 말씀(암송하기) •

• 오늘의 감사(기록하기) •

334 일차 / 365 설명 11월 30일

I. 맥체인성경의 통독구조<334>

워드링크(Word Link): 단어를 서로 연결한다. 성경 4장에는 같은 단어가 서로 연결되어 있고, 표현이 다른 단어지만 뜻이 같아 연결되어 있다.

II. 핵심구절 읽기

성경본문	역대상 28장	베드로후서 2장	미가 5장	누가복음 14장
통일주제	**설명** (說明, 어떤 일이나 대상의 내용을 상대편이 잘 알 수 있도록 밝히 말함)			
개별주제	다윗이 솔로몬에게 성전 건축에 대해 설명함	베드로가 성도들에게 거짓 선생에 대해 설명함	미가가 에브라다에게 메시야에 대해 설명함	예수님이 제자들에게 비유로 진리를 설명함
연합내용	**성경은 하나님의 말씀과 약속을 여러 사람의 설명으로 기록한 책이다. 하나님의 뜻과 계획은 왕이나 선지자 같은 사람을 통해 설명되어지거나 예수님께서 직접 설명해 주시기도 하셨다.**			
핵심구절	2~13,19~21	1~7,12~14 20~21	2~6,10~15	7~11,16~24 26~35

• 역대상 28장 : 다윗이 솔로몬에게 성전 건축에 대해 설명함

이에 다윗 왕이 일어서서 이르되 나의 형제들, 나의 백성들아 내 말을 들으라 나는 여호와의 언약궤 곧 우리 하나님의 발판을 봉안할 성전을 건축할 마음이 있어서 건축할 재료를 준비하였으나...(2-13)

다윗이 이르되 여호와의 손이 내게 임하여 이 모든 일의 설계를 그려 나에게 알려 주셨느니라...(19-21)

• 베드로후서 2장 : 베드로가 성도들에게 거짓 선생에 대해 설명함

그러나 백성 가운데 또한 거짓 선지자들이 일어났었나니 이와 같이 너희 중에도 거짓 선생들이 있으리라 그들은 멸망하게 할 이단을 가만히 끌어들여 자기들을 사신 주를 부인하고 임박한 멸망을 스스로 취하는 자들이라...(1-7)

그러나 이 사람들은 본래 잡혀 죽기 위하여 난 이성 없는 짐승 같아서 그 알지 못하는 것을 비방하고 그들의 멸망 가운데서 멸망을 당하며...(12-14)

만일 그들이 우리 주 되신 구주 예수 그리스도를 앎으로 세상의 더러움을 피한 후에 다시 그

중에 얽매이고 지면 그 나중 형편이 처음보다 더 심하리니...(20-21)

• 미가 5장 : 미가가 에브라다에게 메시야에 대해 설명함

베들레헴 에브라다야 너는 유다 족속 중에 작을지라도 이스라엘을 다스릴 자가 네게서 내게로 나올 것이라 그의 근본은 상고에, 영원에 있느니라...(2-6)

여호와께서 이르시되 그 날에 이르러는 내가 네 군마를 네 가운데에서 멸절하며 네 병거를 부수며...(10-15)

• 누가복음 14장 : 예수님이 제자들에게 비유로 진리를 설명함

청함을 받은 사람들이 높은 자리 택함을 보시고 그들에게 비유로 말씀하여 이르시되...(7-11)

이르시되 어떤 사람이 큰 잔치를 베풀고 많은 사람을 청하였더니...(16-24)

무릇 내게 오는 자가 자기 부모와 처자와 형제와 자매와 더욱이 자기 목숨까지 미워하지 아니하면 능히 내 제자가 되지 못하고...(26-35)

Ⅲ. 묵상을 위한 질문

1. 하나님께서는 왜 다윗에게 성전을 건축하지 못하게 하셨나요?(2~3)
2. 다윗은 솔로몬에게 성전 건축에 대하여 설명하면서 어떤 것을 강조했나요?(9~10)
3. 베드로는 거짓 선생들의 심판을 설명하면서 구약의 어떤 사건을 인용했나요?(4~7)
4. 베드로는 거짓 선생들과 그들에게 미혹된 자들이 의의 도를 알지 못하는 것이 도리어 낫다고 말한 이유는 무엇일까요?(20~21)
5. 미가는 베들레헴 에브라다에서 날 자는 무엇이 될 것이라고 예언했나요?(5)
6. 하나님께서는 미가를 통해 어떠한 자들과 나라를 심판하신다고 하셨나요?(10~15)
7. 예수님께서 혼인 잔치에 청함을 받은 자의 비유를 설명하시면서 끝자리에 앉으라고 하신 이유는 무엇일까요?(10~11)
8. 예수님께서 자신의 제자가 되는 방법은 무엇이라고 설명해 주셨나요?(26~33)

Ⅳ. 기도

1. 주여, 나와 나의 후손으로 하여금 하나님의 일을 감당하는 복을 주옵소서.
2. 주여, 나를 살리신 예수님의 은혜를 저버리지 않도록 저를 굳게 붙잡아 주옵소서.
3. 주여, 내 자신을 낮추며 다른 이를 높여주는 하루하루가 되게 하옵소서.

• 하나님 마음 알아가기 •

• 나에게 주시는 말씀(암송하기) •

• 오늘의 감사(기록하기) •

335 일차 / 365 사모 12월 1일

I. 맥체인성경의 통독구조<335>

구약과 신약이 짝을 이루어 흥미롭고 풍성하게 읽을 수 있는 구조다.
구약과 신약이 대조를 이루어 의미의 다채로움을 경험하며 읽을 수 있는 구조다.

II. 핵심구절 읽기

성경본문	역대상 29장	베드로후서 3장	미가 6장	누가복음 15장
통일주제	**사모** (思慕, 우러러 받들며 마음 속 깊이 따름)			
개별주제	다윗과 백성이 성전 건축을 즐거워하며 사모함	베드로와 성도는 주의 날 임함을 간절히 사모함	여호와가 백성의 정의와 인자와 겸손을 사모함	예수님이 한 영혼의 돌아옴을 애타게 사모함
연합내용	**하나님은 사람을 향하여 사람은 하나님을 향하여 간절히 사모하는 것이 있다. 하나님은 사람이 죄와 불순종을 멀리하고 거룩하고 경건하고 온전하기를 사모하고 인간은 하나님이 구원과 복 베푸시기를 사모한다.**			
핵심구절	1~6,9,11~12,14 16~17,19,22~25 28~29	2~4,7~10,11~15 17~18	2~5,6~8,10~16	4~10,11~32

• 역대상 29장 : 다윗과 백성이 성전건축을 즐거워하며 사모함

다윗 왕이 온 회중에게 이르되 내 아들 솔로몬이 유일하게 하나님께서 택하신 바 되었으나 아직 어리고 미숙하며 이 공사는 크도다 이 성전은 사람을 위한 것이 아니요 여호와 하나님을 위한 것이라...(1-6)

백성들은 자원하여 드렸으므로 기뻐하였으니 곧 그들이 성심으로 여호와께 자원하여 드렸으므로 다윗 왕도 심히 기뻐하니라(9)

여호와여 위대하심과 권능과 영광과 승리와 위엄이 다 주께 속하였사오니 천지에 있는 것이 다 주의 것이로소이다 여호와여 주권도 주께 속하였사오니 주는 높으사 만물의 머리이심이니이다...(11-12)

나와 내 백성이 무엇이기에 이처럼 즐거운 마음으로 드릴 힘이 있었나이까 모든 것이 주께로 말미암았사오니 우리가 주의 손에서 받은 것으로 주께 드렸을 뿐이니이다(14)

우리 하나님 여호와여 우리가 주의 거룩한 이름을 위하여 성전을 건축하려고 미리 저축한 이 모든 물건이 다 주의 손에서 왔사오니 다 주의 것이니이다...(16-17)

또 내 아들 솔로몬에게 정성된 마음을 주사 주의 계명과 권면과 율례를 지켜 이 모든 일을 행하게 하시고 내가 위하여 준비한 것으로 성전을 건축하게 하옵소서 하였더라(19)

이 날에 무리가 크게 기뻐하여 여호와 앞에서 먹으며 마셨더라 무리가 다윗의 아들 솔로몬을 다시 왕으로 삼아 기름을 부어 여호와께 돌려 주권자가 되게 하고 사독에게도 기름을 부어 제사장이 되게 하니라...(22-25)

그가 나이 많아 늙도록 부하고 존귀를 누리다가 죽으매 그의 아들 솔로몬이 대신하여 왕이 되니라...(28-29)

• 베드로후서 3장 : 베드로와 성도는 주의 날 임함을 간절히 사모함

곧 거룩한 선지자들이 예언한 말씀과 주 되신 구주께서 너희의 사도들로 말미암아 명하신 것을 기억하게 하려 하노라...(2-4)

이제 하늘과 땅은 그 동일한 말씀으로 불사르기 위하여 보호하신 바 되어 경건하지 아니한 사람들의 심판과 멸망의 날까지 보존하여 두신 것이니라...(7-15)

그러므로 사랑하는 자들아 너희가 이것을 미리 알았은즉 무법한 자들의 미혹에 이끌려 너희가 굳센 데서 떨어질까 삼가라...(17-18)

• 미가 6장 : 여호와가 백성의 정의와 인자와 겸손을 사모함

너희 산들과 땅의 견고한 지대들아 너희는 여호와의 변론을 들으라 여호와께서 자기 백성과 변론하시며 이스라엘과 변론하실 것이라...(2-8)

악인의 집에 아직도 불의한 재물이 있느냐 축소시킨 가증한 에바가 있느냐...(10-16)

• 누가복음 15장 : 예수님이 한 영혼의 돌아옴을 애타게 사모함

너희 중에 어떤 사람이 양 백 마리가 있는데 그 중의 하나를 잃으면 아흔아홉 마리를 들에 두고 그 잃은 것을 찾아내기까지 찾아다니지 아니하겠느냐...(4-10)

또 이르시되 어떤 사람에게 두 아들이 있는데...(11-32)

Ⅲ. 묵상을 위한 질문

1. 다윗은 성전을 누구를 위하여 건축하고 어떤 기도와 제사를 드렸나요?(1,11~12,21)
2. 다윗과 지도자들과 온 백성은 성전 건축할 각종 예물들을 어떤 마음으로 드렸나요?(2~6,9,14,16~17)
3. 베드로는 사랑하는 자들에게 어떤 날이 반드시 도래한다고 말했나요?(2~4,7~10)
4. 베드로는 곧 주의 날이 임하기 전에 어떻게 생활하라고 말했나요?(10~12,14,17)
5. 미가는 여호와께서 이스라엘 백성에게 구하는 것이 무엇이라고 했나요?(6~8)
6. 미가는 이스라엘의 어떤 죄를 지적하였으며 그 결과 어떤 심판을 받는다고 말했나요?(10~16)
7. 예수님은 바리새인과 서기관들에게 한 영혼이 회개하고 돌아오는 것에 대하여 어떤 비유를 말씀하셨나요?(4~10)
8. 예수님은 바리새인과 서기관들 그리고 세리와 죄인들의 구원의 문제를 어떤 감동적인 비유로 교훈하셨나요?(11~32)

Ⅳ. 기도

1. 주여, 하나님을 위하여 교회를 세우되 자신의 소유로 온전히 세우게 하옵소서.
2. 주여, 종말신앙을 깨달아 거룩함과 경건함과 온전함을 힘쓰며 살게 하옵소서.
3. 주여, 잃은 영혼에 대한 주의 마음을 닮아 복음을 외치는 자가 되게 하옵소서.

• 하나님 마음 알아가기 •

• 나에게 주시는 말씀(암송하기) •

• 오늘의 감사(기록하기) •

미쁨

I. 맥체인성경의 통독구조<336>

사복음서를 통해 입체적인 예수님을 보듯 신구약 네 장 통독을 통해 하나님의 역사하심을 입체적으로 보는 구조이다.

II. 핵심구절 읽기

성경본문	역대하 1장	요한일서 1장	미가 7장	누가복음 16장
통일주제	**미쁨** (진실하고 믿음직하게 여기는 마음)			
개별주제	솔로몬에게 지혜와 지식을 주신 미쁘신 하나님	성도의 죄를 깨끗하게 해주시는 미쁘신 하나님	이스라엘의 빛이 되어 주시는 미쁘신 하나님	제자들에게 가르침을 주시는 미쁘신 예수님
연합내용	**우리는 성경 속의 많은 증언들을 통해 미쁘신 하나님을 만나볼 수 있다. 진실하고 믿음직한 주님의 미쁘심은 기록된 말씀을 초월하여 우리의 삶 속에 나타나며 함께 하신다.**			
핵심구절	1~3,6~13	1~3,5~10	1~10,18~20	1~13,15~17,19~31

• 역대하 1장 : 솔로몬에게 지혜와 지식을 주신 미쁘신 하나님

다윗의 아들 솔로몬의 왕위가 견고하여 가며 그의 하나님 여호와께서 그와 함께 하사 심히 창대하게 하시니라...(1-3)

여호와 앞 곧 회막 앞에 있는 놋 제단에 솔로몬이 이르러 그 위에 천 마리 희생으로 번제를 드렸더라...(6-13)

• 요한일서 1장 : 성도의 죄를 깨끗하게 해주시는 미쁘신 하나님

태초부터 있는 생명의 말씀에 관하여는 우리가 들은 바요 눈으로 본 바요 자세히 보고 우리의 손으로 만진 바라...(1-3)

우리가 그에게서 듣고 너희에게 전하는 소식은 이것이니 곧 하나님은 빛이시라 그에게는 어둠이 조금도 없으시다는 것이니라...(5-10)

• 미가 7장 : 이스라엘의 빛이 되어 주시는 미쁘신 하나님

재앙이로다 나여 나는 여름 과일을 딴 후와 포도를 거둔 후 같아서 먹을 포도송이가 없으며

내 마음에 사모하는 처음 익은 무화과가 없도다...(1-10)

주와 같은 신이 어디 있으리이까 주께서는 죄악과 그 기업에 남은 자의 허물을 사유하시며 인애를 기뻐하시므로 진노를 오래 품지 아니하시나이다...(18-20)

• 누가복음 16장 : 제자들에게 가르침을 주시는 미쁘신 예수님

또한 제자들에게 이르시되 어떤 부자에게 청지기가 있는데 그가 주인의 소유를 낭비한다는 말이 그 주인에게 들린지라...(1-13)

예수께서 이르시되 너희는 사람 앞에서 스스로 옳다 하는 자들이나 너희 마음을 하나님께서 아시나니 사람 중에 높임을 받는 그것은 하나님 앞에 미움을 받는 것이니라...(15-17)

한 부자가 있어 자색 옷과 고운 베옷을 입고 날마다 호화롭게 즐기더라...(19-31)

Ⅲ. 묵상을 위한 질문

1. 다윗의 아들 솔로몬의 왕위가 견고해지고 창대하게 된 이유는 무엇일까요?(1)
2. 천 마리 희생으로 드린 번제를 기쁘게 받으신 하나님은 솔로몬에게 나타나셔서 무엇을 주랴 말씀하실 때 솔로몬은 무엇을 구했나요?(7~10)
3. 사도 요한은 예수 그리스도를 어떻게 표현하며 증언했나요?(1~3)
4. 사도 요한은 하나님이 빛이심을 강조하며 성도의 어떤 자세를 권면하고 있나요?(5~10)
5. 세상에 재앙과 같은 일들이 일어날지라도 미가가 여호와 하나님만을 바라볼 수 있었던 이유는 무엇일까요?(7~9)
6. 미가는 여호와 하나님의 어떠한 성품을 찬양하고 있나요?(18~20)
7. 예수님께서는 부자와 청지기의 비유를 통해 어떤 가르침을 주고 계실까요?(10~13)
8. 예수님께서는 부자와 나사로의 비유를 통해 어떤 가르침을 주고 계실까요?(19~31)

Ⅳ. 기도

1. 주여, 세상의 욕심보다 하나님의 은사를 구하는 자가 되게 하옵소서.
2. 주여, 빛이신 주님께 날마다 회개함으로 구원의 감격을 경험케 하옵소서.
3. 주여, 세상의 근심과 걱정 속에서도 하나님만을 바라보며 승리하게 하옵소서.

• 하나님 마음 알아가기 •

• 나에게 주시는 말씀(암송하기) •

• 오늘의 감사(기록하기) •

337 일차 / 365 마련 12월 3일

I. 맥체인성경의 통독구조<337>

미닝링크(Meaning Link): 의미가 서로 연결되어 있다. 신.구약성경 4장을 자세히 살펴보고 묵상하면 같은 의미가 서로 연결되어 있음을 알 수 있다.

II. 핵심구절 읽기

성경본문	역대하 2장	요한일서 2장	나훔 1장	누가복음 17장
통일주제	**마련** (준비하거나 헤아려 갖춤)			
개별주제	솔로몬이 성전 건축을 위해 자재를 마련함	성도가 마지막 때를 위해 답할 진리를 마련함	니느웨 멸망의 묵시와 피할 처소를 마련하심	주가 제자들의 복음사역을 위해 기틀을 마련함
연합내용	**모든 일에 좋은 결과를 얻기 위해 관련된 것을 마련하는 것이 필요하듯 하나님의 일도 주께 영광되기 위해 온전히 마련하는 것이 매우 중요하다. 하나님도 자신의 계획을 이루시기 위해 선지자를 예비하셨다.**			
핵심구절	1,3~9,11~14	1~2,18~29	2~8,14	6~10,12~19 22~35

• 역대하 2장 : 솔로몬이 성전 건축을 위해 자재를 마련함

솔로몬이 여호와의 이름을 위하여 성전을 건축하고 자기 왕위를 위하여 궁궐 건축하기를 결심하니라(1)

솔로몬이 사절을 두로 왕 후람에게 보내어 이르되 당신이 전에 내 아버지 다윗에게 백향목을 보내어 그가 거주하실 궁궐을 건축하게 한 것 같이 내게도 그리 하소서...(3-9)

두로 왕 후람이 솔로몬에게 답장하여 이르되 여호와께서 자기 백성을 사랑하시므로 당신을 세워 그들의 왕을 삼으셨도다...(11-14)

• 요한일서 2장 : 성도가 마지막 때를 위해 답할 진리를 마련함

나의 자녀들아 내가 이것을 너희에게 씀은 너희로 죄를 범하지 않게 하려 함이라 만일 누가 죄를 범하여도 아버지 앞에서 우리에게 대언자가 있으니 곧 의로우신 예수 그리스도시라...(1-2)

아이들아 지금은 마지막 때라 적그리스도가 오리라는 말을 너희가 들은 것과 같이 지금도 많은 적그리스도가 일어났으니 그러므로 우리가 마지막 때인 줄 아노라...(18-29)

• 나훔 1장 : 니느웨 멸망의 묵시와 피할 처소를 마련하심

여호와는 질투하시며 보복하시는 하나님이시니라 여호와는 보복하시며 진노하시되 자기를 거스르는 자에게 여호와는 보복하시며 자기를 대적하는 자에게 진노를 품으시며...(2-8)

나 여호와가 네게 대하여 명령하였나니 네 이름이 다시는 전파되지 않을 것이라 내가 네 신들의 집에서 새긴 우상과 부은 우상을 멸절하며 네 무덤을 준비하리니 이는 네가 쓸모 없게 되었음이라(14)

• 누가복음 17장 : 주가 제자들의 복음사역을 위해 기틀을 마련함

주께서 이르시되 너희에게 겨자씨 한 알만한 믿음이 있었더라면 이 뽕나무더러 뿌리가 뽑혀 바다에 심기어라 하였을 것이요 그것이 너희에게 순종하였으리라...(6-10)

한 마을에 들어가시니 나병환자 열 명이 예수를 만나 멀리 서서...(12-19)

또 제자들에게 이르시되 때가 이르리니 너희가 인자의 날 하루를 보고자 하되 보지 못하리라...(22-35)

Ⅲ. 묵상을 위한 질문

1. 솔로몬이 여호와 하나님의 성전을 크고 화려하게 건축하려고 했던 이유는 무엇일까요?(5)
2. 솔로몬이 성전 건축을 위해 두로 왕 후람에게 무엇을 요청하였나요?(7~9)
3. 사도 요한은 예수 그리스도가 누구이시기에 온 세상의 죄를 대속해 주신다고 말했나요?(2)
4. 사도 요한은 마지막 때에 나타나는 적그리스도의 특징이 무엇이라고 말했나요?(18~23)
5. 나훔은 여호와의 진노로 인한 니느웨의 멸망은 어떤 모습이라고 예언하였나요?(4~8)
6. 니느웨에 대한 여호와의 진노가 어느 정도일지 나타내는 표현은 무엇일까요?(9,14)
7. 예수님께서 하나님의 나라는 너희 안에 있다고 말씀하신 의미는 무엇일까요?(21)
8. 예수님께서 제자들에게 말씀하신 인자의 때는 어떤 모습일까요?(22~35)

Ⅳ. 기도

1. 주여, 하나님의 영광을 위하여 창조적으로 사역할 수 있는 동역자를 주옵소서.
2. 주여, 화목제물이 되셔서 나의 죄를 대속하신 주님의 은혜에 감사하게 하옵소서.
3. 주여, 마지막 때에 지혜롭게 분별함으로 하나님의 나라에 참예하게 하옵소서

• 하나님 마음 알아가기 •

• 나에게 주시는 말씀(암송하기) •

• 오늘의 감사(기록하기) •

338 일차 / 365 기둥 12월 4일

Ⅰ. 맥체인성경의 통독구조<338>

편하게 읽을 것인가, 유익하게 읽을 것인가? 편하게 읽는다는 것은 생각을 단순화 시키는 것과 같다. 반면 유익하게 읽으려면 사고를 동원해야 한다.

Ⅱ. 핵심구절 읽기

성경본문	역대하 3-4장	요한일서 3장	나훔 2장	누가복음 18장
통일주제	**기둥** (건축물이나 공동체에서 중심을 잡아 세우는 역할)			
개별주제	보석과 예물들로 성전의 기둥을 세움	행함과 진실함으로 사랑의 기둥을 세움	니느웨가 멸망함으로 영광의 기둥을 세움	자신을 낮춤으로 교회의 기둥을 세움
연합내용	**건축물에서 기둥의 역할은 몹시 중요한 것처럼, 신앙공동체인 교회에서 기둥의 역할도 몹시 중요하다. 구원받은 성도는 제자라는 기둥이 되어 하나님의 나라가 임할 때까지 교회 공동체를 세워나가야 한다.**			
핵심구절	3:1~8,10,15~17 4:1~10,16~22	2~3,7~8,10~11, 14~18,23~24	2,8~10,13	9~17,20~25, 29~30,31~33

• 역대하 3-4장 : 보석과 예물들로 성전의 기둥을 세움

솔로몬이 예루살렘 모리아 산에 여호와의 전 건축하기를 시작하니 그 곳은 전에 여호와께서 그의 아버지 다윗에게 나타나신 곳이요 여부스 사람 오르난의 타작 마당에 다윗이 정한 곳이라...(3:1-8)

지성소 안에 두 그룹의 형상을 새겨 만들어 금으로 입혔으니(3:10)

성전 앞에 기둥 둘을 만들었으니 높이가 삼십오 규빗이요 각 기둥 꼭대기의 머리가 다섯 규빗이라...(3:15-17)

솔로몬이 또 놋으로 제단을 만들었으니 길이가 이십 규빗이요 너비가 이십 규빗이요 높이가 십 규빗이며...(4:1-10)

솥과 부삽과 고기 갈고리와 여호와의 전의 모든 그릇들이라 후람의 아버지가 솔로몬 왕을 위하여 빛나는 놋으로 만들 때에...(4:16-22)

• 요한일서 3장 : 행함과 진실함으로 사랑의 기둥을 세움

사랑하는 자들아 우리가 지금은 하나님의 자녀라 장래에 어떻게 될지는 아직 나타나지 아니하였으나 그가 나타나시면 우리가 그와 같을 줄을 아는 것은 그의 참모습 그대로 볼 것이기 때문이니...(2-3)

자녀들아 아무도 너희를 미혹하지 못하게 하라 의를 행하는 자는 그의 의로우심과 같이 의롭고...(7-8)

이러므로 하나님의 자녀들과 마귀의 자녀들이 드러나나니 무릇 의를 행하지 아니하는 자나 또는 그 형제를 사랑하지 아니하는 자는 하나님께 속하지 아니하니라...(10-11)

우리는 형제를 사랑함으로 사망에서 옮겨 생명으로 들어간 줄을 알거니와 사랑하지 아니하는 자는 사망에 머물러 있느니라...(14-18)

그의 계명은 이것이니 곧 그 아들 예수 그리스도의 이름을 믿고 그가 우리에게 주신 계명대로 서로 사랑할 것이니라...(23-24)

• 나훔 2장 : 니느웨가 멸망함으로 영광의 기둥을 세움

여호와께서 야곱의 영광을 회복하시되 이스라엘의 영광 같게 하시나니 이는 약탈자들이 약탈하였고 또 그들의 포도나무 가지를 없이 하였음이라(2)

니느웨는 예로부터 물이 모인 못 같더니 이제 모두 도망하니 서라 서라 하나 돌아보는 자가 없도다...(8-10)

만군의 여호와의 말씀에 내가 네 대적이 되어 네 병거들을 불살라 연기가 되게 하고 네 젊은 사자들을 칼로 멸할 것이며 내가 또 네 노략한 것을 땅에서 끊으리니 네 파견자의 목소리가 다시는 들리지 아니하리라 하셨느니라(13)

• 누가복음 18장 : 자신을 낮춤으로 교회의 기둥을 세움

또 자기를 의롭다고 믿고 다른 사람을 멸시하는 자들에게 이 비유로 말씀하시되...(9-17)

네가 계명을 아나니 간음하지 말라, 살인하지 말라, 도둑질하지 말라, 거짓 증언 하지 말라, 네 부모를 공경하라 하였느니라...(20-25)

이르시되 내가 진실로 너희에게 이르노니 하나님의 나라를 위하여 집이나 아내나 형제나 부모나 자녀를 버린 자는...(29-30)

예수께서 열두 제자를 데리시고 이르시되 보라 우리가 예루살렘으로 올라가노니 선지자들을 통하여 기록된 모든 것이 인자에게 응하리라...(31-33)

Ⅲ. 묵상을 위한 질문

1. 솔로몬이 성전 앞에 만든 기둥 둘의 이름은 무엇이며 어떤 뜻을 가지고 있을까요?(3:15~17)
2. 솔로몬은 어떤 방법과 기준으로 성전 안에 있는 물건들을 만들었나요?(4:7)
3. 사도 요한은 마지막 때에 하나님의 자녀들과 마귀의 자녀들을 구분하는 기준이 무엇이 된다고 말했나요?(10~11)
4. 사도 요한은 형제들을 어떻게 사랑할 것을 권면했나요?(18)
5. 여호와 하나님께서 니느웨를 멸망시키시는 이유가 무엇이라고 하셨나요?(2)
6. 여호와 하나님을 대적한 니느웨는 어떤 최후를 맞이하게 되었나요?(13)
7. 예수님은 바리새인과 세리의 비유를 통해 어떤 사람들을 권면하고 있나요?(9~14)
8. 예수님께서 어린 아이들을 금하지 말라는 것과 부자 관리에 대한 이야기를 통해 어떤 하나님의 나라를 깨닫게 하시는 것일까요?(15~30)

Ⅳ. 기도

1. 주여, 행함과 진실함으로 예수님의 사랑을 전하는 자가 되게 하옵소서.
2. 주여, 자신을 낮추고 남을 높이는 겸손한 삶을 사는 자가 되게 하옵소서.
3. 주여, 어린 아이와 같은 마음으로 주의 나라를 소망하는 자가 되게 하옵소서.

• 하나님 마음 알아가기 •

• 나에게 주시는 말씀(암송하기) •

• 오늘의 감사(기록하기) •

339 일차 / 365 거류 12월 5일

I. 맥체인성경의 통독구조<339>

사복음서를 통해 입체적인 예수님을 보듯 신구약 네 장 통독을 통해 하나님의 역사하심을 입체적으로 보는 구조이다.

II. 핵심구절 읽기

성경본문	역대하 5-6장 1-11절	요한일서 4장	나훔 3장	누가복음 19장
통일주제	**거류** (居留, 어떤 곳에 잠시 머물러 사는 것 혹은 있는 것)			
개별주제	성전에 여호와의 영광이 가득히 거함	성도 안에 삼위일체 하나님이 거하심	니느웨의 멸망으로 누구도 거하지 못함	삭개오의 집에 예수님이 거하심
연합내용	**하나님은 족장시대로부터 왕정시대까지 다양한 모습으로 이스라엘 중에 거하셨다. 이러한 하나님의 거하심은 독생자 예수 그리스도의 구속적 희생을 믿음으로 말미암아 성도 안에서도 누릴 수 있게 되었다.**			
핵심구절	5:1~10,12~14 6:1~2,4~6,10~11	1~3,6,9~11, 15~21	1~4,8~10,16~17	2~8,11~27, 38~40,45~48

• 역대하 5-6장 1-11절 : 성전에 여호와의 영광이 가득히 거함

솔로몬이 여호와의 전을 위하여 만드는 모든 일을 마친지라 이에 솔로몬이 그의 아버지 다윗이 드린 은과 금과 모든 기구를 가져다가 하나님의 전 곳간에 두었더라...(5:1-10)

노래하는 레위 사람 아삽과 헤만과 여두둔과 그의 아들들과 형제들이 다 세마포를 입고 제단 동쪽에 서서 제금과 비파와 수금을 잡고 또 나팔 부는 제사장 백이십 명이 함께 서 있다가...(5:12-14)

그 때에 솔로몬이 이르되 여호와께서 캄캄한 데 계시겠다 말씀하셨사오나...(6:1-2)

왕이 이르되 이스라엘 하나님 여호와를 송축할지로다 여호와께서 그의 입으로 내 아버지 다윗에게 말씀하신 것을 이제 그의 손으로 이루셨도다 이르시기를...(6:4-6)

이제 여호와께서 말씀하신 대로 이루셨도다 내가 여호와께서 말씀하신 대로 내 아버지 다윗을 대신하여 일어나 이스라엘 왕위에 앉고 이스라엘의 하나님 여호와의 이름을 위하여 성전을 건축하고...(6:10-11)

• 요한일서 4장 : 성도 안에 삼위일체 하나님이 거하심

사랑하는 자들아 영을 다 믿지 말고 오직 영들이 하나님께 속하였나 분별하라 많은 거짓 선지자가 세상에 나왔음이라...(1-3)

우리는 하나님께 속하였으니 하나님을 아는 자는 우리의 말을 듣고 하나님께 속하지 아니한 자는 우리의 말을 듣지 아니하나니 진리의 영과 미혹의 영을 이로써 아느니라(6)

하나님의 사랑이 우리에게 이렇게 나타난 바 되었으니 하나님이 자기의 독생자를 세상에 보내심은 그로 말미암아 우리를 살리려 하심이라...(9-11)

누구든지 예수를 하나님의 아들이라 시인하면 하나님이 그의 안에 거하시고 그도 하나님 안에 거하느니라...(15-21)

• 나훔 3장 : 니느웨의 멸망으로 누구도 거하지 못함

화 있을진저 피의 성이여 그 안에는 거짓이 가득하고 포악이 가득하며 탈취가 떠나지 아니하는도다...(1-4)

네가 어찌 노아몬보다 낫겠느냐 그는 강들 사이에 있으므로 물이 둘렸으니 바다가 성루가 되었고 바다가 방어벽이 되었으며...(8-10)

네가 네 상인을 하늘의 별보다 많게 하였으나 느치가 날개를 펴서 날아감과 같고...(16-17)

• 누가복음 19장 : 삭개오의 집에 예수님이 거하심

삭개오라 이름하는 자가 있으니 세리장이요 또한 부자라...(2-8)

그들이 이 말씀을 듣고 있을 때에 비유를 더하여 말씀하시니 이는 자기가 예루살렘에 가까이 오셨고 그들은 하나님의 나라가 당장에 나타날 줄로 생각함이더라...(11-27)

이르되 찬송하리로다 주의 이름으로 오시는 왕이여 하늘에는 평화요 가장 높은 곳에는 영광이로다 하니...(38-40)

성전에 들어가사 장사하는 자들을 내쫓으시며...(45-48)

Ⅲ. 묵상을 위한 질문

1. 시온에서부터 메어 올린 여호와의 언약궤 안에는 무엇이 담겨 있었나요?(5:10)
2. 제사장들이 여호와를 찬송하며 악기를 울릴 때 여호와의 전에 구름이 가득하게 되었는데, 이것은 무엇을 의미하는 것일까요?(5:13~14)
3. 사도 요한은 성도가 하나님께 속한 것을 어떻게 알 수 있다고 말했나요?(1~3)
4. 사도 요한은 우리에게 하나님의 사랑이 이루어진 이유가 무엇이라고 말했나요?(16~17)
5. 나훔이 고발하는 니느웨의 세 가지 죄악은 무엇일까요?(1,4,8~10)
6. 나훔이 니느웨 사람들을 메뚜기로 비유한 이유는 무엇일까요?(16~17)
7. 삭개오는 예수님께서 그의 집에 가자고 하셨을 때 어떻게 반응을 보였나요?(6)
8. 예수님께서는 은 열 므나 비유를 통해 제자들에게 어떤 가르침을 주셨나요?(11~27)

Ⅳ. 기도

1. 주여, 하나님의 임재를 소망하고 기대하며 전심을 다해 찬양하게 하옵소서.
2. 주여, 예수님을 하나님의 아들로 시인하여 내 안에 하나님이 거하게 하옵소서.
3. 주여, 주님께서 나를 부르셨을 때 지체 없이 즐거움으로 따르게 하옵소서.

• 하나님 마음 알아가기 •

• 나에게 주시는 말씀(암송하기) •

• 오늘의 감사(기록하기) •

340 일차 / 365 이름 12월 6일

Ⅰ. 맥체인성경의 통독구조<340>

전혀 다른 역사 속에서 믿는 자에게 발생했던 많은 문제들을 현재라는 시점에서 종합하여 묵상하고 현재의 문제를 창조적으로 해결해 나가도록 돕는 구조이다.

Ⅱ. 핵심구절 읽기

성경본문	역대하 6장 12-42절	요한일서 5장	하박국 1장	누가복음 20장
통일주제	**이름** (어떤 사물이나 단체를 다른 것과 구별하여 부르는 존재적 칭호)			
개별주제	성전에 계신 주의 이름 여호와	영생 얻게 하는 자의 이름 예수	심판하시는 주의 이름 여호와	상속자이신 분의 이름 예수
연합내용	**이름은 실존하는 존재를 규정짓는 표현양식이다. 그 이름이 존재에 관하여 모든 것을 말해 주지는 않는다. 하지만 그 이름을 통해 사귐과 나눔과 사역과 관계를 가짐으로 많은 것을 알아 가며 결실할 수 있다.**			
핵심구절	14~16,19~26 28~30,32~35 37~38,40~41	1~4,6,9~15 17~20	1~4,6~11,12~17	1~4,8~16,20~26 27~28,33~36,44 46~47

• 역대하 6장 12-42절 : 성전에 계신 주의 이름 여호와

이르되 이스라엘의 하나님 여호와여 천지에 주와 같은 신이 없나이다 주께서는 온 마음으로 주의 앞에서 행하는 주의 종들에게 언약을 지키시고 은혜를 베푸시나이다...(14-16)

그러나 나의 하나님 여호와여 주의 종의 기도와 간구를 돌아보시며 주의 종이 주 앞에서 부르짖는 것과 비는 기도를 들으시옵소서...(19-26)

만일 이 땅에 기근이나 전염병이 있거나 곡식이 시들거나 깜부기가 나거나 메뚜기나 황충이 나거나 적국이 와서 성읍들을 에워싸거나 무슨 재앙이나 무슨 질병이 있거나를 막론하고...(28-30)

주의 백성 이스라엘에 속하지 않은 이방인에게 대하여도 그들이 주의 큰 이름과 능한 손과 펴신 팔을 위하여 먼 지방에서 와서 이 성전을 향하여 기도하거든...(32-35)

그들이 사로잡혀 간 땅에서 스스로 깨닫고 그들을 사로잡은 자들의 땅에서 돌이켜 주께 간구하기를 우리가 범죄하여 패역을 행하며 악을 행하였나이다 하며...(37-38)

나의 하나님이여 이제 이 곳에서 하는 기도에 눈을 드시고 귀를 기울이소서...(40-41)

• 요한일서 5장 : 영생 얻게 하는 자의 이름 예수

예수께서 그리스도이심을 믿는 자마다 하나님께로부터 난 자니 또한 낳으신 이를 사랑하는 자마다 그에게서 난 자를 사랑하느니라...(1-4)

이는 물과 피로 임하신 이시니 곧 예수 그리스도시라 물로만 아니요 물과 피로 임하셨고 증언하는 이는 성령이시니 성령은 진리니라(6)

만일 우리가 사람들의 증언을 받을진대 하나님의 증거는 더욱 크도다 하나님의 증거는 이것이니 그의 아들에 대하여 증언하신 것이니라...(9-15)

모든 불의가 죄로되 사망에 이르지 아니하는 죄도 있도다...(17-20)

• 하박국 1장 : 심판하시는 주의 이름 여호와

선지자 하박국이 묵시로 받은 경고라...(1-4)

보라 내가 사납고 성급한 백성 곧 땅이 넓은 곳으로 다니며 자기의 소유가 아닌 거처들을 점령하는 갈대아 사람을 일으켰나니...(6-11)

선지자가 이르되 여호와 나의 하나님, 나의 거룩한 이시여 주께서는 만세 전부터 계시지 아니하시니이까 우리가 사망에 이르지 아니하리이다 여호와여 주께서 심판하기 위하여 그들을 두셨나이다 반석이시여 주께서 경계하기 위하여 그들을 세우셨나이다...(12-17)

• 누가복음 20장 : 상속자이신 분의 이름 예수

하루는 예수께서 성전에서 백성을 가르치시며 복음을 전하실새 대제사장들과 서기관들이 장로들과 함께 가까이 와서...(1-4)

예수께서 이르시되 나도 무슨 권위로 이런 일을 하는지 너희에게 이르지 아니하리라 하시니라...(8-16)

이에 그들이 엿보다가 예수를 총독의 다스림과 권세 아래에 넘기려 하여 정탐들을 보내어 그들로 스스로 의인인 체하며 예수의 말을 책잡게 하니...(20-28)

일곱이 다 그를 아내로 취하였으니 부활 때에 그 중에 누구의 아내가 되리이까...(33-36)

그런즉 다윗이 그리스도를 주라 칭하였으니 어찌 그의 자손이 되겠느냐 하시니라(44)

긴 옷을 입고 다니는 것을 원하며 시장에서 문안 받는 것과 회당의 높은 자리와 잔치의 윗자리를 좋아하는 서기관들을 삼가라...(46-47)

Ⅲ. 묵상을 위한 질문

1. 솔로몬은 여호와의 제단 앞 놋으로 만든 대 위에 서서 무릎을 꿇고 하늘을 향하여 손을 펴고 제일 먼저 어떤 기도를 드렸나요?(13~16)
2. 솔로몬은 여호와의 이름을 둔 이 성전 안에서와 이 성전을 향하여, 어떤 간구를 드릴 때 꼭 응답해 달라고 기도를 드렸나요?(20~26,28~30,32~35,37~38,40)
3. 요한은 하나님을 사랑하는 자가 누구를 믿고 무엇을 지킨다고 했나요?(1,3,10)
4. 요한은 누구를 향하여 어떤 목적으로 이 편지를 썼다고 말했나요?(13~15)
5. 하박국이 여호와 하나님께 간구한 기도의 내용은 무엇이었나요?(2~4,12~17)
6. 여호와 하나님은 죄악과 패역과 겁탈과 강포와 변론과 분쟁을 일으키는 자들에게 어떻게 응답하시겠다고 하셨나요?(5~11)
7. 예수께서 말씀하신 포도원농부 비유는 누구와 누구의 마지막 운명을 암시하신 교훈일까요?(9~16)
8. 예수님은 부활이 없다고 주장하는 사두개인들에게 어떤 교훈을 주셨나요?(27~38)

Ⅳ. 기도

1. 주여, 항상 주의 몸된 교회를 중심으로 기도하여 응답받는 삶을 살게 하옵소서.
2. 주여, 예수 그리스도를 믿고 계명을 지키므로 하나님을 더 사랑하게 하옵소서.
3. 주여, 한 영혼이라도 더 구원하시려고 가르치셨던 주의 삶을 본받게 하옵소서.

• 하나님 마음 알아가기 •

• 나에게 주시는 말씀(암송하기) •

• 오늘의 감사(기록하기) •

341 일차 / 365 성수 12월 7일

Ⅰ. 맥체인성경의 통독구조<341>

사복음서를 통해 입체적인 예수님을 보듯 신구약 네 장 통독을 통해 하나님의 역사하심을 입체적으로 보는 구조이다.

Ⅱ. 핵심구절 읽기

성경본문	역대하 7장	요한이서 1장	하박국 2장	누가복음 21장
통일주제	**성수** (聖守, 규칙과 명령 등을 그대로 쫓아 거룩히 지킴)			
개별주제	솔로몬이 찬송을 드리기 위해 절기를 성수함	성도가 온전한 상을 받기 위해 계명을 성수함	하박국이 말씀을 듣기 위해 자리를 성수함	성도가 인자의 오실 날을 위해 경건을 성수함
연합내용	**세상의 역사를 주관하시는 하나님께서 예수님의 재림을 통해 이 땅에 다시 오실 때까지 성도는 믿음으로 자신의 자리를 성수해야 한다. 그 믿음에는 마음가짐과 더불어 실천적인 행동이 수반된다.**			
핵심구절	1~3,5~10,12~22	4~11	1~4,6,9,12~15 18~20	8~19,22~23 26~27,34~36

• 역대하 7장 : 솔로몬이 찬송을 드리기 위해 절기를 성수함

솔로몬이 기도를 마치매 불이 하늘에서부터 내려와서 그 번제물과 제물들을 사르고 여호와의 영광이 그 성전에 가득하니...(1-3)

솔로몬 왕이 드린 제물이 소가 이만 이천 마리요 양이 십이만 마리라 이와 같이 왕과 모든 백성이 하나님의 전의 낙성식을 행하니라...(5-10)

밤에 여호와께서 솔로몬에게 나타나사 그에게 이르시되 내가 이미 네 기도를 듣고 이 곳을 택하여 내게 제사하는 성전을 삼았으니...(12-22)

• 요한이서 1장 : 성도가 온전한 상을 받기 위해 계명을 성수함

너의 자녀들 중에 우리가 아버지께 받은 계명대로 진리를 행하는 자를 내가 보니 심히 기쁘도다 부녀여, 내가 이제 네게 구하노니 서로 사랑하자 이는 새 계명 같이 네게 쓰는 것이 아니요 처음부터 우리가 가진 것이라...(4-11)

• 하박국 2장 : 하박국이 말씀을 듣기 위해 자리를 성수함

내가 내 파수하는 곳에 서며 성루에 서리라 그가 내게 무엇이라 말씀하실는지 기다리고 바라보며 나의 질문에 대하여 어떻게 대답하실는지 보리라 하였더니...(1-4)

그 무리가 다 속담으로 그를 평론하며 조롱하는 시로 그를 풍자하지 않겠느냐 곧 이르기를 화 있을진저 자기 소유 아닌 것을 모으는 자여 언제까지 이르겠느냐 볼모 잡은 것으로 무겁게 짐 진 자여(6)

재앙을 피하기 위하여 높은 데 깃들이려 하며 자기 집을 위하여 부당한 이익을 취하는 자에게 화 있을진저(9)

피로 성읍을 건설하며 불의로 성을 건축하는 자에게 화 있을진저...(12-15)

새긴 우상은 그 새겨 만든 자에게 무엇이 유익하겠느냐 부어 만든 우상은 거짓 스승이라 만든 자가 이 말하지 못하는 우상을 의지하니 무엇이 유익하겠느냐...(18-20)

• 누가복음 21장 : 성도가 인자의 오실 날을 위해 경건을 성수함

이르시되 미혹을 받지 않도록 주의하라 많은 사람이 내 이름으로 와서 이르되 내가 그라 하며 때가 가까이 왔다 하겠으나 그들을 따르지 말라...(8-19)

이 날들은 기록된 모든 것을 이루는 징벌의 날이니라...(22-23)

사람들이 세상에 임할 일을 생각하고 무서워하므로 기절하리니 이는 하늘의 권능들이 흔들리겠음이라...(26-27)

너희는 스스로 조심하라 그렇지 않으면 방탕함과 술취함과 생활의 염려로 마음이 둔하여지고 뜻밖에 그 날이 덫과 같이 너희에게 임하리라...(34-36)

Ⅲ. 묵상을 위한 질문

1. 솔로몬이 여호와의 성전 낙성식을 며칠 동안 지켰으며 그와 함께한 백성들의 마음은 어떠했나요?(8~10)
2. 솔로몬에게 다시 나타나신 하나님께서는 솔로몬에게 어떤 약속을 하셨나요?(11~22)
3. 사도 요한은 처음부터 가진 것이며 들은 바 무엇을 지켜 행하라고 말했나요?(4~6)
4. 사도 요한이 스스로 삼가 우리가 일한 것을 잃지 말라고 권면한 이유는 무엇일까요?(7~11)
5. 선지자 하박국은 어디에서 어떻게 여호와 하나님의 말씀을 기다렸나요?(1)
6. 여호와 하나님의 말씀 중 "화 있을 진저"라는 표현은 총 몇 번 나올까요?(4~20)
7. 예수님께서 환난의 징조들이 일어날 때에 필요한 것은 무엇이라고 말씀하셨나요?(19)
8. 예수님께서 항상 기도하며 깨어 있으라고 말씀하신 이유는 무엇일까요?(34~36)

Ⅳ. 기도

1. 주여, 성전헌당 일천번제 기도여행에 솔로몬과 같은 마음으로 동참하게 하옵소서.
2. 주여, 예수님께 받은 은혜와 사랑을 형제자매에게 나누는 하루되게 하옵소서.
3. 주여, 나의 마음과 행실을 날마다 붙잡아 주셔서 마지막 때에 승리하게 하옵소서.

• 하나님 마음 알아가기 •

• 나에게 주시는 말씀(암송하기) •

• 오늘의 감사(기록하기) •

342 일차 / 365 부흥 12월 8일

Ⅰ. 맥체인성경의 통독구조<342>

편하게 읽을 것인가, 유익하게 읽을 것인가? 편하게 읽는다는 것은 생각을 단순화 시키는 것과 같다. 반면 유익하게 읽으려면 사고를 동원해야 한다.

Ⅱ. 핵심구절 읽기

성경본문	역대하 8장	요한삼서 1장	하박국 3장	누가복음 22장
통일주제	**부흥** (復興, 쇠퇴하였던 것이 다시 일어남)			
개별주제	솔로몬이 온 성을 건축하며 나라를 부흥케 함	가이오가 영혼을 돌봄으로 교회를 부흥케 함	여호와가 모든 위엄을 가지시고 부흥케 하심	유다와 베드로는 배반과 부인으로 부흥치 못함
연합내용	**하나님은 부흥케 하시고 흥왕케 하시는 분이시다. 그러므로 나라나 교회나 개인은 주 뜻 안에서 부흥할 수 있다. 오직 여호와를 경외하고 그 계명을 지키며 영혼을 사랑할 때 그 부흥의 역사는 나타난다.**			
핵심구절	1,3~6,8~9 11~14,16,18	2~3,5~11	1~3,6,10,12~14 17~19	1~5,10~12,15~21 27~32,34,39~46 48,54~62,67~70

• 역대하 8장 : 솔로몬이 온 성을 건축하며 나라를 부흥케 함

솔로몬이 여호와의 전과 자기의 궁궐을 이십 년 동안에 건축하기를 마치고(1)

솔로몬이 가서 하맛소바를 쳐서 점령하고...(3-6)

곧 이스라엘 자손이 다 멸하지 않았으므로 그 땅에 남아 있는 그들의 자손들을 솔로몬이 역군으로 삼아 오늘에 이르렀으되...(8-9)

솔로몬이 바로의 딸을 데리고 다윗 성에서부터 그를 위하여 건축한 왕궁에 이르러 이르되 내 아내가 이스라엘 왕 다윗의 왕궁에 살지 못하리니 이는 여호와의 궤가 이른 곳은 다 거룩함이니라 하였더라...(11-14)

솔로몬이 여호와의 전의 기초를 쌓던 날부터 준공하기까지 모든 것을 완비하였으므로 여호와의 전 공사가 결점 없이 끝나니라(16)

후람이 그의 신복들에게 부탁하여 배와 바닷길을 아는 종들을 보내매 그들이 솔로몬의 종들과 함께 오빌에 이르러 거기서 금 사백오십 달란트를 얻어 솔로몬 왕에게로 가져왔더라(18)

• 요한삼서 1장 : 가이오가 영혼을 돌봄으로 교회를 부흥케 함

사랑하는 자여 네 영혼이 잘됨 같이 네가 범사에 잘되고 강건하기를 내가 간구하노라...(2-3)

사랑하는 자여 네가 무엇이든지 형제 곧 나그네 된 자들에게 행하는 것은 신실한 일이니...(5-11)

• 하박국 3장 : 여호와가 모든 위엄을 가지시고 부흥케 하심

시기오놋에 맞춘 선지자 하박국의 기도라...(1-3)

그가 서신즉 땅이 진동하며 그가 보신즉 여러 나라가 전율하며 영원한 산이 무너지며 무궁한 작은 산이 엎드러지나니 그의 행하심이 예로부터 그러하시도다(6)

산들이 주를 보고 흔들리며 창수가 넘치고 바다가 소리를 지르며 손을 높이 들었나이다(10)

주께서 노를 발하사 땅을 두르셨으며 분을 내사 여러 나라를 밟으셨나이다...(12-14)

비록 무화과나무가 무성하지 못하며 포도나무에 열매가 없으며 감람나무에 소출이 없으며 밭에 먹을 것이 없으며 우리에 양이 없으며 외양간에 소가 없을지라도...(17-19)

• 누가복음 22장 : 유다와 베드로는 배반과 부인으로 부흥치 못함

유월절이라 하는 무교절이 다가오매...(1-5)

이르시되 보라 너희가 성내로 들어가면 물 한 동이를 가지고 가는 사람을 만나리니 그가 들어가는 집으로 따라 들어가서...(10-12)

이르시되 내가 고난을 받기 전에 너희와 함께 이 유월절 먹기를 원하고 원하였노라...(15-21)

앉아서 먹는 자가 크냐 섬기는 자가 크냐 앉아서 먹는 자가 아니냐 그러나 나는 섬기는 자로 너희 중에 있노라...(27-32)

이르시되 베드로야 내가 네게 말하노니 오늘 닭 울기 전에 네가 세 번 나를 모른다고 부인하리라 하시니라(34)

예수께서 나가사 습관을 따라 감람 산에 가시매 제자들도 따라갔더니...(39-46)

예수께 입을 맞추려고 가까이 하는지라 예수께서 이르시되 유다야 네가 입맞춤으로 인자를 파느냐 하시니(48)

예수를 잡아 끌고 대제사장의 집으로 들어갈새 베드로가 멀찍이 따라가니라...(54-62)

이르되 네가 그리스도이거든 우리에게 말하라 대답하시되 내가 말할지라도 너희가 믿지 아니할 것이요...(67-70)

Ⅲ. 묵상을 위한 질문

1. 솔로몬이 심려를 기울여 행한 일들은 무엇이었나요?(3~6)

2. 솔로몬이 매일 힘쓴 경건한 일은 무엇이었나요?(12~14)

3. 요한 장로는 가이오에게 편지를 쓰면서 그의 어떤 점을 칭찬했나요?(1,3,5~8)

4. 요한 장로는 교회 성도 중 디오드레베의 어떤 점을 지적했나요?(9~10)

5. 하박국 선지자가 여호와 하나님께 드린 기도내용 안에서는 여호와 하나님이 어떤 분으로 고백되어지고 있나요?(1~3,6,10,12~14)

6. 하박국 선지자는 여호와 하나님을 자신의 힘으로 여기고 어떤 상황 속에서도 기뻐한다고 노래하고 있나요?(17~19)

7. 사탄이 들어간 가룟인 유다는 예수를 팔기 위해 어떤 계략을 꾸몄나요?(3~6,21)

8. 예수님이 예언하신 베드로의 예수 부인사건은 언제 어떻게 일어났으며 그 후 베드로는 그 잘못을 어떻게 뉘우쳤나요?(34,54~62)

Ⅳ. 기도

1. 주여, 교회에서 서로 영접하고 섬김으로 선한 것을 본받는 자가 되게 하옵소서.
2. 주여, 열매와 소출과 먹을 것이 없어도 여호와로 인하여 기뻐하게 하옵소서.
3. 주여, 두려움으로 죄를 졌을 때 회개함으로 다시 부흥하는 자가 되게 하옵소서.

• 하나님 마음 알아가기 •

• 나에게 주시는 말씀(암송하기) •

• 오늘의 감사(기록하기) •

343 일차 / 365 대답 12월 9일

Ⅰ. 맥체인성경의 통독구조<343>

익숙하게 읽을 것인가, 새롭게 읽을 것인가?

습관적으로, 전통적으로 읽으면 익숙하게 읽을 수는 있다. 하지만 새롭게 읽으려면 지도와 도움이 필요하다. 맥체인성경 통독은 약간의 훈련이 필요한 구조다.

Ⅱ. 핵심구절 읽기

성경본문	역대하 9장	유다서	스바냐 1장	누가복음 23장
통일주제	**대답** (對答, 물음이나 요구 등에 응하여 말하거나 어떤 태도를 보임)			
개별주제	솔로몬이 스바 여왕의 묻는 말에 대답함	유다가 부르심을 받은 교회에게 대답함	주가 유다의 범죄에 대해 멸절로 대답하심	예수가 빌라도의 심문적 질문에 대답하심
연합내용	**모든 대답은 두 가지다. 진실과 거짓이다. 하나님과 그의 자녀, 예수님과 그의 제자는 어떤 상황 속에서도 진실을 말하여 생명을 얻는다. 반면 사단과 마귀와 어둠의 인간들은 거짓을 말하여 멸망에 이른다.**			
핵심구절	1~5,7~9,13~17 20~24,26,30~31	1,3~4,6~7 10~13,16~23	2~6,8~9,12~16 18	1~4,8~15,18 20~26,28,32~34 39~43,46~56

• 역대하 9장 : 솔로몬이 스바 여왕의 묻는 말에 대답함

스바 여왕이 솔로몬의 명성을 듣고 와서 어려운 질문으로 솔로몬을 시험하고자 하여 예루살렘에 이르니 매우 많은 시종들을 거느리고 향품과 많은 금과 보석을 낙타에 실었더라 그가 솔로몬에게 나아와 자기 마음에 있는 것을 다 말하매...(1-5)

복되도다 당신의 사람들이여, 복되도다 당신의 이 신하들이여, 항상 당신 앞에 서서 당신의 지혜를 들음이로다...(7-9)

솔로몬의 세입금의 무게가 금 육백육십육 달란트요...(13-17)

솔로몬 왕이 마시는 그릇은 다 금이요 레바논 나무 궁의 그릇들도 다 순금이라 솔로몬의 시대에 은을 귀하게 여기지 아니함은...(20-24)

솔로몬이 유브라데 강에서부터 블레셋 땅과 애굽 지경까지의 모든 왕을 다스렸으며(26)

솔로몬이 예루살렘에서 온 이스라엘을 다스린 지 사십 년이라...(30-31)

• 유다서 1장 : 유다가 부르심을 받은 교회에게 대답함

예수 그리스도의 종이요 야고보의 형제인 유다는 부르심을 받은 자 곧 하나님 아버지 안에서 사랑을 얻고 예수 그리스도를 위하여 지키심을 받은 자들에게 편지하노라(1)

사랑하는 자들아 우리가 일반으로 받은 구원에 관하여 내가 너희에게 편지하려는 생각이 간절하던 차에 성도에게 단번에 주신 믿음의 도를 위하여 힘써 싸우라는 편지로...(3-4)

또 자기 지위를 지키지 아니하고 자기 처소를 떠난 천사들을 큰 날의 심판까지 영원한...(6-7)

이 사람들은 무엇이든지 그 알지 못하는 것을 비방하는도다 또 그들은 이성 없는...(10-13)

이 사람들은 원망하는 자며 불만을 토하는 자며 그 정욕대로 행하는 자라 그 입으로...(16-23)

• 스바냐 1장 : 주가 유다의 범죄에 대해 멸절로 대답하심

여호와께서 이르시되 내가 땅 위에서 모든 것을 진멸하리라...(2-6)

여호와의 희생의 날에 내가 방백들과 왕자들과 이방인의 옷을 입은 자들을 벌할 것이며...(8-9)

그 때에 내가 예루살렘에서 찌꺼기 같이 가라앉아서 마음속에 스스로 이르기를 여호와께서는 복도 내리지 아니하시며 화도 내리지 아니하시리라 하는 자를 등불로 두루 찾아 벌하리니...(12-16)

그들의 은과 금이 여호와의 분노의 날에 능히 그들을 건지지 못할 것이며 이 온 땅이 여호와의 질투의 불에 삼켜지리니 이는 여호와가 이 땅 모든 주민을 멸절하되 놀랍게 멸절할 것임이라(18)

• 누가복음 23장 : 예수가 빌라도의 심문적 질문에 대답하심

무리가 다 일어나 예수를 빌라도에게 끌고 가서...(1-4)

헤롯이 예수를 보고 매우 기뻐하니 이는 그의 소문을 들었으므로 보고자 한 지 오래였고 또한 무엇이나 이적 행하심을 볼까 바랐던 연고러라...(8-15)

무리가 일제히 소리 질러 이르되 이 사람을 없이하고 바라바를 우리에게 놓아 주소서...(18)

빌라도는 예수를 놓고자 하여 다시 그들에게 말하되...(20-26)

예수께서 돌이켜 그들을 향하여 이르시되 예루살렘의 딸들아 나를 위하여 울지 말고...(28)

또 다른 두 행악자도 사형을 받게 되어 예수와 함께 끌려 가니라...(32-34)

달린 행악자 중 하나는 비방하여 이르되 네가 그리스도가 아니냐 너와 우리를...(39-43)

예수께서 큰 소리로 불러 이르시되 아버지 내 영혼을 아버지 손에 부탁하나이다 하고...(46-56)

Ⅲ. 묵상을 위한 질문

1. 솔로몬은 하나님 여호와가 주신 지혜로 말미암아 무엇을 얻었나요?(2~5,7~9)
2. 솔로몬이 얻은 재물은 어떤 의미가 있으며 그는 어떻게 사용했나요?(13~17)
3. 예수 그리스도의 종 유다는 가만히 들어온 몇 사람을 어떤 자들이라고 했나요?(4,8,10~13,16)
4. 유다는 부르심을 입은 자들과 교회에게 어떤 권면을 했나요?(17~23)
5. 여호와께서는 스바냐를 통해 유다와 예루살렘의 어떤 죄를 지적하셨나요?(4~6)
6. 하나님이 스바냐를 통해 말씀하신 여호와의 큰 날은 어떤 날일까요?(14~16,18)
7. 빌라도는 예수를 거듭 고발하는 대제사장들과 관리들과 백성들에게 예수님을 재차 심문한 후 어떤 결론을 통보했나요?(1~4,13~15,20,22,24~25)
8. 예수님은 십자가에 달리신 후 어떤 말씀을 하셨나요?(33~34,42~46)

Ⅳ. 기도

1. 주여, 솔로몬처럼 하나님이 주신 지혜와 재물의 복을 옳게 사용하게 하옵소서.
2. 주여, 교회에 들어온 거짓 교사를 분별하고 사도의 말을 기억하게 하옵소서.
3. 주여, 빌라도가 한 말과 예수님이 하신 말씀을 구별하여 지키게 하옵소서.

• 하나님 마음 알아가기 •

• 나에게 주시는 말씀(암송하기) •

• 오늘의 감사(기록하기) •

344 일차 / 365 도래 12월 10일

I. 맥체인성경의 통독구조<344>

영혼의 양식 먹기 : 하나님의 말씀을 먹는 방법은 매우 다양하다. 맥체인성경을 통해 듣기, 읽기, 공부하기, 암송하기, 묵상하기, 적용하기 등을 실천한다.

II. 핵심구절 읽기

성경본문	역대하 10장	요한계시록 1장	스바냐 2장	누가복음 24장
통일주제	**도래** (到來, 어떤 기회나 시기가 닥쳐옴)			
개별주제	르호보암이 다스리는 폭정의 시대가 도래함	요한이 예언한 종말과 재림의 시대가 도래함	스바냐가 예언한 구원과 멸망의 시대가 도래함	제자가 목격하고 증언한 부활의 시대가 도래함
연합내용	**역사는 하나님이 직접 주관하신다. 정치와 경제, 종교와 문화 등 모든 영역을 감찰하시고 돌보신다. 특별히 하나님은 인간에게 통치권과 권력을 주셔서 그 선악 간에 행하게 하시고 그 행한 대로 심판하신다.**			
핵심구절	1~4,6~7,10~11 14~16,18~19	1~6,8~13,16~20	1~5,7~13,15	1~9,12,15~43 46~49,53

• 역대하 10장 : 르호보암이 다스리는 폭정의 시대가 도래함

르호보암이 세겜으로 갔으니 이는 온 이스라엘이 그를 왕으로 삼고자 하여 세겜에 이르렀음이더라...(1-4)

르호보암 왕이 그의 아버지 솔로몬의 생전에 그 앞에 모셨던 원로들과 의논하여 이르되 너희는 이 백성에게 어떻게 대답하도록 권고하겠느냐 하니...(6-7)

함께 자라난 젊은 신하들이 왕께 말하여 이르되 이 백성들이 왕께 아뢰기를 왕의 아버지께서 우리의 멍에를 무겁게 하였으나 왕은 우리를 위하여 가볍게 하라 하였은즉 왕은 대답하시기를 내 새끼 손가락이 내 아버지의 허리보다 굵으니...(10-11)

젊은 신하들의 가르침을 따라 그들에게 말하여 이르되 내 아버지는 너희의 멍에를 무겁게 하였으나 나는 더 무겁게 할지라 내 아버지는 가죽 채찍으로 너희를 치셨으나 나는 전갈 채찍으로 치리라 하니라...(14-16)

르호보암 왕이 역군의 감독 하도람을 보냈더니 이스라엘 자손이 저를 돌로 쳐 죽인지라 르호보암 왕이 급히 수레에 올라 예루살렘으로 도망하였더라...(18-19)

• 요한계시록 1장 : 요한이 예언한 종말과 재림의 시대가 도래함

예수 그리스도의 계시라 이는 하나님이 그에게 주사 반드시 속히 일어날 일들을 그 종들에게 보이시려고 그의 천사를 그 종 요한에게 보내어 알게 하신 것이라...(1-6)

주 하나님이 이르시되 나는 알파와 오메가라 이제도 있고 전에도 있었고 장차 올 자요 전능한 자라 하시더라...(8-13)

그의 오른손에 일곱 별이 있고 그의 입에서 좌우에 날선 검이 나오고 그 얼굴은 해가 힘있게 비치는 것 같더라...(16-20)

• 스바냐 2장 : 스바냐가 예언한 구원과 멸망의 시대가 도래함

수치를 모르는 백성아 모일지어다 모일지어다...(1-5)

그 지경은 유다 족속의 남은 자에게로 돌아갈지라 그들이 거기에서 양 떼를 먹이고 저녁에는 아스글론 집들에 누우리니 이는 그들의 하나님 여호와가 그들을 보살피사 그들이 사로잡힘을 돌이킬 것임이라...(7-13)

이는 기쁜 성이라 염려 없이 거주하며 마음속에 이르기를 오직 나만 있고 나 외에는 다른 이가 없다 하더니 어찌 이와 같이 황폐하여 들짐승이 엎드릴 곳이 되었는고 지나가는 자마다 비웃으며 손을 흔들리로다(15)

• 누가복음 24장 : 제자가 목격하고 증언한 부활의 시대가 도래함

안식 후 첫날 새벽에 이 여자들이 그 준비한 향품을 가지고 무덤에 가서...(1-9)

베드로는 일어나 무덤에 달려가서 구부려 들여다 보니 세마포만 보이는지라 그 된 일을 놀랍게 여기며 집으로 돌아가니라(12)

그들이 서로 이야기하며 문의할 때에 예수께서 가까이 이르러 그들과 동행하시나...(15-43)

또 이르시되 이같이 그리스도가 고난을 받고 제삼일에 죽은 자 가운데서 살아날 것과...(46-49)

늘 성전에서 하나님을 찬송하니라(53)

Ⅲ. 묵상을 위한 질문

1. 여로보암과 온 백성이 이스라엘의 왕 르호보암에게 어떤 간청을 했나요?(3~4)
2. 솔로몬의 아들 르호보암은 삼일 후에 그들에게 어떻게 대답했나요?(12~15)
3. 계시록을 기록한 요한은 어떤 사람이며 무슨 사명을 받았나요?(1~2,4,9)
4. 요한에게 나타나신 예수 그리스도는 어떤 모습이며 요한에게 무슨 말씀을 하셨나요?(10~20)
5. 여호와의 분노의 날이 도래할 때에 어떤 자가 구원을 받는다고 했나요?(2~3)
6. 여호와의 분노의 날에 멸망하는 나라는 어디이며 그 이유는 무엇일까요? (4~5,8~10,12~13,15)
7. 예수 그리스도의 부활에 관한 가장 생생한 증언은 어떤 사건일까요?(13~43)
8. 예수 그리스도의 부활을 목격하고 체험한 제자들은 어떤 사명을 받았나요?(36~43, 46~49)

Ⅳ. 기도

1. 주여, 지혜를 주사 맡겨진 사역을 잘 감당함으로 새 시대를 열게 하옵소서.
2. 주여, 말세에 주의 재림을 소망하며 계시의 말씀을 듣고 읽고 지키게 하옵소서.
3. 주여, 주의 부활을 체험하고 그리스도의 증인의 사명을 잘 감당하게 하옵소서.

• 하나님 마음 알아가기 •

• 나에게 주시는 말씀(암송하기) •

• 오늘의 감사(기록하기) •

345 일차 / 365 회개 12월 11일

Ⅰ. 맥체인성경의 통독구조<345>

단품, 코스, 퓨전, 뷔페 등 다양하게 음식먹기 : 어떤 음식을 어떻게 먹느냐에 따라 그 맛이 다르다. 맥체인성경 통독은 다양한 맛을 느끼게 하는 구조이다.

Ⅱ. 핵심구절 읽기

성경본문	역대하 11-12장	요한계시록 2장	스바냐 3장	요한복음 1장
통일주제	**회개** (悔改, 죄나 잘못을 뉘우치고 마음을 고쳐먹은 후 주 안에서 삶)			
개별주제	르호보암이 범죄한 것을 회개하고 겸비함	주가 에베소, 버가모, 두아디라에게 회개를 촉구함	스바냐가 예루살렘 지도자에게 회개를 촉구함	세례요한이 어린양을 소개하며 회개를 외침
연합내용	**회개는 범죄한 인간에게 가장 중요한 회복의 과정이다. 회개란 자신의 죄를 인정하고 원상태로 돌려놓으며 다시는 그 일을 반복하지 않는 변화를 의미한다. 그러므로 세상에서 하나님께로 향하는 새로운 삶이다.**			
핵심구절	11:1~5,12~16,21,23 12:1~2,5~8,12~14	1~7,8~11,12~17 18~29	1~5,7~13,15,17,19	1~4,6~7,9 12~14,16~17,23 26~27,29~34,36 41~43,45~47,51

• 역대하 11-12장 : 르호보암이 범죄한 것을 회개하고 겸비함

르호보암이 예루살렘에 이르러 유다와 베냐민 족속을 모으니 택한 용사가...(11:1-5)

모든 성읍에 방패와 창을 두어 매우 강하게 하니라 유다와 베냐민이 르호보암에게...(11:12-16)

르호보암은 아내 열여덟 명과 첩 예순 명을 거느려 아들 스물여덟 명과 딸 예순 명을...(11:21)

르호보암이 지혜롭게 행하여 그의 모든 아들을 유다와 베냐민의 온 땅 모든 견고한...(11:23)

르호보암의 나라가 견고하고 세력이 강해지매 그가 여호와의 율법을 버리니...(12:1-2)

그 때에 유다 방백들이 시삭의 일로 예루살렘에 모였는지라 선지자 스마야가...(12:5-8)

르호보암이 스스로 겸비하였고 유다에 선한 일도 있으므로 여호와께서 노를...(12:12-14)

• 요한계시록 2장 : 주가 에베소, 버가모, 두아디라에게 회개를 촉구함

에베소 교회의 사자에게 편지하라 오른손에 있는 일곱 별을 붙잡고 일곱 금 촛대...(1-7)

서머나 교회의 사자에게 편지하라 처음이며 마지막이요 죽었다가 살아나신 이가...(8-11)

버가모 교회의 사자에게 편지하라 좌우에 날선 검을 가지신 이가 이르시되...(12-17)

두아디라 교회의 사자에게 편지하라 그 눈이 불꽃 같고 그 발이 빛난 주석과 같은...(18-29)

• 스바냐 3장 : 스바냐가 예루살렘 지도자에게 회개를 촉구함

패역하고 더러운 곳, 포학한 그 성읍이 화 있을진저...(1-5)

내가 이르기를 너는 오직 나를 경외하고 교훈을 받으라 그리하면 내가 형벌을 내리기로 정하기는 하였지만 너의 거처가 끊어지지 아니하리라 하였으나 그들이 부지런히...(7-13)

여호와가 네 형벌을 제거하였고 네 원수를 쫓아냈으며 이스라엘 왕 여호와가 네 가운데 계시니 네가 다시는 화를 당할까 두려워하지 아니할 것이라(15)

너의 하나님 여호와가 너의 가운데에 계시니 그는 구원을 베푸실 전능자이시라 그가 너로 말미암아 기쁨을 이기지 못하시며 너를 잠잠히 사랑하시며 너로 말미암아...(17)

그 때에 내가 너를 괴롭게 하는 자를 다 벌하고 저는 자를 구원하며 쫓겨난 자를 모으며 온 세상에서 수욕 받는 자에게 칭찬과 명성을 얻게 하리라(19)

• 요한복음 1장 : 세례요한이 어린양을 소개하며 회개를 외침

태초에 말씀이 계시니라 이 말씀이 하나님과 함께 계셨으니 이 말씀은 곧...(1-4)

하나님께로부터 보내심을 받은 사람이 있으니 그의 이름은 요한이라...(6-7)

참 빛 곧 세상에 와서 각 사람에게 비추는 빛이 있었나니(9)

영접하는 자 곧 그 이름을 믿는 자들에게는 하나님의 자녀가 되는 권세를 주셨으니...(12-14)

우리가 다 그의 충만한 데서 받으니 은혜 위에 은혜러라...(16-17)

이르되 나는 선지자 이사야의 말과 같이 주의 길을 곧게 하라고 광야에서 외치는 자의 소리로라 하니라(23)

요한이 대답하되 나는 물로 세례를 베풀거니와 너희 가운데 너희가 알지 못하는 한...(26-27)

이튿날 요한이 예수께서 자기에게 나아오심을 보고 이르되 보라 세상 죄를 지고...(29-34)

예수께서 거니심을 보고 말하되 보라 하나님의 어린 양이로다(36)

그가 먼저 자기의 형제 시몬을 찾아 말하되 우리가 메시야를 만났다 하고 (메시야는 번역하면 그리스도라)...(41-43)

빌립이 나다나엘을 찾아 이르되 모세가 율법에 기록하였고 여러 선지자가 기록한 그이를 우리가 만났으니 요셉의 아들 나사렛 예수니라...(45-47)

또 이르시되 진실로 진실로 너희에게 이르노니 하늘이 열리고 하나님의 사자들이 인자 위에 오르락 내리락 하는 것을 보리라 하시니라(51)

Ⅲ. 묵상을 위한 질문

1. 르호보암은 나라를 통치할 때 어떤 정책을 폈나요?(11:5,11~13,17,21,23)
2. 르호보암이 하나님 앞에 잘못한 일과 잘한 일은 무엇일까요?(12:1~2,5~7,12,14)
3. 예수는 서마나교회에 어떤 모습으로 나타나셨으며 무슨 말씀을 하셨나요?(8~11)
4. 예수는 두아디라교회에 어떤 모습으로 나타나셨으며 무슨 말씀을 하셨나요?(18~29)
5. 스바냐 선지자는 하나님 여호와의 모습과 예루살렘의 지도자의 모습을 각각 어떻게 선포하고 있나요?(1~5,7)
6. 이스라엘 왕 여호와는 그의 백성을 어떻게 구원하시겠다고 약속하셨나요?(8,11~13,15,17,19)
7. 사도 요한이 소개한 예수 그리스도는 어떤 분이실까요?(1~4,9,14,17)
8. 세례 요한과 안드레와 빌립은 각각 예수를 어떻게 전파했나요?(29,34,41~42,46)

Ⅳ. 기도

1. 주여, 자신도 모르게 범한 범죄와 교만을 회개하고 은혜를 누리게 하옵소서.
2. 주여, 한 교회의 성도로서 어디에서 잘못되었는지를 자주 돌아보게 하옵소서.
3. 주여, 예수 그리스도를 더 많이 체험하고 앎으로 강건한 자가 되게 하옵소서.

• 하나님 마음 알아가기 •

• 나에게 주시는 말씀(암송하기) •

• 오늘의 감사(기록하기) •

346 일차 / 365 책망 12월 12일

Ⅰ. 맥체인성경의 통독구조<346>

성경통독은 성경을 읽을 때 비행기를 타고 지나가듯 읽을 수 있으며 기차를 타고 지나가듯 읽을 수도 있다. 또한 자전거나 걸어가면서 가까이 보듯 읽을 수도 있다. 반면 맥체인성경은 입체적이며 전체대강의 줄거리를 보면서 묵상하는 구조다.

Ⅱ. 핵심구절 읽기

성경본문	역대하 13장	요한계시록 3장	학개 1장	요한복음 2장
통일주제	**책망** (責望, 허물이나 잘못에 대해 꾸짖거나 나무람)			
개별주제	아비야가 싸우려고 나온 여로보암을 책망함	주가 범죄한 사데와 라오디게아교회를 책망함	학개가 전을 건축하지 않으려는 백성을 책망함	예수님이 성전에서 매매하는 자들을 책망하심
연합내용	**책망은 멸망이 아니다. 멸망을 막기 위한 경고요 반성을 위한 첩경이다. 책망을 무시할 때 결국 큰 손해와 징벌을 받는다. 그러므로 책망을 달게 받고 삶의 태도와 방향을 바꾸면 새로운 결과를 얻을 수 있다.**			
핵심구절	1~5,8~12,14~18 20~21	1~6,7~13,14~22	1~2,4~6,8~11 13~15	1~5,7~9,11 13~16,18~22,25

• 역대하 13장 : 아비야가 싸우려고 나온 여로보암을 책망함

여로보암 왕 열여덟째 해에 아비야가 유다의 왕이 되고...(1-5)

이제 너희가 또 다윗 자손의 손으로 다스리는 여호와의 나라를 대적하려 하는도다 너희는 큰 무리요 또 여로보암이 너희를 위하여 신으로 만든 금송아지들이 너희와 함께 있도다...(8-12)

유다 사람이 뒤를 돌아보고 자기 앞 뒤의 적병으로 말미암아 여호와께 부르짖고 제사장들은 나팔을 부니라...(14-18)

아비야 때에 여로보암이 다시 강성하지 못하고 여호와의 치심을 입어 죽었고...(20-21)

• 요한계시록 3장 : 주가 범죄한 사데와 라오디게아교회를 책망함

사데 교회의 사자에게 편지하라 하나님의 일곱 영과 일곱 별을 가지신 이가 이르시되 내가 네 행위를 아노니 네가 살았다 하는 이름은 가졌으나 죽은 자로다...(1-6)

빌라델비아 교회의 사자에게 편지하라 거룩하고 진실하사 다윗의 열쇠를 가지신 이 곧 열면

닫을 사람이 없고 닫으면 열 사람이 없는 그가 이르시되...(7-22)

• 학개 1장 : 학개가 전을 건축하지 않으려는 백성을 책망함

다리오 왕 제이년 여섯째 달 곧 그 달 초하루에 여호와의 말씀이 선지자 학개로 말미암아 스알디엘의 아들 유다 총독 스룹바벨과 여호사닥의 아들 대제사장 여호수아에게 임하니라 이르시되...(1-2)

이 성전이 황폐하였거늘 너희가 이 때에 판벽한 집에 거주하는 것이 옳으냐...(4-6)

너희는 산에 올라가서 나무를 가져다가 성전을 건축하라 그리하면 내가 그것으로 말미암아 기뻐하고 또 영광을 얻으리라 여호와가 말하였느니라...(8-11)

그 때에 여호와의 사자 학개가 여호와의 위임을 받아 백성에게 말하여 이르되 여호와가 말하노니 내가 너희와 함께 하노라 하니라...(13-15)

• 요한복음 2장 : 예수님이 성전에서 매매하는 자들을 책망하심

사흘째 되던 날 갈릴리 가나에 혼례가 있어 예수의 어머니도 거기 계시고...(1-5)

예수께서 그들에게 이르시되 항아리에 물을 채우라 하신즉 아귀까지 채우니...(7-9)

예수께서 이 첫 표적을 갈릴리 가나에서 행하여 그의 영광을 나타내시매 제자들이 그를 믿으니라(11)

유대인의 유월절이 가까운지라 예수께서 예루살렘으로 올라가셨더니...(13-16)

이에 유대인들이 대답하여 예수께 말하기를 네가 이런 일을 행하니 무슨 표적을 우리에게 보이겠느냐...(18-22)

또 사람에 대하여 누구의 증언도 받으실 필요가 없었으니 이는 그가 친히 사람의 속에 있는 것을 아셨음이니라(25)

Ⅲ. 묵상을 위한 질문

1. 남 유다 왕 아비야는 북 이스라엘 왕 여로보암에게 무슨 말을 선포했나요?(3~12)
2. 남 유다 왕 아비야는 북 이스라엘 왕 여로보암을 어떻게 무찔렀나요?(14~18)
3. 예수는 빌라델비아교회에 어떤 모습으로 나타나셨으며 어떤 칭찬을 하셨나요?(7~13)
4. 예수는 라오디게아교회에 어떤 모습으로 나타나셨으며 어떤 책망과 어떤 대안을 말씀하셨나요?(14~22)
5. 학개는 포로에서 돌아온 이스라엘 백성들의 어떤 행위를 책망하셨나요?(2,4,9)
6. 총독 스룹바벨, 대제사장 여호수아, 남은 백성은 누구의 말을 들었나요?(12~14)
7. 예수님은 갈릴리 가나의 혼례잔치에 어떤 첫 기적을 행하셨나요?(1~5,7~9,11)
8. 예수님은 유월절에 예루살렘 성전에 들어가셔서 어떤 일을 행하셨나요?(13~16)

Ⅳ. 기도

1. 주여, 원치 않는 다툼이 있을 때 진실한 기도로 주의 도움을 받게 하옵소서.
2. 주여, 우리 교회가 칭찬받는 교회가 될 수 있도록 최선을 다하게 하옵소서.
3. 주여, 성전을 짓고 성전을 깨끗하게 하는 성숙한 그리스도인이 되게 하옵소서.

• 하나님 마음 알아가기 •

• 나에게 주시는 말씀(암송하기) •

• 오늘의 감사(기록하기) •

평안

Ⅰ. 맥체인성경의 통독구조<347>

익숙하게 읽을 것인가, 새롭게 읽을 것인가?

습관적으로, 전통적으로 읽으면 익숙하게 읽을 수는 있다. 하지만 새롭게 읽으려면 지도와 도움이 필요하다. 맥체인성경 통독은 약간의 훈련이 필요한 구조다.

Ⅱ. 핵심구절 읽기

성경본문	역대하 14-15장	요한계시록 4장	학개 2장	요한복음 3장
통일주제	**평안** (平安, 걱정이나 탈이 없음)			
개별주제	아사 왕이 제사와 개혁으로 평안을 누림	네 생물과 이십사 장로가 평안 중에 찬송함	이스라엘이 재건한 성전으로 평안을 얻음	하나님이 예수를 통해 세상에 평안을 이루심
연합내용	**참된 평안은 오직 하나님 안에 있다. 그러므로 우상을 버리고 성전을 재건하여 예배를 회복할 때 주의 은혜가 임하여 평안을 얻게 된다. 하나님은 영원한 평안을 독생자 예수 그리스도를 통해서 이루셨다.**			
핵심구절	14:2~6,11~12 15:2,8~15,17~19	2~5,7~8,10~11	3~9,11~19 21~23	3~8,16~21 28~30,34~36

• 역대하 14-15장 : 아사 왕이 제사와 개혁으로 평안을 누림

아사가 그의 하나님 여호와 보시기에 선과 정의를 행하여...(14:2-6)

아사가 그의 하나님 여호와께 부르짖어 이르되 여호와여 힘이 강한 자와 약한 자 사이에는 주 밖에 도와 줄 이가 없사오니 우리 하나님 여호와여 우리를 도우소서 우리가 주를 의지하오며 주의 이름을 의탁하옵고 이 많은 무리를 치러 왔나이다 여호와여 주는 우리 하나님이시오니 원하건대 사람이 주를 이기지 못하게 하옵소서 하였더니...(14:11-12)

그가 나가서 아사를 맞아 이르되 아사와 및 유다와 베냐민의 무리들아 내 말을 들으라 너희가 여호와와 함께 하면 여호와께서 너희와 함께 하실지라 너희가 만일 그를 찾으면 그가 너희와 만나게 되시려니와 너희가 만일 그를 버리면 그도 너희를 버리시리라(15:2)

아사가 이 말 곧 선지자 오뎃의 예언을 듣고 마음을 강하게 하여 가증한 물건들을 유다와 베냐민 온 땅에서 없애고 또 에브라임 산지에서 빼앗은 성읍들에서도 없애고 또 여호와의 낭실 앞에 있는 여호와의 제단을 재건하고...(15:8-15)

산당은 이스라엘 중에서 제하지 아니하였으나 아사의 마음이 일평생 온전하였더라...(15:17-19)

• 요한계시록 4장 : 네 생물과 이십사 장로가 평안 중에 찬송함

내가 곧 성령에 감동되었더니 보라 하늘에 보좌를 베풀었고 그 보좌 위에 앉으신 이가 있는데...(2-5)

그 첫째 생물은 사자 같고 그 둘째 생물은 송아지 같고 그 셋째 생물은 얼굴이 사람 같고 그 넷째 생물은 날아가는 독수리 같은데...(7-8)

이십사 장로들이 보좌에 앉으신 이 앞에 엎드려 세세토록 살아 계시는 이에게 경배하고 자기의 관을 보좌 앞에 드리며 이르되...(10-11)

• 학개 2장 : 이스라엘이 재건한 성전으로 평안을 얻음

너희 가운데에 남아 있는 자 중에서 이 성전의 이전 영광을 본 자가 누구냐 이제 이것이 너희에게 어떻게 보이느냐 이것이 너희 눈에 보잘것없지 아니하냐...(3-9)

만군의 여호와가 말하노니 너는 제사장에게 율법에 대하여 물어 이르기를...(11-19)

너는 유다 총독 스룹바벨에게 말하여 이르라 내가 하늘과 땅을 진동시킬 것이요...(21-23)

• 요한복음 3장 : 하나님이 예수를 통해 세상에 평안을 이루심

예수께서 대답하여 이르시되 진실로 진실로 네게 이르노니 사람이 거듭나지 아니하면 하나님의 나라를 볼 수 없느니라...(3-8)

하나님이 세상을 이처럼 사랑하사 독생자를 주셨으니 이는 그를 믿는 자마다 멸망하지 않고 영생을 얻게 하려 하심이라...(16-21)

내가 말한 바 나는 그리스도가 아니요 그의 앞에 보내심을 받은 자라고 한 것을 증언할 자는 너희니라...(28-30)

하나님이 보내신 이는 하나님의 말씀을 하나니 이는 하나님이 성령을 한량 없이 주심이니라...(34-36)

Ⅲ. 묵상을 위한 질문

1. 아사 왕이 여호와 보시기에 어떤 선과 정의를 행하여 평안함을 누렸나요?(14:2~6)
2. 아사 왕은 하나님께 어떤 제사를 드렸으며 또 무엇을 맹세하였나요?(15:10~12)
3. 요한은 보좌 주위에 네 생물의 모습이 각각 어떠하다고 묘사하였나요?(7~8)
4. 이십사 장로들은 어떤 표현으로 보좌에 앉으신 이를 경배하였나요?(10~11)
5. 하나님께서 선지자 학개를 통해 이스라엘에게 어떤 말씀을 하셨나요?(4~5,7,9)
6. 하나님께서 제사장에게 율법에 대해 물으신 이유는 무엇일까요?(11~19)
7. 하나님께서 아들 예수 그리스도를 세상에 보내신 이유는 무엇일까요?(16~18)
8. 세례 요한은 자신을 무엇이라 비유하며 예수님께 영광을 돌렸나요?(28~30)

Ⅳ. 기도

1. 주여, 형통하여 평안하다고 생각할 때 더욱 주님을 의지하는 겸손을 주옵소서.
2. 주여, 오늘 드리는 예배 가운데 올리는 영광과 감사와 찬양을 받아 주옵소서.
3. 주여, 이 땅에 오신 예수님을 기억하며 진리를 따라 빛으로 행동하게 하옵소서.

• 하나님 마음 알아가기 •

• 나에게 주시는 말씀(암송하기) •

• 오늘의 감사(기록하기) •

348 일차 / 365 구주 12월 14일

Ⅰ. 맥체인성경의 통독구조<348>

일차적으로 성경을 사면으로 이해한다. 이차적으로 네 장의 성경말씀을 핵심본문과 그에 대한 예제의 관계로 이해해 본다. 네 장 중 어떤 본문은 원리가 되고 어떤 본문은 그 예가 될 수 있는 구조다.

Ⅱ. 핵심구절 읽기

성경본문	역대하 16장	요한계시록 5장	스가랴 1장	요한복음 4장
통일주제	**구주** (救主, 세상을 구원하실 참된 주인)			
개별주제	유다를 전쟁에서 구원하실 참 구주는 여호와	경배와 찬양을 받으실 구주는 예수 그리스도	유다를 회복시키실 구주는 만군의 여호와	한 여자를 구원하실 구주는 예수 그리스도
연합내용	**구약의 구주는 여호와 하나님이시고 신약의 구주는 예수 그리스도이시다. 나라의 구원과 개인의 구원을 다 이루시는 성부와 성자이시다. 그러므로 새 하늘과 새 땅에서는 오직 경배와 찬양을 받으실 것이다.**			
핵심구절	1~4,7~10,12	1~2,5~8,11~14	1~4,7~8,10~12 14~17	1,5~7,9~26 28~32,34~38 41~42,45~53

• 역대하 16장 : 유다를 전쟁에서 구원하실 참 구주는 여호와

아사 왕 제삼십육년에 이스라엘 왕 바아사가 유다를 치러 올라와서 라마를 건축하여 사람을 유다 왕 아사에게 왕래하지 못하게 하려 한지라...(1-4)

그 때에 선견자 하나니가 유다 왕 아사에게 나와서 그에게 이르되 왕이 아람 왕을 의지하고 왕의 하나님 여호와를 의지하지 아니하였으므로 아람 왕의 군대가 왕의 손에서 벗어났나이다...(7-10)

아사가 왕이 된 지 삼십구 년에 그의 발이 병들어 매우 위독했으나 병이 있을 때에 그가 여호와께 구하지 아니하고 의원들에게 구하였더라(12)

• 요한계시록 5장 : 경배와 찬양을 받으실 구주는 예수 그리스도

내가 보매 보좌에 앉으신 이의 오른손에 두루마리가 있으니 안팎으로 썼고 일곱 인으로 봉하였더라...(1-2)

장로 중의 한 사람이 내게 말하되 울지 말라 유대 지파의 사자 다윗의 뿌리가 이겼으니 그 두루마리와 그 일곱 인을 떼시리라 하더라...(5-8)

내가 또 보고 들으매 보좌와 생물들과 장로들을 둘러 선 많은 천사의 음성이 있으니 그 수가 만만이요 천천이라...(11-14)

• 스가랴 1장 : 유다를 회복시키실 구주는 만군의 여호와

다리오 왕 제이년 여덟째 달에 여호와의 말씀이 잇도의 손자 베레갸의 아들 선지자 스가랴에게 임하니라 이르시되...(1-4)

다리오 왕 제이년 열한째 달 곧 스밧월 이십사일에 잇도의 손자 베레갸의 아들 선지자 스가랴에게 여호와의 말씀이 임하니라...(7-8)

화석류나무 사이에 선 자가 대답하여 이르되 이는 여호와께서 땅에 두루 다니라고 보내신 자들이니라...(10-12)

내게 말하는 천사가 내게 이르되 너는 외쳐 이르기를 만군의 여호와의 말씀에 내가 예루살렘을 위하며 시온을 위하여 크게...(14-17)

• 요한복음 4장 : 한 여자를 구원하실 구주는 예수 그리스도

예수께서 제자를 삼고 세례를 베푸시는 것이 요한보다 많다 하는 말을 바리새인들이 들은 줄을 주께서 아신지라(1)

사마리아에 있는 수가라 하는 동네에 이르시니 야곱이 그 아들 요셉에게 준 땅이 가깝고...(5-7)

사마리아 여자가 이르되 당신은 유대인으로서 어찌하여 사마리아 여자인 나에게 물을 달라 하나이까 하니 이는 유대인이 사마리아인과 상종하지 아니함이러라...(9-26)

여자가 물동이를 버려 두고 동네로 들어가서 사람들에게 이르되...(28-32)

예수께서 이르시되 나의 양식은 나를 보내신 이의 뜻을 행하며 그의 일을 온전히 이루는 이것이니라...(34-38)

예수의 말씀으로 말미암아 믿는 자가 더욱 많아...(41-42)

갈릴리에 이르시매 갈릴리인들이 그를 영접하니 이는 자기들도 명절에 갔다가 예수께서 명절 중 예루살렘에서 하신 모든 일을 보았음이더라...(45-53)

Ⅲ. 묵상을 위한 질문

1. 유다 왕 아사는 이스라엘 왕 바아사의 전쟁을 어떤 방법으로 이겼나요?(1~4)
2. 선견자 하나니는 유다 왕 아사의 어떤 행동을 망령되다고 말했나요?(7~9)
3. 보좌에 앉으신 이의 오른손에 있던 두루마리를 누가 취하였나요?(1~2,5~7)
4. 두루마리를 취했을 때 네 생물과 이십사 장로들과 천천만만의 천사와 모든 피조물은 어떤 노래를 불렀나요?(8~14)
5. 선지자 스가랴가 여호와 하나님께 들은 첫 번째 음성은 무엇이었나요?(1~4)
6. 선지자 스가랴가 여호와 하나님께 들은 두 번째 음성은 무엇이었나요?(7~17)
7. 예수님은 사마리아 수가 우물가에서 한 여자와 어떤 대화를 나누셨나요?(5~26)
8. 예수님은 양식을 구하러 다녀 온 제자들에게 자신의 또 다른 양식이 무엇이라고 말씀하셨나요?(32,34~38)

Ⅳ. 기도

1. 주여, 문제를 풀 때 인간적인 방법보다는 신앙적인 방법을 택하게 하옵소서.
2. 주여, 우리의 미래를 열어 주시는 어린양 구주 예수님을 찬송하게 하옵소서.
3. 주여, 희어져 추수하게 된 이 때를 보고 사역을 양식 삼아 감당하게 하옵소서.

• 하나님 마음 알아가기 •

• 나에게 주시는 말씀(암송하기) •

• 오늘의 감사(기록하기) •

349 일차 / 365 측량 12월 15일

I. 맥체인성경의 통독구조<349>

66권 중 한 권의 여러 장을 읽을 때 전체 대강의 줄거리를 묵상하는 일반적인 통독과는 달리, 66권 중 다른 네 권의 한 장씩을 합쳐 네 장을 읽을 때 링크된 내용을 묵상하게 됨으로 다양하게 역사하신 하나님의 구속사를 깨닫게 되는 구조다.

II. 핵심구절 읽기

성경본문	역대하 17장	요한계시록 6장	스가랴 2장	요한복음 5장
통일주제	**측량** (測量, 어떤 것의 길이, 넓이, 높이, 깊이를 재고 생각하여 헤아림)			
개별주제	측량할수록 넘쳐나는 하나님의 축복	측량하기 두려운 하나님의 인 재앙	측량할 수 없는 하나님의 감탄할 회복	측량할 수 없는 예수님의 완전한 사역
연합내용	**성부와 성자와 성령의 일하심은 인간이 가히 측량할 수 없다. 주의 계명을 지키는 자에게 축복하시고 회개하는 자에게 회복을 주시며 돌아오지 않는 악인에게 재앙을 내리시는 주의 능력 또한 측량할 수 없다.**			
핵심구절	1~6,9~12,16,19	1~8,9~17	1~2,4~13	2~11,14~18 19~32,36~44

• 역대하 17장 : 측량할수록 넘쳐나는 하나님의 축복

아사의 아들 여호사밧이 대신하여 왕이 되어 스스로 강하게 하여 이스라엘을 방어하되...(1-6)

그들이 여호와의 율법책을 가지고 유다에서 가르치되 그 모든 유다 성읍들로 두루 다니며 백성들을 가르쳤더라...(9-12)

그 다음은 시그리의 아들 아마시야니 그는 자기를 여호와께 즐거이 드린 자라 큰 용사 이십만 명을 거느렸고(16)

이는 다 왕을 모시는 자요 이 외에 또 온 유다 견고한 성읍들에 왕이 군사를 두었더라(19)

• 요한계시록 6장 : 측량하기 두려운 하나님의 인 재앙

내가 보매 어린 양이 일곱 인 중의 하나를 떼시는데 그 때에 내가 들으니 네 생물 중의 하나가 우렛소리 같이 말하되 오라 하기로...(1-8)

다섯째 인을 떼실 때에 내가 보니 하나님의 말씀과 그들이 가진 증거로 말미암아 죽임을 당한 영혼들이 제단 아래에 있어...(9-17)

• 스가랴 2장 : 측량할 수 없는 하나님의 감탄할 회복

내가 또 눈을 들어 본즉 한 사람이 측량줄을 그의 손에 잡았기로...(1-2)

이르되 너는 달려가서 그 소년에게 말하여 이르기를 예루살렘은 그 가운데 사람과 가축이 많으므로 성곽 없는 성읍이 될 것이라 하라...(4-13)

• 요한복음 5장 : 측량할 수 없는 예수님의 완전한 사역

예루살렘에 있는 양문 곁에 히브리 말로 베데스다라 하는 못이 있는데 거기 행각 다섯이 있고...(2-11)

그 후에 예수께서 성전에서 그 사람을 만나 이르시되 보라 네가 나았으니 더 심한 것이 생기지 않게 다시는 죄를 범하지 말라 하시니...(14-32)

내게는 요한의 증거보다 더 큰 증거가 있으니 아버지께서 내게 주사 이루게 하시는 역사 곧 내가 하는 그 역사가 아버지께서 나를 보내신 것을 나를 위하여 증언하는 것이요...(36-44)

Ⅲ. 묵상을 위한 질문

1. 여호사밧 왕이 강대한 나라를 세울 수 있었던 것은 무엇 때문일까요?(1~6,10~12)
2. 여호사밧 왕이 방백들과 레위 사람을 보내어 힘써 행한 일은 무엇일까요?(7~9)
3. 요한이 보고 들은 첫째 재앙부터 넷째 재앙까지의 내용은 무엇일까요?(1~8)
4. 요한이 보고 들은 다섯째 재앙부터 여섯째 재앙까지의 내용은 무엇일까요?(9~17)
5. 천사는 스가랴에게 예루살렘은 어떤 성읍이 될 것이라고 말했나요?(1~2,4~5)
6. 시온의 딸을 흩으셨던 여호와 하나님이 다시 그들 가운데 머무시면서 어떻게 회복시키시겠다고 스가랴를 통해 말씀하셨나요?(6~13)
7. 예수님은 명절이요 안식일에 어떤 병자를 고쳐 주셨으며, 그 일로 인해 어떤 오해와 위험을 받으셨나요?(1,5~9,14~18)
8. 예수님은 자기를 죽이고자 하는 유대인들에게 하나님 아버지와 자신의 관계에 대하여 어떤 내용들을 가르치셨나요?(19~29)

Ⅳ. 기도

1. 주여, 여호사밧이 주를 구하고 그 계명을 지킴같이 우리도 그러하게 하옵소서.
2. 주여, 마지막 때에 주가 재앙으로 심판하실 것을 알고 충성되게 살게 하옵소서.
3. 주여, 측량할 수 없는 치유하심과 가르치심을 받아 항상 자유하게 하옵소서.

• 하나님 마음 알아가기 •

• 나에게 주시는 말씀(암송하기) •

• 오늘의 감사(기록하기) •

350 일차 / 365 분별 12월 16일

Ⅰ. 맥체인성경의 통독구조<350>

신구약성경 전체를 네 등분으로 하루에 4장씩 동시에 읽으면 성경에 기록된 장구한 하나님의 구원의 역사를 크게 네 시대, 네 상황으로 나누어 동시에 묵상할 수 있는 구조다.

Ⅱ. 핵심구절 읽기

성경본문	역대하 18장	요한계시록 7장	스가랴 3장	요한복음 6장
통일주제	**분별** (分別, 서로 다른 것을 종류에 따라 판단하여 구별하고 가려냄)			
개별주제	선지자의 예언으로 전쟁여부를 분별하는 두 왕	순교적 신앙으로 구원받을 자를 분별하시는 주	쓰실 대제사장을 분별하여 새롭게 입히시는 주	자신을 생명의 떡으로 분별하도록 가르치신 주
연합내용	**분별은 하나님이 성령을 통해 성도에게 주시는 은사다. 이 분별의 은사를 통해 죄와 세상을 이길 수 있다. 하지만 많은 사람은 인간적 지식에 의한 분별을 한다. 이로 인해 잘못된 결정을 하고 망하게 된다.**			
핵심구절	1~7,12~27 29~34	1~4,9~17	1~5,6~10	4~13,18~20 24~29,35~40 46~57,61~70

• 역대하 18장 : 선지자의 예언으로 전쟁여부를 분별하는 두 왕

여호사밧이 부귀와 영광을 크게 떨쳤고 아합 가문과 혼인함으로 인척 관계를 맺었더라...(1-7)

미가야를 부르러 간 사자가 그에게 말하여 이르되 선지자들의 말이 하나 같이 왕에게 좋게 말하니 청하건대 당신의 말도 그들 중 한 사람처럼 좋게 말하소서 하니...(12-17)

이스라엘 왕이 여호사밧에게 이르되 나는 변장하고 전쟁터로 들어가려 하노니 당신은 왕복을 입으소서 하고 이스라엘 왕이 변장하고 둘이 전쟁터로 들어가니라...(29-34)

• 요한계시록 7장 : 순교적 신앙으로 구원받을 자를 분별하시는 주

이 일 후에 내가 네 천사가 땅 네 모퉁이에 선 것을 보니 땅의 사방의 바람을 붙잡아 바람으로 하여금 땅에나 바다에나 각종 나무에 불지 못하게 하더라...(1-4)

이 일 후에 내가 보니 각 나라와 족속과 백성과 방언에서 아무도 능히 셀 수 없는 큰 무리가 나와 흰 옷을 입고 손에 종려 가지를 들고 보좌 앞과 어린 양 앞에 서서...(9-17)

• 스가랴 3장 : 쓰실 대제사장을 분별하여 새롭게 입히시는 주

대제사장 여호수아는 여호와의 천사 앞에 섰고 사탄은 그의 오른쪽에 서서 그를 대적하는 것을 여호와께서 내게 보이시니라...(1-5)

여호와의 천사가 여호수아에게 증언하여 이르되...(6-10)

• 요한복음 6장 : 자신을 생명의 떡으로 분별하도록 가르치신 주

마침 유대인의 명절인 유월절이 가까운지라...(4-13)

큰 바람이 불어 파도가 일어나더라...(18-20)

무리가 거기에 예수도 안 계시고 제자들도 없음을 보고 곧 배들을 타고 예수를 찾으러 가버나움으로 가서...(24-29)

예수께서 이르시되 나는 생명의 떡이니 내게 오는 자는 결코 주리지 아니할 터이요 나를 믿는 자는 영원히 목마르지 아니하리라...(35-40)

이는 아버지를 본 자가 있다는 것이 아니니라 오직 하나님에게서 온 자만 아버지를 보았느니라...(46-57)

예수께서 스스로 제자들이 이 말씀에 대하여 수군거리는 줄 아시고 이르시되 이 말이 너희에게 걸림이 되느냐...(61-70)

Ⅲ. 묵상을 위한 질문

1. 아합 가문과 혼인한 여호사밧 왕은 아합 왕과 더불어 어떤 일로 모든 선지자들의 예언을 들었나요?(1~7,12~22)
2. 참 선지자 미가야의 예언을 무시한 아합 왕은 어떤 죽음을 맞이했나요?(29~34)
3. 야곱의 열두 지파 중에 인침을 받지 못한 지파는 어디일까요?(5~8)
4. 각 나라와 족속과 백성과 방언에서 아무도 능히 셀 수 없는 흰 옷을 입은 큰 무리는 누구이며 어떤 소리를 외쳤나요?(9~10,13~15)
5. 여호와 하나님은 모든 것을 회복시키실 때 무엇부터 정결케 하실까요?(1~5)
6. 여호와 하나님은 정결한 관과 아름다운 옷을 새롭게 입힌 대제사장 여호수아에게 천사를 통하여 어떤 말씀을 하셨나요?(6~10)
7. 오병이어의 기적을 보이신 예수님은 자신을 무엇이라고 말씀하셨나요?(27,35~40)
8. 자신을 참된 양식과 음료라고 말씀하신 예수님은 무엇을 제정하셨나요?(47~58)

Ⅳ. 기도

1. 주여, 어떤 일을 결정할 때 내 의견에 일치하는 것보다는 분별하게 하옵소서.
2. 주여, 정치와 교회의 지도자가 죄를 벗고 새 옷을 입은 후 바로 일하게 하옵소서.
3. 주여, 생명의 떡인 예수로 인해 영생을 얻고 다른 영혼을 구원하게 하옵소서.

• 하나님 마음 알아가기 •

• 나에게 주시는 말씀(암송하기) •

• 오늘의 감사(기록하기) •

351 일차 / 365 　 공포 　 12월 17일

I. 맥체인성경의 통독구조<351>

신구약성경 전체를 네 시대로 구분하여 하루에 4장씩 동시에 읽으면 각 시대별로 또한 거시적인 안목으로 하나님의 다스리시는 통치의 역사를 역동적으로 묵상할 수 있는 구조다.

II. 핵심구절 읽기

성경본문	역대하 19-20장	요한계시록 8장	스가랴 4장	요한복음 7장
통일주제	**공포** (公布, 일반 대중에게 널리 알림)			
개별주제	여호사밧이 백성들에게 금식을 공포함	천사들이 세상에게 나팔 재앙을 공포함	여호와께서 이스라엘에게 은총을 공포하심	예수님께서 무리에게 교훈을 공포하심
연합내용	**모두가 알아야 할 명령과 법률을 공포하여 반드시 지키게 하듯이 하나님의 뜻 또한 공포하여 지키게 해야 한다. 그 내용은 선민 이스라엘을 위한 율법에서부터 온 세상을 위한 복음까지 아우르는 것이다.**			
핵심구절	19:2~9 20:1,3~4,6,8~9 12~13,17~21,25 29~30,32~33,35	1~4,7~12	2~3,6~7,9~10 12~14	1~2,14~19 28~29,37~39 50~51

• 역대하 19-20장 : 여호사밧이 백성들에게 금식을 공포함

하나니의 아들 선견자 예후가 나가서 여호사밧 왕을 맞아 이르되 왕이 악한 자를 돕고 여호와를 미워하는 자들을 사랑하는 것이 옳으니이까 그러므로 여호와께로부터 진노하심이 왕에게 임하리이다...(19:2-9)

그 후에 모압 자손과 암몬 자손들이 마온 사람들과 함께 와서 여호사밧을 치고자 한지라(20:1)

여호사밧이 두려워하여 여호와께로 낯을 향하여 간구하고 온 유다 백성에게 금식하라 공포하매...(20:3-4)

이르되 우리 조상들의 하나님 여호와여 주는 하늘에서 하나님이 아니시니이까 이방 사람들의 모든 나라를 다스리지 아니하시나이까 주의 손에 권세와 능력이 있사오니 능히 주와 맞설 사람이 없나이다(20:6)

그들이 이 땅에 살면서 주의 이름을 위하여 한 성소를 주를 위해 건축하고 이르기를...(20:8-9)

우리 하나님이여 그들을 징벌하지 아니하시나이까 우리를 치러 오는 이 큰 무리를 우리가 대

적할 능력이 없고 어떻게 할 줄도 알지 못하옵고 오직 주만 바라보나이다 하고...(20:12-13)

이 전쟁에는 너희가 싸울 것이 없나니 대열을 이루고 서서 너희와 함께 한 여호와가 구원하는 것을 보라 유다와 예루살렘아 너희는 두려워하지 말며 놀라지 말고 내일 그들을 맞서 나가라 여호와가 너희와 함께 하리라 하셨느니라 하매...(20:17-21)

여호사밧과 그의 백성이 가서 적군의 물건을 탈취할새 본즉 그 가운데에 재물과 의복과 보물이 많이 있으므로 각기 탈취하는데 그 물건이 너무 많아 능히 가져갈 수 없을 만큼 많으므로 사흘 동안에 거두어들이고(20:25)

이방 모든 나라가 여호와께서 이스라엘의 적군을 치셨다 함을 듣고 하나님을 두려워하므로...(20:29-30)

여호사밧이 그의 아버지 아사의 길로 행하여 돌이켜 떠나지 아니하고 여호와 보시기에 정직하게 행하였으나...(20:32-33)

유다 왕 여호사밧이 나중에 이스라엘 왕 아하시야와 교제하였는데 아하시야는 심히 악을 행하는 자였더라(20:35)

• 요한계시록 8장 : 천사들이 세상에게 나팔 재앙을 공포함

일곱째 인을 떼실 때에 하늘이 반 시간쯤 고요하더니...(1-4)

첫째 천사가 나팔을 부니 피 섞인 우박과 불이 나와서 땅에 쏟아지매 땅의 삼분의 일이 타 버리고 수목의 삼분의 일도 타 버리고 각종 푸른 풀도 타 버렸더라...(7-12)

• 스가랴 4장 : 여호와께서 이스라엘에게 은총을 공포하심

그가 내게 묻되 네가 무엇을 보느냐 내가 대답하되 내가 보니 순금 등잔대가 있는데...(2-3)

그가 내게 대답하여 이르되 여호와께서 스룹바벨에게 하신 말씀이 이러하니라...(6-7)

스룹바벨의 손이 이 성전의 기초를 놓았은즉 그의 손이 또한 그 일을 마치리라...(9-10)

다시 그에게 물어 이르되 금 기름을 흘리는 두 금관 옆에 있는 이 감람나무 두 가지는 무슨 뜻이니이까 하니...(12-14)

• 요한복음 7장 : 예수님께서 무리에게 교훈을 공포하심

그 후에 예수께서 갈릴리에서 다니시고 유대에서 다니려 아니하심은 유대인들이 죽이려 함이러라...(1-2)

이미 명절의 중간이 되어 예수께서 성전에 올라가사 가르치시니...(14-19)

예수께서 성전에서 가르치시며 외쳐 이르시되 너희가 나를 알고 내가 어디서 온 것도...(28-29)

명절 끝날 곧 큰 날에 예수께서 서서 외쳐 이르시되 누구든지 목마르거든 내게로...(37-39)

그 중의 한 사람 곧 전에 예수께 왔던 니고데모가 그들에게 말하되...(50-51)

Ⅲ. 묵상을 위한 질문

1. 선견자 예후의 책망을 들은 여호사밧 왕은 어떤 개혁을 추진했나요?(19:4~9)
2. 여호사밧 왕이 모압, 암몬과 전쟁할 때에 사용한 전술은 무엇일까요?(20:3~4,17~21)
3. 천사는 금향로에 많은 향을 받아 무엇과 함께 보좌 앞 금제단에 드렸나요?(1~4)
4. 첫째 나팔재앙부터 넷째 나팔재앙까지 어떤 재앙들이 나타났나요?(7~12)
5. 순금 등잔대 좌우의 두 감람나무는 무엇을 의미하는 것일까요?(14)
6. 여호와께서 스가랴에게 이 말씀들을 하신 이유는 무엇일까요?(9)
7. 예수님께서 명절 중간에 성전에서 가르치신 교훈은 누구의 말씀이었나요?(16)
8. 예수님께서 명절 끝날 곧 큰 날에 어떤 말씀을 외치셨나요?(37~38)

Ⅳ. 기도

1. 주여, 누군가 나에게 채찍을 칠 때 주의 규탄으로 여길 줄 아는 겸손을 주옵소서.
2. 주여, 성전의 기초와 마침을 이루실 하나님을 의지하며 은총을 누리게 하옵소서.
3. 주여, 예수님의 말씀을 교훈삼아 재림의 날까지 생수의 강을 마시게 하옵소서.

• 하나님 마음 알아가기 •

• 나에게 주시는 말씀(암송하기) •

• 오늘의 감사(기록하기) •

352 일차 / 365 불변 12월 18일

Ⅰ. 맥체인성경의 통독구조<352>

맥체인성경은 각 시대의 상황을 기록한 네 장의 다양한 성경 주제와 내용을 매일 묵상을 통해 하나로 묶는 풍성하고 놀라운 구조이다.

Ⅱ. 핵심구절 읽기

성경본문	역대하 21장	요한계시록 9장	스가랴 5장	요한복음 8장
통일주제	**불변** (不變, 사물의 모양이나 성질, 또 언약이나 약속이 변하지 않음)			
개별주제	다윗과 맺은 언약을 지키시는 불변의 여호와	악한 자를 향해 심판을 행하는 불변의 천사들	거짓말과 헛맹세한 자를 저주하시는 불변의 주	유대인들에게 진리를 가르치신 불변의 예수
연합내용	**세상은 끝없이 변한다. 사람도 자연도 모두 변한다. 오직 변하지 않으시는 분은 삼위일체 하나님이시다. 그 분의 말씀도 약속도 통치도 구원도 심판도 절대 변하지 않는다. 오직 인간 때문에 변할 뿐이다.**			
핵심구절	3~7,10~17,20	1~5,7~11,14~19	1~4,6~11	3~12,14~16 21,23~26,28~29 31,34~47,54~58

• 역대하 21장 : 다윗과 맺은 언약을 지키시는 불변의 여호와

그의 아버지가 그들에게는 은금과 보물과 유다 견고한 성읍들을 선물로 후히 주었고 여호람은 장자이므로 왕위를 주었더니...(3-7)

이와 같이 에돔이 배반하여 유다의 지배하에서 벗어났더니 오늘까지 그러하였으며 그 때에 립나도 배반하여 여호람의 지배 하에서 벗어났으니 이는 그가 그의 조상들의 하나님 여호와를 버렸음이더라...(10-17)

여호람이 삼십이 세에 즉위하고 예루살렘에서 팔 년 동안 다스리다가 아끼는 자 없이 세상을 떠났으며 무리가 그를 다윗 성에 장사하였으나 열왕의 묘실에는 두지 아니하였더라(20)

• 요한계시록 9장 : 악한 자를 향해 심판을 행하는 불변의 천사들

다섯째 천사가 나팔을 불매 내가 보니 하늘에서 땅에 떨어진 별 하나가 있는데 그가 무저갱의 열쇠를 받았더라...(1-5)

황충들의 모양은 전쟁을 위하여 준비한 말들 같고 그 머리에 금 같은 관 비슷한 것을 썼으며

그 얼굴은 사람의 얼굴 같고...(7-11)

나팔 가진 여섯째 천사에게 말하기를 큰 강 유브라데에 결박한 네 천사를 놓아 주라 하매...(14-19)

• 스가랴 5장 : 거짓말과 헛맹세한 자를 저주하시는 불변의 주

내가 다시 눈을 들어 본즉 날아가는 두루마리가 있더라...(1-4)

내가 묻되 이것이 무엇이니이까 하니 그가 이르되 나오는 이것이 에바이니라 하시고 또 이르되 온 땅에서 그들의 모양이 이러하니라...(6-11)

• 요한복음 8장 : 유대인들에게 진리를 가르치신 불변의 예수

서기관들과 바리새인들이 음행중에 잡힌 여자를 끌고 와서 가운데 세우고...(3-12)

예수께서 대답하여 이르시되 내가 나를 위하여 증언하여도 내 증언이 참되니 나는 내가 어디서 오며 어디로 가는 것을 알거니와 너희는 내가 어디서 오며 어디로 가는 것을 알지 못하느니라...(14-16)

다시 이르시되 내가 가리니 너희가 나를 찾다가 너희 죄 가운데서 죽겠고 내가 가는 곳에는 너희가 오지 못하리라(21)

예수께서 이르시되 너희는 아래에서 났고 나는 위에서 났으며 너희는 이 세상에 속하였고 나는 이 세상에 속하지 아니하였느니라...(23-26)

이에 예수께서 이르시되 너희가 인자를 든 후에 내가 그인 줄을 알고 또 내가 스스로 아무 것도 하지 아니하고 오직 아버지께서 가르치신 대로 이런 것을 말하는 줄도 알리라...(28-29)

그러므로 예수께서 자기를 믿은 유대인들에게 이르시되 너희가 내 말에 거하면 참으로 내 제자가 되고(31)

예수께서 대답하시되 진실로 진실로 너희에게 이르노니 죄를 범하는 자마다 죄의 종이라...(34-47)

예수께서 대답하시되 내가 내게 영광을 돌리면 내 영광이 아무 것도 아니거니와 내게 영광을 돌리시는 이는 내 아버지시니 곧 너희가 너희 하나님이라 칭하는 그이시라...(54-58)

Ⅲ. 묵상을 위한 질문

1. 여호사밧의 아들 여호람이 왕위에 올라 이스라엘 왕들의 길로 행하여 악을 행하여도 왜 여호와 하나님은 멸하기를 싫어하셨나요?(4~7)
2. 하나님의 인내하심 속에서도 계속 여러 가지 악을 행한 여호람은 결국 어떤 벌을 받았나요?(10~17,20)
3. 다섯째 나팔재앙에 등장하는 황충은 어떤 모양이며 무슨 역할을 할까요?(1~11)
4. 여섯째 나팔재앙에 등장하는 마병대의 수와 모양과 역할은 무엇일까요?(14~19)
5. 스가랴가 본 날아가는 두루마리는 무엇이었나요?(1~4)
6. 스가랴가 본 에바와 한 여인과 납 그리고 두 여인은 어떤 관계일까요?(6~11)
7. 예수님은 간음하다가 현장에서 잡힌 여자에게 어떤 은혜를 베푸셨나요?(3~11)
8. 예수님은 자기를 죽이려는 유대인들과 또 자기를 믿는 유대인들에게 각각 자신에 대하여 어떻게 말씀하셨나요?(12,16,23,29,40,42,55,58)

Ⅳ. 기도

1. 주여, 아버지의 믿음과 순종이 자녀와 후손에게 대대로 복이 되게 하옵소서.
2. 주여, 말세에 악한 자를 향한 하나님의 재앙을 당하지 않는 자가 되게 하옵소서.
3. 주여, 성도로서 예수님에 대하여 충분히 알게 하사 진리를 더 알게 하옵소서.

• 하나님 마음 알아가기 •

• 나에게 주시는 말씀(암송하기) •

• 오늘의 감사(기록하기) •

353 일차 / 365 대행 12월 19일

Ⅰ. 맥체인성경의 통독구조<353>

하나님의 구원의 역사를 한 눈에 볼 수 있도록 구성되어 있다.
세상을 향한 하나님의 마음과 생각을 폭넓게 연상할 수 있도록 구성되어 있다.

Ⅱ. 핵심구절 읽기

성경본문	역대하 22-23장	요한계시록 10장	스가랴 6장	요한복음 9장
통일주제	**대행** (代行, 어떤 권한이나 직무를 대신하여 행함)			
개별주제	종교개혁을 대행하는 제사장 여호야다	하나님의 뜻을 대행하는 천사들과 요한	금 면류관 씌우는 일을 대행하는 스가랴	복음 전파를 대행하는 눈을 뜨게 된 맹인
연합내용	**하나님은 일하시는 분이시다. 예수님을 통해 또는 왕이나 선지자나 제사장이나 사도나 제자 등을 통해 구원의 일을 대행 하신다. 그 결과로 하나님은 영광을 받으시고 대행한 일꾼은 면류관과 큰 상을 받는다.**			
핵심구절	22:1~5,7~12 23:1~7,9~15,17 19~21	1~2,4~11	1~7,11~13,15	1~7,11,14 17~22,24~28 32~33,35~39

• 역대하 22-23장 : 종교개혁을 대행하는 제사장 여호야다

예루살렘 주민이 여호람의 막내 아들 아하시야에게 왕위를 계승하게 하였으니 이는 전에 아라비아 사람들과 함께 와서 진을 치던 부대가 그의 모든 형들을 죽였음이라 그러므로 유다 왕 여호람의 아들 아하시야가 왕이 되었더라...(22:1-5)

아하시야가 요람에게 가므로 해를 입었으니 이는 하나님께로 말미암은 것이라 아하시야가 갔다가 요람과 함께 나가서 님시의 아들 예후를 맞았으니 그는 여호와께서 기름을 부으시고 아합의 집을 멸하게 하신 자이더라...(22:7-12)

제칠년에 여호야다가 용기를 내어 백부장 곧 여로함의 아들 아사랴와 여호하난의 아들 이스마엘과 오벳의 아들 아사랴와 아다야의 아들 마아세야와 시그리의 아들 엘리사밧 등과 더불어 언약을 세우매...(23:1-7)

제사장 여호야다가 하나님의 전 안에 있는 다윗 왕의 창과 큰 방패와 작은 방패를 백부장들에게 주고...(23:9-15)

온 국민이 바알의 신당으로 가서 그 신당을 부수고 그의 제단들과 형상들을 깨뜨리고 그 제단 앞에서 바알의 제사장 맛단을 죽이니라(23:17)

또 문지기를 여호와의 전 여러 문에 두어 무슨 일에든지 부정한 모든 자는 들어오지 못하게 하고...(23:19-21)

• 요한계시록 10장 : 하나님의 뜻을 대행하는 천사들과 요한

내가 또 보니 힘 센 다른 천사가 구름을 입고 하늘에서 내려오는데 그 머리 위에 무지개가 있고 그 얼굴은 해 같고 그 발은 불기둥 같으며...(1-2)

일곱 우레가 말을 할 때에 내가 기록하려고 하다가 곧 들으니 하늘에서 소리가 나서 말하기를 일곱 우레가 말한 것을 인봉하고 기록하지 말라 하더라...(4-11)

• 스가랴 6장 : 금 면류관 씌우는 일을 대행하는 스가랴

내가 또 눈을 들어 본즉 네 병거가 두 산 사이에서 나오는데 그 산은 구리 산이더라...(1-7)

은과 금을 받아 면류관을 만들어 여호사닥의 아들 대제사장 여호수아의 머리에 씌우고...(11-13)

먼 데 사람들이 와서 여호와의 전을 건축하리니 만군의 여호와께서 나를 너희에게 보내신 줄을 너희가 알리라 너희가 만일 너희의 하나님 여호와의 말씀을 들을진대 이같이 되리라(15)

• 요한복음 9장 : 복음 전파를 대행하는 눈을 뜨게 된 맹인

예수께서 길을 가실 때에 날 때부터 맹인 된 사람을 보신지라...(1-7)

대답하되 예수라 하는 그 사람이 진흙을 이겨 내 눈에 바르고 나더러 실로암에 가서 씻으라 하기에 가서 씻었더니 보게 되었노라(11)

예수께서 진흙을 이겨 눈을 뜨게 하신 날은 안식일이라(14)

이에 맹인되었던 자에게 다시 묻되 그 사람이 네 눈을 뜨게 하였으니 너는 그를 어떠한 사람이라 하느냐 대답하되 선지자니이다 하니...(17-22)

이에 그들이 맹인이었던 사람을 두 번째 불러 이르되 너는 하나님께 영광을 돌리라 우리는 이 사람이 죄인인 줄 아노라...(24-28)

창세 이후로 맹인으로 난 자의 눈을 뜨게 하였다 함을 듣지 못하였으니...(32-33)

예수께서 그들이 그 사람을 쫓아냈다 하는 말을 들으셨더니 그를 만나사 이르시되 네가 인자를 믿느냐...(35-39)

Ⅲ. 묵상을 위한 질문

1. 아하시야 왕은 어떻게 죽었으며 모친 아달랴는 어떤 악을 행하였나요?(22:7~12)
2. 제사장 여호야다는 아하시야의 아들 요아스를 어떻게 즉위시켰나요?(23:1~7,9~11)
3. 요한이 본 힘 센 천사는 어떤 모습을 하고 있었나요?(1~2,5~8)
4. 요한은 힘 센 천사에게 나아가 펴 놓인 작은 두루마리를 어떻게 했나요?(9~11)
5. 스가랴가 본 두 구리산 사이에서 나온 네 병거는 무엇이었나요?(1~7)
6. 여호와 하나님은 스가랴에게 무엇을 하라고 말씀을 하셨나요?(10~13)
7. 날 때부터 맹인된 사람은 어떻게 눈을 떴으며 예수님에 대하여 어떤 신앙고백을 드렸나요?(5~7,11,35~38)
8. 눈을 뜨게 된 맹인은 끝까지 예수를 의심하는 바리새인들에게 어떻게 예수를 증거했나요?(15,17,24~28,32~33)

Ⅳ. 기도

1. 주여, 악한 자와 짝하여 악을 꾀함으로 멸망하는 자가 되지 않게 하옵소서.
2. 주여, 이 시대에 우리에게 주시는 특별한 사명을 잘 받아 감당하게 하옵소서.
3. 주여, 큰 고통 속에서 무한한 은혜를 입은 자로서 예수를 증거하게 하옵소서.

• 하나님 마음 알아가기 •

• 나에게 주시는 말씀(암송하기) •

• 오늘의 감사(기록하기) •

훼방

Ⅰ. 맥체인성경의 통독구조<354>

기존 성경을 읽을 때는 등장인물이 주인공이 될 때도 많이 있으나 맥체인성경의 신구약 4장을 읽으면 모든 통일주제와 개별주제의 주인공이 대부분 하나님과 예수님과 성령님이 되는 구조이다.

Ⅱ. 핵심구절 읽기

성경본문	역대하 24장	요한계시록 11장	스가랴 7장	요한복음 10장
통일주제	**훼방** (毁謗, 남의 일을 잘못되게 하거나 못하게 함)			
개별주제	요아스의 성전 수리를 훼방하는 악한 자들	두 증인의 사역을 훼방하는 짐승과 악한 자들	여호와의 말씀을 듣지 않고 훼방하는 백성들	선한 목자이신 예수의 사역을 훼방한 유대인들
연합내용	**그리스도인이 주 예수의 뜻을 따라 살려고 할 때 마귀와 악한 영, 그리고 그 영향을 받은 자는 끊임없이 훼방을 일삼는다. 그 때에 성령의 도우심과 신앙적 의지로 이기는 자는 그 이름이 생명책에 기록된다.**			
핵심구절	2~10,12~13 17~22,24~25	1~13,15~18	2~7,9~13	1~4,7~11,14~17 22,24~33,36~38 41~42

• 역대하 24장 : 요아스의 성전 수리를 훼방하는 악한 자들

제사장 여호야다가 세상에 사는 모든 날에 요아스가 여호와 보시기에 정직하게 행하였으며...(2-10)

왕과 여호야다가 그 돈을 여호와의 전 감독자에게 주어 석수와 목수를 고용하여 여호와의 전을 보수하며 또 철공과 놋쇠공을 고용하여 여호와의 전을 수리하게 하였더니...(12-13)

여호야다가 죽은 후에 유다 방백들이 와서 왕에게 절하매 왕이 그들의 말을 듣고...(17-22)

아람 군대가 적은 무리로 왔으나 여호와께서 심히 큰 군대를 그들의 손에 넘기셨으니 이는 유다 사람들이 그들의 조상들의 하나님 여호와를 버렸음이라 이와 같이 아람 사람들이 요아스를 징벌하였더라...(24-25)

• 요한계시록 11장 : 두 증인의 사역을 훼방하는 짐승과 악한 자들

또 내게 지팡이 같은 갈대를 주며 말하기를 일어나서 하나님의 성전과 제단과 그 안에서 경배

하는 자들을 측량하되...(1-13)

일곱째 천사가 나팔을 불매 하늘에 큰 음성들이 나서 이르되 세상 나라가 우리 주와 그의 그리스도의 나라가 되어 그가 세세토록 왕 노릇 하시리로다 하니...(15-18)

• 스가랴 7장 : 여호와의 말씀을 듣지 않고 훼방하는 백성들

그 때에 벧엘 사람이 사레셀과 레겜멜렉과 그의 부하들을 보내어 여호와께 은혜를 구하고...(2-7)

만군의 여호와가 이같이 말하여 이르시기를 너희는 진실한 재판을 행하며 서로 인애와 긍휼을 베풀며...(9-13)

• 요한복음 10장 : 선한 목자이신 예수의 사역을 훼방한 유대인들

내가 진실로 진실로 너희에게 이르노니 문을 통하여 양의 우리에 들어가지 아니하고 다른 데로 넘어가는 자는 절도며 강도요...(1-4)

그러므로 예수께서 다시 이르시되 내가 진실로 진실로 너희에게 말하노니 나는 양의 문이라...(7-11)

나는 선한 목자라 나는 내 양을 알고 양도 나를 아는 것이...(14-17)

예루살렘에 수전절이 이르니 때는 겨울이라(22)

유대인들이 에워싸고 이르되 당신이 언제까지나 우리 마음을 의혹하게 하려 하나이까 그리스도이면 밝히 말씀하소서 하니...(24-33)

하물며 아버지께서 거룩하게 하사 세상에 보내신 자가 나는 하나님의 아들이라 하는 것으로 너희가 어찌 신성모독이라 하느냐...(36-38)

많은 사람이 왔다가 말하되 요한은 아무 표적도 행하지 아니하였으나 요한이 이 사람을 가리켜 말한 것은 다 참이라 하더라...(41-42)

Ⅲ. 묵상을 위한 질문

1. 요아스 왕이 성전을 수리하려고 할 때 훼방했던 자들은 누구였나요?(4~7)
2. 여호야다가 죽은 후 요아스의 통치는 어떻게 변했나요?(17~22,24)
3. 요한이 말한 두 증인은 누구이며 어떤 사역 과정을 보여 주고 있나요?(3~12)
4. 세상 나라가 주의 나라가 되어 주가 왕노릇 하실 때 이방들과 땅을 망하게 했던 훼방자들은 어떻게 될까요?(15~18)
5. 만군의 여호와는 온 백성과 제사장들이 어떤 금식을 했다고 말씀하셨나요?(4~7)
6. 예루살렘 백성은 여호와 하나님이 선지자들을 통해 하신 말씀과 율법을 듣지 않고 어떻게 거역하며 훼방하여 황폐케 되었나요?(9~13)
7. 예수님은 자신을 누구라고 하시며 그 특징을 무엇이라고 하셨나요?(11,14~17)
8. 예수님의 사역을 훼방하며 돌로 치려했던 유대인들은 예수님이 하신 말씀 중 어떤 가르침이 마음에 걸렸나요?(24~33,36~38)

Ⅳ. 기도

1. 주여, 처음과 나중의 사역이 동일하게 진실한 사역자가 되게 하옵소서.
2. 주여, 금식도 제사도 사역도 오직 하나님을 위하여 행하는 자가 되게 하옵소서.
3. 주여, 선한 목자이신 예수님의 음성을 듣고 따라가는 양이 되게 하옵소서.

• 하나님 마음 알아가기 •

• 나에게 주시는 말씀(암송하기) •

• 오늘의 감사(기록하기) •

355 일차 / 365 생각 12월 21일

Ⅰ. 맥체인성경의 통독구조<355>

맥체인성경 통독은 시간의 초월 즉 역사의 초월을 통해 예언과 성취를 동시에 경험할 수 있는 구조이다. 이미 지나간 과거에 대한 긴 역사를 우리는 한 정점에서 동시에 묵상한다.

Ⅱ. 핵심구절 읽기

성경본문	역대하 25장	요한계시록 12장	스가랴 8장	요한복음 11장
통일주제	**생각** (무엇을 행하기로 마음속으로 작정하거나 각오함)			
개별주제	선지자를 통해 모병 반대의 생각을 전하신 주	요한을 통해 사단 진멸의 생각을 전하신 주	스가랴를 통해 선민 회복의 생각을 전하신 주	나사로를 통해 부활 영생의 생각을 전하신 주
연합내용	**하나님의 생각은 추상적이거나 행하시지 않는 공허한 관념이 아니다. 하나님은 인간과 달라 생각하심이 곧 뜻이요 행하심이며 구원과 심판 그리고 축복과 저주의 결과를 가져온다. 주의 생각은 완전한 역사다.**			
핵심구절	1~9,11,13~16 19~22,24,27	1~6,7~12,13~17	2~9,11~13 15~17,19,21~23	1~5,7~11,14~15 17,20~27,32~44

• 역대하 25장 : 선지자를 통해 모병 반대의 생각을 전하신 주

아마샤가 왕위에 오를 때에 나이가 이십오 세라 예루살렘에서 이십구 년 동안 다스리니라 그의 어머니의 이름은 여호앗단이요 예루살렘 사람이더라...(1-9)

아마샤가 담력을 내어 그의 백성을 거느리고 소금 골짜기에 이르러 세일 자손 만 명을 죽이고(11)

아마샤가 자기와 함께 전장에 나가지 못하게 하고 돌려보낸 군사들이 사마리아에서부터 벧호론까지 유다 성읍들을 약탈하고 사람 삼천 명을 죽이고 물건을 많이 노략하였더라...(13-16)

네가 에돔 사람들을 쳤다고 네 마음이 교만하여 자긍하는도다 네 궁에나 있으라 어찌하여 화를 자초하여 너와 유다가 함께 망하고자 하느냐 하나...(19-22)

또 하나님의 전 안에서 오벧에돔이 지키는 모든 금은과 그릇과 왕궁의 재물을 빼앗고 또 사람들을 볼모로 잡아 가지고 사마리아로 돌아갔더라(24)

아마샤가 돌아서서 여호와를 버린 후로부터 예루살렘에서 무리가 그를 반역하였으므로 그가 라기스로 도망하였더니 반역한 무리가 사람을 라기스로 따라 보내어 그를 거기서 죽이게 하고(27)

• 요한계시록 12장 : 요한을 통해 사단 진멸의 생각을 전하신 주

하늘에 큰 이적이 보이니 해를 옷 입은 한 여자가 있는데 그 발 아래에는 달이 있고 그 머리에는 열두 별의 관을 썼더라...(1-6)

하늘에 전쟁이 있으니 미가엘과 그의 사자들이 용과 더불어 싸울새 용과 그의 사자들도 싸우나...(7-12)

용이 자기가 땅으로 내쫓긴 것을 보고 남자를 낳은 여자를 박해하는지라...(13-17)

• 스가랴 8장 : 스가랴를 통해 선민 회복의 생각을 전하신 주

만군의 여호와가 이같이 말하노라 내가 시온을 위하여 크게 질투하며 그를 위하여 크게 분노함으로 질투하노라...(2-9)

만군의 여호와의 말씀이니라 이제는 내가 이 남은 백성을 대하기를 옛날과 같이 아니할 것인즉...(11-13)

이제 내가 다시 예루살렘과 유다 족속에게 은혜를 베풀기로 뜻하였나니 너희는 두려워하지 말지니라...(15-17)

만군의 여호와가 이같이 말하노라 넷째 달의 금식과 다섯째 달의 금식과 일곱째 달의 금식과 열째 달의 금식이 변하여 유다 족속에게 기쁨과 즐거움과 희락의 절기들이 되리니 오직 너희는 진리와 화평을 사랑할지니라(19)

이 성읍 주민이 저 성읍에 가서 이르기를 우리가 속히 가서 만군의 여호와를 찾고 여호와께 은혜를 구하자 하면 나도 가겠노라 하겠으며...(21-23)

• 요한복음 11장 : 나사로를 통해 부활 영생의 생각을 전하신 주

어떤 병자가 있으니 이는 마리아와 그 자매 마르다의 마을 베다니에 사는 나사로라...(1-5)

그 후에 제자들에게 이르시되 유대로 다시 가자 하시니...(7-11)

이에 예수께서 밝히 이르시되 나사로가 죽었느니라...(14-15)

예수께서 와서 보시니 나사로가 무덤에 있은 지 이미 나흘이라(17)

마르다는 예수께서 오신다는 말을 듣고 곧 나가 맞이하되 마리아는 집에 앉았더라...(20-27)

마리아가 예수 계신 곳에 가서 뵈옵고 그 발 앞에 엎드리어 이르되 주께서 여기 계셨더라면 내 오라버니가 죽지 아니하였겠나이다 하더라...(32-44)

Ⅲ. 묵상을 위한 질문

1. 아마샤 왕이 잘 한 점과 잘못한 점은 무엇일까요?(2~7,9~11,14~16)
2. 유다 왕 아마샤가 이스라엘 왕 요아스를 향해 불필요한 전쟁을 일으켰을 때에 그 결과는 어떻게 되었나요?(19~24,27)
3. 요한이 본 하늘에 크고 다른 이적 두 가지는 무엇이었나요?(1~4)
4. 하늘의 별 1/3을 끌어다가 땅에 던진 용은 무엇이며 누구와 싸웠나요?(7~10)
5. 여호와 하나님은 스가랴에게 예루살렘에 대한 어떤 계획을 말씀하셨나요?(3~8)
6. 여호와 하나님은 유다 족속과 이스라엘 족속에게 어떤 복과 은혜를 내려 주시겠다고 약속하셨나요?(13,15,19,21~23)
7. 예수님이 병든 나사로를 향해 가신 네 가지 이유와 그에 대한 제자들의 반응은 어떠했나요?(1~5,7~8,14~15)
8. 예수님은 죽은 나사로를 살리기 위하여 어떤 방법을 사용하셨나요?(33~44)

Ⅳ. 기도

1. 주여, 신앙생활과 일상생활을 할 때 성서적인 일관된 생각으로 나가게 하옵소서.
2. 주여, 미가엘이 사단과 싸워 이긴 것처럼 우리도 악한 영을 이기게 하옵소서.
3. 주여, 예수님의 사랑을 받은 나사로처럼 우리도 사랑받아 구원 얻게 하옵소서.

• 하나님 마음 알아가기 •

• 나에게 주시는 말씀(암송하기) •

• 오늘의 감사(기록하기) •

356 일차 / 365 초래 12월 22일

Ⅰ. 맥체인성경의 통독구조<356>

기존의 성경묵상은 한 책을 읽으므로 한 본문에 한 교훈을 찾는 것이 일반적이지만 맥체인 성경 읽기와 묵상은 네 책을 읽고 네 본문의 공통점을 찾기 때문에 몇 개의 교훈이 나타난다. 그 중에 현재 감동을 주는 교훈을 적용하는 구조이다.

Ⅱ. 핵심구절 읽기

성경본문	역대하 26장	요한계시록 13장	스가랴 9장	요한복음 12장
통일주제	**초래** (招來, 일의 결과로써 어떤 현상을 생겨나게 함)			
개별주제	웃시야의 교만함이 불치의 나병을 초래함	두 짐승의 미혹함과 핍박이 순교를 초래함	여호와의 말씀이 이스라엘의 구원을 초래함	예수님의 생명이 온 세상의 구원을 초래함
연합내용	**우리의 선택과 행동이 결과를 초래하듯이 하나님의 말씀과 예수님의 생명은 온 세상에 구원을 초래한다. 우리는 말씀의 교훈을 따라 교만이 아닌 겸손으로 구원의 길을 끝까지 순종하며 따라가야 한다.**			
핵심구절	3~5,7~8,16~21	1~6,9~10,12~15	1,3~4,8~10,12 15~16	2~3,12~15 23~28,30~32 35~36,44~47

• 역대하 26장 : 웃시야의 교만함이 불치의 나병을 초래함

웃시야가 왕위에 오를 때에 나이가 십육 세라 예루살렘에서 오십이 년 간 다스리니라 그의 어머니의 이름은 여골리아요 예루살렘 사람이더라...(3-5)

하나님이 그를 도우사 블레셋 사람들과 구르바알에 거주하는 아라비아 사람들과 마온 사람들을 치게 하신지라...(7-8)

그가 강성하여지매 그의 마음이 교만하여 악을 행하여 그의 하나님 여호와께 범죄하되 곧 여호와의 성전에 들어가서 향단에 분향하려 한지라...(16-21)

• 요한계시록 13장 : 두 짐승의 미혹함과 핍박이 순교를 초래함

내가 보니 바다에서 한 짐승이 나오는데 뿔이 열이요 머리가 일곱이라 그 뿔에는 열 왕관이 있고 그 머리들에는 신성모독 하는 이름들이 있더라...(1-6)

누구든지 귀가 있거든 들을지어다...(9-10)

그가 먼저 나온 짐승의 모든 권세를 그 앞에서 행하고 땅과 땅에 사는 자들을 처음 짐승에게 경배하게 하니 곧 죽게 되었던 상처가 나은 자니라...(12-15)

• 스가랴 9장 : 여호와의 말씀이 이스라엘의 구원을 초래함

여호와의 말씀이 하드락 땅에 내리며 다메섹에 머물리니 사람들과 이스라엘 모든 지파의 눈이 여호와를 우러러봄이니라(1)

두로는 자기를 위하여 요새를 건축하며 은을 티끌 같이, 금을 거리의 진흙 같이 쌓았도다...(3-4)

내가 내 집을 둘러 진을 쳐서 적군을 막아 거기 왕래하지 못하게 할 것이라 포학한 자가 다시는 그 지경으로 지나가지 못하리니 이는 내가 눈으로 친히 봄이니라...(8-10)

갇혀 있으나 소망을 품은 자들아 너희는 요새로 돌아올지니라 내가 오늘도 이르노라 내가 네게 갑절이나 갚을 것이라(12)

만군의 여호와께서 그들을 호위하시리니 그들이 원수를 삼키며 물맷돌을 밟을 것이며 그들이 피를 마시고 즐거이 부르기를 술취한 것 같이 할 것인즉 피가 가득한 동이와도 같고 피 묻은 제단 모퉁이와도 같을 것이라...(15-16)

• 요한복음 12장 : 예수님의 생명이 온 세상의 구원을 초래함

거기서 예수를 위하여 잔치할새 마르다는 일을 하고 나사로는 예수와 함께 앉은 자 중에 있더라...(2-3)

그 이튿날에는 명절에 온 큰 무리가 예수께서 예루살렘으로 오신다는 것을 듣고...(12-15)

예수께서 대답하여 이르시되 인자가 영광을 얻을 때가 왔도다...(23-28)

예수께서 대답하여 이르시되 이 소리가 난 것은 나를 위한 것이 아니요 너희를 위한 것이니라...(30-32)

예수께서 이르시되 아직 잠시 동안 빛이 너희 중에 있으니 빛이 있을 동안에 다녀 어둠에 붙잡히지 않게 하라 어둠에 다니는 자는 그 가는 곳을 알지 못하느니라...(35-36)

예수께서 외쳐 이르시되 나를 믿는 자는 나를 믿는 것이 아니요 나를 보내신 이를 믿는 것이며...(44-47)

Ⅲ. 묵상을 위한 질문

1. 하나님이 웃시야 왕을 도와주신 이유는 무엇이었나요?(5)
2. 하나님이 웃시야 왕을 치시고 성전에서 쫓아내신 이유는 무엇이었나요?(16,19~20)
3. 바다에서 나온 짐승은 어떤 신성모독을 행하였나요?(1,5~6)
4. 땅에서 올라온 짐승의 궁극적인 목적은 무엇이었나요?(14)
5. 두로는 자기를 위하여 요새를 건축하였음에도 어떤 결과를 맞이하였나요?(3~4)
6. 스가랴는 이스라엘에게 구원을 베풀 왕의 모습을 어떻게 예언하였나요?(9)
7. 예수님께서는 무엇을 타고 예루살렘에 들어가셨나요?(12~15)
8. 예수님께서는 자신이 이 세상에 온 이유가 무엇이라고 말씀하셨나요?(44~47)

Ⅳ. 기도

1. 주여, 나의 평생에 여호와 하나님을 찾음으로 주의 도우심을 누리게 하옵소서.
2. 주여, 세상의 미혹 속에서 말씀을 진리로 삼아 순교의 각오로 싸우게 하옵소서.
3. 주여, 예수 그리스도를 본받아 나의 생명을 한 알의 밀알로 사용하게 하옵소서.

• 하나님 마음 알아가기 •

• 나에게 주시는 말씀(암송하기) •

• 오늘의 감사(기록하기) •

357 일차 / 365 임박 12월 23일

Ⅰ. 맥체인성경의 통독구조<357>

사복음서를 통해 입체적인 예수님을 보듯 신구약 네 장 통독을 통해 하나님의 역사하심을 입체적으로 보는 구조이다.

Ⅱ. 핵심구절 읽기

성경본문	역대하 27-28장	요한계시록 14장	스가랴 10장	요한복음 13장
통일주제	**임박** (臨迫, 어떤 때가 가까이 닥쳐옴)			
개별주제	범죄에 대한 주님의 진노가 임박함	선택에 대한 주님의 심판이 임박함	유다에 대한 주님의 구원이 임박함	세상에 대한 주님의 희생이 임박함
연합내용	**성경은 계속되는 역사와 사건 속에서 하나님의 구원과 심판이 임박하였음을 끊임없이 증거하고 있다. 우리는 이 말씀들을 길과 진리로 삼고 임박한 마지막 때에 어린 양 곁에서 경배와 영광을 올려야 한다.**			
핵심구절	27:2~6 28:1~6,10~11 13,22~25	1~13,15~16 18~20	1~3,6~8,12	1~3,12~20 22~29,34~35

• 역대하 27-28장 : 범죄에 대한 주님의 진노가 임박함

요담이 그의 아버지 웃시야의 모든 행위대로 여호와 보시기에 정직하게 행하였으나 여호와의 성전에는 들어가지 아니하였고 백성은 여전히 부패하였더라...(27:2-6)

아하스가 왕위에 오를 때에 나이가 이십 세라 예루살렘에서 십육 년 동안 다스렸으나 그의 조상 다윗과 같지 아니하여 여호와 보시기에 정직하게 행하지 아니하고...(28:1-6)

이제 너희가 또 유다와 예루살렘 백성들을 압제하여 노예로 삼고자 생각하는도다 그러나 너희는 너희의 하나님 여호와께 범죄함이 없느냐...(28:10-11)

그들에게 이르되 너희는 이 포로를 이리로 끌어들이지 못하리라 너희가 행하는 일이 우리를 여호와께 허물이 있게 함이니 우리의 죄와 허물을 더하게 함이로다 우리의 허물이 이미 커서 진노하심이 이스라엘에게 임박하였느니라 하매(28:13)

이 아하스 왕이 곤고할 때에 더욱 여호와께 범죄하여...(28:22-25)

• 요한계시록 14장 : 선택에 대한 주님의 심판이 임박함

또 내가 보니 보라 어린 양이 시온 산에 섰고 그와 함께 십사만 사천이 서 있는데 그들의 이마에는 어린 양의 이름과 그 아버지의 이름을 쓴 것이 있더라...(1-13)

또 다른 천사가 성전으로부터 나와 구름 위에 앉은 이를 향하여 큰 음성으로 외쳐 이르되 당신의 낫을 휘둘러 거두소서 땅의 곡식이 다 익어 거둘 때가 이르렀음이니이다 하니...(15-16)

또 불을 다스리는 다른 천사가 제단으로부터 나와 예리한 낫 가진 자를 향하여 큰 음성으로 불러 이르되 네 예리한 낫을 휘둘러 땅의 포도송이를 거두라 그 포도가 익었느니라 하더라...(18-20)

• 스가랴 10장 : 유다에 대한 주님의 구원이 임박함

봄비가 올 때에 여호와 곧 구름을 일게 하시는 여호와께 비를 구하라 무리에게 소낙비를 내려서 밭의 채소를 각 사람에게 주시리라...(1-3)

내가 유다 족속을 견고하게 하며 요셉 족속을 구원할지라 내가 그들을 긍휼히 여김으로 그들이 돌아오게 하리니 그들은 내가 내버린 일이 없었음 같이 되리라 나는 그들의 하나님 여호와라 내가 그들에게 들으리라...(6-8)

내가 그들로 나 여호와를 의지하여 견고하게 하리니 그들이 내 이름으로 행하리라 나 여호와의 말이니라(12)

• 요한복음 13장 : 세상에 대한 주님의 희생이 임박함

유월절 전에 예수께서 자기가 세상을 떠나 아버지께로 돌아가실 때가 이른 줄 아시고 세상에 있는 자기 사람들을 사랑하시되 끝까지 사랑하시니라...(1-3)

그들의 발을 씻으신 후에 옷을 입으시고 다시 앉아 그들에게 이르시되 내가 너희에게 행한 것을 너희가 아느냐...(12-20)

제자들이 서로 보며 누구에게 대하여 말씀하시는지 의심하더라...(22-29)

새 계명을 너희에게 주노니 서로 사랑하라 내가 너희를 사랑한 것 같이 너희도 서로 사랑하라...(34-35)

Ⅲ. 묵상을 위한 질문

1. 역대기 사가는 유다 왕 요담에 대하여 어떻게 평가했나요?(27:2)
2. 아하스의 어떠한 범죄 때문에 하나님의 진노가 이스라엘에게 임박하였나요?(28:2~4,24~25)
3. 어린 양과 함께 서 있는 십사만 사천 명의 이마에는 무엇이 쓰여 있었나요?(1)
4. 공중의 세 천사 중 첫 번째 천사는 큰 음성으로 무엇을 외쳤나요?(7)
5. 하나님께서는 봄비가 올 때에 유다 족속을 어떻게 만드실 것이라 약속하셨나요?(3)
6. 하나님께서는 어떤 방법으로 이스라엘 백성들을 다시 모으신다고 하셨나요?(8)
7. 예수님께서 저녁 잡수시던 자리에서 제자들의 발을 씻겨주신 이유는 무엇일까요?(1~3,12~15,34~35)
8. 서로 발을 씻어 주라는 말씀을 들었음에도 제자들은 어떤 반응을 보였나요?(22)

Ⅳ. 기도

1. 주여, 예배하며 믿음생활 하는 나의 겉사람과 속사람의 모습이 같게 하옵소서.
2. 주여, 다시 오실 그리스도의 때를 기다리며 주의 군사로서 승리하게 하옵소서.
3. 주여, 의심과 불신이 난무하는 세상 속에서 겸손히 주님의 계명을 지키게 하옵소서.

• 하나님 마음 알아가기 •

• 나에게 주시는 말씀(암송하기) •

• 오늘의 감사(기록하기) •

358 일차 / 365 명령 12월 24일

Ⅰ. 맥체인성경의 통독구조<358>

성경 66권은 1600년이 넘는 긴 세월 동안 성령의 감동을 입은 각 시대의 사람들이 각기 다른 장소에서 기록한 것을 정경화한 것이다. 그럼에도 불구하고 놀랍게도 제각각 짝이 있고 통일된 주제와 일관된 메시지를 전한다. 이것은 우연이 아니며 하나님이 저자이심을 증명하고 있다. 따라서 새로운 편집방식으로 읽을 때 더 깊은 감동을 경험하게 된다.

Ⅱ. 핵심구절 읽기

성경본문	역대하 29장	요한계시록 15장	스가랴 11장	요한복음 14장
통일주제	**명령** (命令, 윗사람이나 상위 조직이 아랫사람이나 하위 조직에 무엇을 하게 함)			
개별주제	종교의 개혁을 명령하는 히스기야	일곱 대접의 재앙을 명령하는 네 생물 중 하나	지도자들의 회개를 명령하시는 하나님	제자들의 믿음을 명령하시는 예수님
연합내용	**성경 속에서 하나님의 명령은 직접 말씀하시거나 왕과 선지자 혹은 천사들을 통해서 전해지곤 한다. 하나님 나라의 시민권자인 우리는 이러한 명령에 마땅한 순종과 경외로 임해야 한다.**			
핵심구절	2~11,15~16, 18~19,25~28,36	1~8	4~7,10~14	1~7,11~13, 15~18,21,27

• 역대하 29장 : 종교의 개혁을 명령하는 히스기야

히스기야가 그의 조상 다윗의 모든 행실과 같이 여호와 보시기에 정직하게 행하여...(2-11)

그들이 그들의 형제들을 모아 성결하게 하고 들어가서 왕이 여호와의 말씀대로 명령한 것을 따라 여호와의 전을 깨끗하게 할새...(15-16)

안으로 들어가서 히스기야 왕을 보고 이르되 우리가 여호와의 온 전과 번제단과 그 모든 그릇들과 떡을 진설하는 상과 그 모든 그릇들을 깨끗하게 하였고...(18-19)

왕이 레위 사람들을 여호와의 전에 두어서 다윗과 왕의 선견자 갓과 선지자 나단이 명령한 대로 제금과 비파와 수금을 잡게 하니 이는 여호와께서 그의 선지자들로 이렇게 명령하셨음이라...(25-28)

이 일이 갑자기 되었으나 하나님께서 백성을 위하여 예비하셨으므로 히스기야가 백성과 더불어 기뻐하였더라(36)

• 요한계시록 15장 : 일곱 대접의 재앙을 명령하는 네 생물 중 하나

또 하늘에 크고 이상한 다른 이적을 보매 일곱 천사가 일곱 재앙을 가졌으니 곧 마지막 재앙이라 하나님의 진노가 이것으로 마치리로다...(1-8)

• 스가랴 11장 : 지도자들의 회개를 명령하시는 하나님

여호와 나의 하나님이 이르시되 너는 잡혀 죽을 양 떼를 먹이라...(4-7)

이에 은총이라 하는 막대기를 취하여 꺾었으니 이는 모든 백성들과 세운 언약을 폐하려 하였음이라...(10-14)

• 요한복음 14장 : 제자들의 믿음을 명령하시는 예수님

너희는 마음에 근심하지 말라 하나님을 믿으니 또 나를 믿으라...(1-7)

내가 아버지 안에 거하고 아버지께서 내 안에 계심을 믿으라 그렇지 못하겠거든 행하는 그 일로 말미암아 나를 믿으라...(11-13)

너희가 나를 사랑하면 나의 계명을 지키리라...(15-18)

나의 계명을 지키는 자라야 나를 사랑하는 자니 나를 사랑하는 자는 내 아버지께 사랑을 받을 것이요 나도 그를 사랑하여 그에게 나를 나타내리라(21)

평안을 너희에게 끼치노니 곧 나의 평안을 너희에게 주노라 내가 너희에게 주는 것은 세상이 주는 것과 같지 아니하니라 너희는 마음에 근심하지도 말고 두려워하지도 말라(27)

Ⅲ. 묵상을 위한 질문

1. 히스기야가 왕위에 오르자마자 행했던 개혁은 무엇이었나요?(3~5)
2. 히스기야가 그의 아버지 아하스와는 다르게 종교개혁을 일으킬 수 있었던 배경은 무엇이었나요?(36)
3. 모세의 노래, 어린 양의 노래를 부르는 자들은 누구인가요?(2~4)
4. 네 생물 중의 하나는 일곱 천사들에게 무엇을 전해주었나요?(7)
5. 하나님께서 선지자에게 주신 두 막대기는 각각 무엇이었나요?(7)
6. 두 막대기는 각각 어떤 의미를 지니고 있었나요?(10~11,14)
7. 예수님께서는 제자들에게 마지막으로 무엇을 명하셨나요?(1,11)
8. 세상에 남겨질 제자들을 위해 예수님께서는 어떤 선물을 주셨나요?(16~18)

Ⅳ. 기도

1. 주여, 잘못을 뉘우칠 줄 아는 겸손과 새로움으로 무장할 수 있는 지혜를 주소서.
2. 주여, 다시 오실 그 때에 모세와 어린 양의 노래를 부르는 자가 되게 하소서.
3. 주여, 보혜사 성령님과 동행하며 주님의 계명을 지켜 행하는 자가 되게 하소서.

• 하나님 마음 알아가기 •

• 나에게 주시는 말씀(암송하기) •

• 오늘의 감사(기록하기) •

359 일차 / 365 기쁨 12월 25일

Ⅰ. 맥체인성경의 통독구조<359>

영화 감상하기 : 영화의 중심내용은 변할 수 없다. 하지만 그 전개 과정이나 보조적인 내용이 더 큰 감동과 좋은 기억을 주기도 한다. 구약 2장, 신약 2장씩 읽는 맥체인성경 통독방식은 본 중심내용 외에 다양한 감동을 줄 수 있는 구조이다.

Ⅱ. 핵심구절 읽기

성경본문	역대하 30장	요한계시록 16장	스가랴 12-13장 1절	요한복음 15장
통일주제	**기쁨** (어떤 만족감에 의해 느끼는 즐겁고 흥겨운 감정)			
개별주제	유월절 절기를 다시 지킴으로 큰 기쁨을 얻음	일곱 대접재앙 심판을 통해 의인이 기쁨을 얻음	진실한 애통을 통해 큰 구원의 기쁨을 얻음	포도나무이신 예수의 계명을 지켜 기쁨을 얻음
연합내용	**사람은 하나님 안에서 살 때 참된 행복과 기쁨을 얻는다. 하지만 죄와 허물로 가득찬 세상에서 하나님과 동행하는 것은 결코 쉽지 않다. 따라서 주께서 주신 절기와 계명과 관계를 잘 지킬 때 승리할 수 있다.**			
핵심구절	1~5,7~8,10~12 15~22,24~26	2~6,8~19,21	12:1~8,10 13:1	1~5,7~12,14~16 19,22~24,26

• 역대하 30장 : 유월절 절기를 다시 지킴으로 큰 기쁨을 얻음

히스기야가 온 이스라엘과 유다에 사람을 보내고 또 에브라임과 므낫세에 편지를 보내어 예루살렘 여호와의 전에 와서 이스라엘 하나님 여호와를 위하여 유월절을 지키라 하니라...(1-5)

너희 조상들과 너희 형제 같이 하지 말라 그들은 그의 조상들의 하나님 여호와께 범죄하였으므로 여호와께서 멸망하도록 버려 두신 것을 너희가 똑똑히 보는 바니라...(7-8)

보발꾼이 에브라임과 므낫세 지방 각 성읍으로 두루 다녀서 스불론까지 이르렀으나 사람들이 그들을 조롱하며 비웃었더라...(10-12)

둘째 달 열넷째 날에 유월절 양을 잡으니 제사장과 레위 사람이 부끄러워하여 성결하게 하고 번제물을 가지고 여호와의 전에 이르러...(15-22)

유다 왕 히스기야가 수송아지 천 마리와 양 칠천 마리를 회중에게 주었고 방백들은 수송아지 천 마리와 양 만 마리를 회중에게 주었으며 자신들을 성결하게 한 제사장들도 많았더라...(24-26)

• 요한계시록 16장 : 일곱 대접재앙 심판을 통해 의인이 기쁨을 얻음

첫째 천사가 가서 그 대접을 땅에 쏟으매 짐승의 표를 받은 사람들과 그 우상에게 경배하는 자들에게 악하고 독한 종기가 나더라...(2-6)

넷째 천사가 그 대접을 해에 쏟으매 해가 권세를 받아 불로 사람들을 태우니...(8-19)

또 무게가 한 달란트나 되는 큰 우박이 하늘로부터 사람들에게 내리매 사람들이 그 우박의 재앙 때문에 하나님을 비방하니 그 재앙이 심히 큼이러라(21)

• 스가랴 12-13장 1절 : 진실한 애통을 통해 큰 구원의 기쁨을 얻음

이스라엘에 관한 여호와의 경고의 말씀이라 여호와 곧 하늘을 펴시며 땅의 터를 세우시며 사람 안에 심령을 지으신 이가 이르시되...(12:1-8)

내가 다윗의 집과 예루살렘 주민에게 은총과 간구하는 심령을 부어 주리니 그들이 그 찌른 바 그를 바라보고 그를 위하여 애통하기를 독자를 위하여 애통하듯 하며 그를 위하여 통곡하기를 장자를 위하여 통곡하듯 하리로다(12:10)

그 날에 죄와 더러움을 씻는 샘이 다윗의 족속과 예루살렘 주민을 위하여 열리리라(13:1)

• 요한복음 15장 : 포도나무이신 예수의 계명을 지켜 기쁨을 얻음

나는 참포도나무요 내 아버지는 농부라...(1-5)

너희가 내 안에 거하고 내 말이 너희 안에 거하면 무엇이든지 원하는 대로 구하라 그리하면 이루리라...(7-12)

너희는 내가 명하는 대로 행하면 곧 나의 친구라...(14-16)

너희가 세상에 속하였으면 세상이 자기의 것을 사랑할 것이나 너희는 세상에 속한 자가 아니요 도리어 내가 너희를 세상에서 택하였기 때문에 세상이 너희를 미워하느니라(19)

내가 와서 그들에게 말하지 아니하였더라면 죄가 없었으려니와 지금은 그 죄를 핑계할 수 없느니라...(22-24)

내가 아버지께로부터 너희에게 보낼 보혜사 곧 아버지께로부터 나오시는 진리의 성령이 오실 때에 그가 나를 증언하실 것이요(26)

Ⅲ. 묵상을 위한 질문

1. 히스기야 왕이 온 이스라엘과 유다, 에브라임과 므낫세에 편지하여 유월절을 지키자고 했을 때 에브라임과 므낫세의 반응은 어떠했나요?(1~2,8,10~12)
2. 유월절에 함께 제사를 드린 모든 사람들에게 어떤 은혜가 있었나요?(15~21,26)
3. 첫째 대접재앙부터 넷째 대접재앙까지는 누구에게 내린 어떤 재앙일까요?(2~9)
4. 다섯째 대접재앙부터 일곱째 대접재앙까지는 어떤 재앙이었으며 사람들의 반응은 어떠했나요?(10~19,21)
5. 여호와 하나님이 예루살렘을 어떻게 구원하시겠다고 하셨나요?(12:3~8)
6. 스가랴는 은총과 간구하는 심령 그리고 죄와 더러움을 씻는 샘이 어떻게 임한다고 했나요?(12:10,13:1)
7. 예수님은 하나님과 자신 또 제자들과의 관계를 어떻게 은유하셨나요?(1,5,10)
8. 예수님은 제자들에게 어떤 일들이 있을 것이라고 말씀하셨나요?(11,16,20,26)

Ⅳ. 기도

1. 주여, 주어진 절기를 온전히 지킴으로 주의 은혜와 기쁨 속에 살게 하옵소서.
2. 주여, 고난과 핍박을 당하여도 최후의 심판을 믿고 인내하며 살게 하옵소서.
3. 주여, 주의 제자로서 붙어있어 열매를 맺고 계명을 지켜 기쁨을 얻게 하옵소서.

• 하나님 마음 알아가기 •

• 나에게 주시는 말씀(암송하기) •

• 오늘의 감사(기록하기) •

360 일차 / 365 직임 12월 26일

Ⅰ. 맥체인성경의 통독구조<360>

맥체인성경의 바른 통독은 읽는 속도보다 읽는 자세에 있다. 신약과 구약의 각각 두 장을 필사하듯 정리하면서 깊이 묵상하는 자세로 읽으면 지혜의 은사를 경험할 수 있는 신비로운 구조이다. 더 나아가 통독을 뛰어넘어 정독의 영적 구조이다.

Ⅱ. 핵심구절 읽기

성경본문	역대하 31장	요한계시록 17장	스가랴 13장 2-9절	요한복음 16장
통일주제	**직임** (職任, 직무상 맡은 임무 혹은 책임)			
개별주제	예물을 관리하고 나누어줄 제사장들의 직임	하나님의 구원과 심판을 전할 요한의 직임	하나님의 심판을 전해야 할 스가랴의 직임	죄의 심판에 대해 세상을 책망할 성령의 직임
연합내용	**왕과 제사장들이 맡은 직임에 충실할 때 하나님의 큰 복과 형통을 누렸던 것처럼 제자와 성도도 맡은 직임을 충실하게 감당함으로 복을 누려야 한다. 물론 예수 그리스도도 그 직임을 위해 생명까지 내어주셨다.**			
핵심구절	2~4,11~15 18~21	1~4,7~8,14~18	2,7~9	4~12,16~20 22~24,26~28,32~33

• 역대하 31장 : 예물을 관리하고 나누어줄 제사장들의 직임

히스기야가 제사장들과 레위 사람들의 반열을 정하고 그들의 반열에 따라 각각 그들의 직임을 행하게 하되 곧 제사장들과 레위 사람들에게 번제와 화목제를 드리며 여호와의 휘장 문에서 섬기며 감사하며 찬송하게 하고...(2-4)

그 때에 히스기야가 명령하여 여호와의 전 안에 방들을 준비하라 하므로 그렇게 준비하고...(11-15)

또 그 족보에 기록된 온 회중의 어린 아이들 아내들 자녀들에게 나눠 주었으니 이 회중은 성결하고 충실히 그 직분을 다하는 자며...(18-21)

• 요한계시록 17장 : 하나님의 구원과 심판을 전할 요한의 직임

또 일곱 대접을 가진 일곱 천사 중 하나가 와서 내게 말하여 이르되 이리로 오라 많은 물 위에 앉은 큰 음녀가 받을 심판을 네게 보이리라...(1-4)

천사가 이르되 왜 놀랍게 여기느냐 내가 여자와 그가 탄 일곱 머리와 열 뿔 가진 짐승의 비밀

을 네게 이르리라...(7-8)

그들이 어린 양과 더불어 싸우려니와 어린 양은 만주의 주시요 만왕의 왕이시므로 그들을 이기실 터이요 또 그와 함께 있는 자들 곧 부르심을 받고 택하심을 받은 진실한 자들도 이기리로다...(14-18)

• 스가랴 13장 2-9절 : 하나님의 심판을 전해야 할 스가랴의 직임

만군의 여호와가 말하노라 그 날에 내가 우상의 이름을 이 땅에서 끊어서 기억도 되지 못하게 할 것이며 거짓 선지자와 더러운 귀신을 이 땅에서 떠나게 할 것이라(2)

만군의 여호와가 말하노라 칼아 깨어서 내 목자, 내 짝 된 자를 치라 목자를 치면 양이 흩어지려니와 작은 자들 위에는 내가 내 손을 드리우리라...(7-9)

• 요한복음 16장 : 죄의 심판에 대해 세상을 책망할 성령의 직임

오직 너희에게 이 말을 한 것은 너희로 그 때를 당하면 내가 너희에게 말한 이것을 기억나게 하려 함이요 처음부터 이 말을 하지 아니한 것은 내가 너희와 함께 있었음이라...(4-12)

조금 있으면 너희가 나를 보지 못하겠고 또 조금 있으면 나를 보리라 하시니...(16-20)

지금은 너희가 근심하나 내가 다시 너희를 보리니 너희 마음이 기쁠 것이요 너희 기쁨을 빼앗을 자가 없으리라...(22-24)

그 날에 너희가 내 이름으로 구할 것이요 내가 너희를 위하여 아버지께 구하겠다 하는 말이 아니니...(26-28)

보라 너희가 다 각각 제 곳으로 흩어지고 나를 혼자 둘 때가 오나니 벌써 왔도다 그러나 내가 혼자 있는 것이 아니라 아버지께서 나와 함께 계시느니라...(32-33)

Ⅲ. 묵상을 위한 질문

1. 히스기야는 계속되는 종교개혁 가운데 제사장들과 레위 사람들의 무엇을 정해 주었나요?(2)
2. 믿는 자는 어떤 마음가짐으로 맡은 직임을 행하여야 할까요?(12,14,18)
3. 일곱 천사 중 하나가 요한에게 큰 음녀가 받을 심판 그리고 짐승과 여자 등에 대해 보여주고 설명해 주는 이유는 무엇일까요?(1,3,7,15~18)
4. 일곱 천사 중 하나는 어린 양이 이기는 이유가 무엇이라고 했나요?(14)
5. 여호와 하나님은 그 날 곧 하나님이 약속하신 날에 무엇을 이루시겠다고 하셨나요?(2)
6. 만군의 여호와께서 칼을 깨워 목자들을 치시는 이유는 무엇일까요?(7~9)
7. 예수님께서 보내실 보혜사 성령은 어떤 일을 이루신다고 하셨나요?(7~11)
8. 예수님은 세상에 남게 될 제자들이 어떤 자세와 마음가짐으로 살기를 소망하셨나요?(33)

Ⅳ. 기도

1. 주여, 내가 맡은 직분과 사명을 돌아보고 즐거이 그 일에 충성하게 하옵소서.
2. 주여, 만주의 주, 만왕의 왕이신 어린 양과 함께 승리의 기쁨을 누리게 하옵소서.
3. 주여, 성령께서 주시는 평안함과 담대함으로 세상의 환난을 승리케 하옵소서.

• 하나님 마음 알아가기 •

• 나에게 주시는 말씀(암송하기) •

• 오늘의 감사(기록하기) •

361 일차 / 365 영화 12월 27일

Ⅰ. 맥체인성경의 통독구조<361>

맥체인성경 통독은 구약과 신약 4장을 읽을 때 특별히 교훈을 찾기 어려운 본문을 만나면 다른 본문을 통해 충분한 교훈을 얻을 수 있는 구조다. 예를 들어 구약에 족보만 나오는 장이 있을 때 신약은 족보와 연관된 풍성한 다른 내용이 펼쳐짐으로 충분한 교훈을 얻게 되는 구조다.

Ⅱ. 핵심구절 읽기

성경본문	역대하 32장	요한계시록 18장	스가랴 14장	요한복음 17장
통일주제	**영화** (榮華, 몸이 귀하게 되어 세상과 주의 나라에서 이름이 빛남)			
개별주제	하나님을 의지함으로 히스기야가 영화롭게 됨	바벨론을 심판하심으로 순교자들이 영화롭게 됨	여호와의 회복하심으로 예루살렘이 영화롭게 됨	사역완수를 통해 아버지와 아들이 영화롭게 됨
연합내용	**영화롭게 되는 것은 금생과 내생의 영원한 소망이다. 신앙의 영웅들은 각 시대에 하나님의 뜻에 순종함으로 금생과 내생에 영화로움을 얻었다. 또한 예수님도 아버지와 같이 영화롭게 됨을 기도드렸다.**			
핵심구절	2~3,5~8,10~14 17,20~22,24~26 29~30	1~5,8~11,17~23	2~5,8~9,11~14 16~17,20~21	1~11,13~15 17~22,24

• 역대하 32장 : 하나님을 의지함으로 히스기야가 영화롭게 됨

히스기야가 산헤립이 예루살렘을 치러 온 것을 보고...(2-3)

히스기야가 힘을 내어 무너진 모든 성벽을 보수하되 망대까지 높이 쌓고 또 외성을 쌓고 다윗성의 밀로를 견고하게 하고 무기와 방패를 많이 만들고...(5-8)

앗수르 왕 산헤립은 이같이 말하노라 너희가 예루살렘에 에워싸여 있으면서 무엇을 의뢰하느냐...(10-14)

산헤립이 또 편지를 써 보내어 이스라엘 하나님 여호와를 욕하고 비방하여 이르기를 모든 나라의 신들이 그들의 백성을 내 손에서 구원하여 내지 못한 것 같이 히스기야의 신들도 그의 백성을 내 손에서 구원하여 내지 못하리라 하고(17)

이러므로 히스기야 왕이 아모스의 아들 선지자 이사야와 더불어 하늘을 향하여 부르짖어 기도하였더니...(20-22)

그 때에 히스기야가 병들어 죽게 되었으므로 여호와께 기도하매 여호와께서 그에게 대답하시고 또 이적을 보이셨으나...(24-26)

양 떼와 많은 소 떼를 위하여 성읍들을 세웠으니 이는 하나님이 그에게 재산을 심히 많이 주셨음이며...(29-30)

• 요한계시록 18장 : 바벨론을 심판하심으로 순교자들이 영화롭게 됨

이 일 후에 다른 천사가 하늘에서 내려 오는 것을 보니 큰 권세를 가졌는데 그의 영광으로 땅이 환하여지더라...(1-5)

그러므로 하루 동안에 그 재앙들이 이르리니 곧 사망과 애통함과 흉년이라 그가 또한 불에 살라지리니 그를 심판하시는 주 하나님은 강하신 자이심이라...(8-11)

그러한 부가 한 시간에 망하였도다 모든 선장과 각처를 다니는 선객들과 선원들과 바다에서 일하는 자들이 멀리 서서...(17-23)

• 스가랴 14장 : 여호와의 회복하심으로 예루살렘이 영화롭게 됨

내가 이방 나라들을 모아 예루살렘과 싸우게 하리니 성읍이 함락되며 가옥이 약탈되며 부녀가 욕을 당하며 성읍 백성이 절반이나 사로잡혀 가려니와 남은 백성은 성읍에서 끊어지지 아니하리라...(2-5)

그 날에 생수가 예루살렘에서 솟아나서 절반은 동해로, 절반은 서해로 흐를 것이라 여름에도 겨울에도 그러하리라...(8-9)

사람이 그 가운데에 살며 다시는 저주가 있지 아니하리니 예루살렘이 평안히 서리로다...(11-14)

예루살렘을 치러 왔던 이방 나라들 중에 남은 자가 해마다 올라와서 그 왕 만군의 여호와께 경배하며 초막절을 지킬 것이라...(16-17)

그 날에는 말 방울에까지 여호와께 성결이라 기록될 것이라 여호와의 전에 있는 모든 솥이 제단 앞 주발과 다름이 없을 것이니...(20-21)

• 요한복음 17장 : 사역완수를 통해 아버지와 아들이 영화롭게 됨

예수께서 이 말씀을 하시고 눈을 들어 하늘을 우러러 이르시되 아버지여 때가 이르렀사오니 아들을 영화롭게 하사 아들로 아버지를 영화롭게 하게 하옵소서...(1-11)

지금 내가 아버지께로 가오니 내가 세상에서 이 말을 하옵는 것은 그들로 내 기쁨을 그들 안에 충만히 가지게 하려 함이니이다...(13-15)

그들을 진리로 거룩하게 하옵소서 아버지의 말씀은 진리니이다...(17-22)

아버지여 내게 주신 자도 나 있는 곳에 나와 함께 있어 아버지께서 창세 전부터 나를 사랑하시므로 내게 주신 나의 영광을 그들로 보게 하시기를 원하옵나이다(24)

Ⅲ. 묵상을 위한 질문

1. 유다왕 히스기야 때에 앗수르 왕 산헤립은 어떤 오만함을 보였나요?(10~14,17)
2. 히스기야 왕은 여호와께 어떤 영화로운 축복을 받았나요?(20~22,24~26,29~30)
3. 큰 성 바벨론은 어떤 죄악 때문에 패망하게 되었나요?(2~3,5,7)
4. 큰 성 바벨론의 패망을 바라보면서 통곡하는 자들은 누구일까요?(9,11,15,19)
5. 선지자 스가랴는 예루살렘이 어떻게 패망할 것이라고 말했나요?(1~2)
6. 여호와 하나님은 패망한 예루살렘을 어떻게 다시 회복시켜 영화롭게 하신다고 말씀하셨나요?(3~5,8~9,11,14,16,21)
7. 예수님의 간절한 기도의 첫 번째 내용은 무엇일까요?(1~5)
8. 예수님의 간절한 기도의 두 번째 내용은 무엇일까요?(11,20~22)

Ⅳ. 기도

1. 주여, 힘이 있을 때 더욱 겸손히 주를 섬겨 영화로운 복을 누리게 하옵소서.
2. 주여, 세상에서 고난당한 성도들과 사도들과 선지자들이 영화롭게 하옵소서.
3. 주여, 예수님이 하나님 아버지와 하나이신 것처럼 우리도 하나가 되게 하옵소서.

• 하나님 마음 알아가기 •

• 나에게 주시는 말씀(암송하기) •

• 오늘의 감사(기록하기) •

362 일차 / 365 행실 12월 28일

I. 맥체인성경의 통독구조<362>

맥체인성경 통독은 구약과 신약 4장을 읽을 때 특별히 교훈을 찾기 어려운 본문을 만나면 다른 본문을 통해 충분한 교훈을 얻을 수 있는 구조다. 예를 들어 구약에 족보만 나오는 장이 있을 때 신약은 족보와 연관된 풍성한 다른 내용이 펼쳐짐으로 충분한 교훈을 얻게 되는 구조다.

II. 핵심구절 읽기

성경본문	역대하 33장	요한계시록 19장	말라기 1장	요한복음 18장
통일주제	**행실** (行實, 실지로 드러나는 행동이나 몸가짐)			
개별주제	회개 후 성전을 보수한 므낫세의 겸손한 행실	혼인잔치를 준비하는 성도들의 옳은 행실	주의 이름을 멸시하는 백성들의 그릇된 행실	아버지의 뜻에 응하는 예수님의 겸허한 행실
연합내용	**성경은 사람의 행실에 따라 무엇이 하나님의 기쁨이 되고 어떤 복을 받을 수 있는지에 대해 분명히 교훈하고 있다. 이를 위해 예수님은 자기의 행실로 우리의 본이 되어 주셨다.**			
핵심구절	2~9,11~13 15~17,22~25	1~8,11~16 20~21	2,6~9,13~14	3~11,20~21 23~24,28~31 33~38

• 역대하 33장 : 회개 후 성전을 보수한 므낫세의 겸손한 행실

여호와 보시기에 악을 행하여 여호와께서 이스라엘 자손 앞에서 쫓아내신 이방 사람들의 가증한 일을 본받아...(2-9)

여호와께서 앗수르 왕의 군대 지휘관들이 와서 치게 하시매 그들이 므낫세를 사로잡고 쇠사슬로 결박하여 바벨론으로 끌고 간지라...(11-13)

이방 신들과 여호와의 전의 우상을 제거하며 여호와의 전을 건축한 산에와 예루살렘에 쌓은 모든 제단들을 다 성 밖에 던지고...(15-17)

그의 아버지 므낫세의 행함 같이 여호와 보시기에 악을 행하여 아몬이 그의 아버지 므낫세가 만든 아로새긴 모든 우상에게 제사하여 섬겼으며...(22-25)

• 요한계시록 19장 : 혼인잔치를 준비하는 성도들의 옳은 행실

이 일 후에 내가 들으니 하늘에 허다한 무리의 큰 음성 같은 것이 있어 이르되 할렐루야 구원과 영광과 능력이 우리 하나님께 있도다...(1-8)

또 내가 하늘이 열린 것을 보니 보라 백마와 그것을 탄 자가 있으니 그 이름은 충신과 진실이라 그가 공의로 심판하며 싸우더라...(11-16)

짐승이 잡히고 그 앞에서 표적을 행하던 거짓 선지자도 함께 잡혔으니 이는 짐승의 표를 받고 그의 우상에게 경배하던 자들을 표적으로 미혹하던 자라 이 둘이 산 채로 유황불 붙는 못에 던져지고...(20-21)

• 말라기 1장 : 주의 이름을 멸시하는 백성들의 그릇된 행실

여호와께서 이르시되 내가 너희를 사랑하였노라 하나 너희는 이르기를 주께서 어떻게 우리를 사랑하셨나이까 하는도다 나 여호와가 말하노라 에서는 야곱의 형이 아니냐 그러나 내가 야곱을 사랑하였고(2)

내 이름을 멸시하는 제사장들아 나 만군의 여호와가 너희에게 이르기를 아들은 그 아버지를, 종은 그 주인을 공경하나니 내가 아버지일진대 나를 공경함이 어디 있느냐 내가 주인일진대 나를 두려워함이 어디 있느냐 하나 너희는 이르기를 우리가 어떻게 주의 이름을 멸시하였나이까 하는도다...(6-9)

만군의 여호와가 이르노라 너희가 또 말하기를 이 일이 얼마나 번거로운고 하며 코웃음치고 훔친 물건과 저는 것, 병든 것을 가져왔느니라 너희가 이같이 봉헌물을 가져오니 내가 그것을 너희 손에서 받겠느냐 이는 여호와의 말이니라...(13-14)

• 요한복음 18장 : 아버지의 뜻에 응하는 예수님의 겸허한 행실

유다가 군대와 대제사장들과 바리새인들에게서 얻은 아랫사람들을 데리고 등과 횃불과 무기를 가지고 그리로 오는지라...(3-11)

예수께서 대답하시되 내가 드러내 놓고 세상에 말하였노라 모든 유대인들이 모이는 회당과 성전에서 항상 가르쳤고 은밀하게는 아무 것도 말하지 아니하였거늘...(20-21)

예수께서 대답하시되 내가 말을 잘못하였으면 그 잘못한 것을 증언하라 바른 말을 하였으면 네가 어찌하여 나를 치느냐 하시더라...(23-24)

그들이 예수를 가야바에게서 관정으로 끌고 가니 새벽이라 그들은 더럽힘을 받지 아니하고 유월절 잔치를 먹고자 하여 관정에 들어가지 아니하더라...(28-31)

이에 빌라도가 다시 관정에 들어가 예수를 불러 이르되 네가 유대인의 왕이냐...(33-38)

Ⅲ. 묵상을 위한 질문

1. 히스기야의 아들 므낫세는 왕위에 올라 어떤 악을 행하였나요?(2~9)

2. 므낫세는 어떤 계기로 자신의 죄와 허물을 고백하고 겸손을 되찾았나요?(11~13)

3. 요한은 하늘에서 부르는 찬송 소리가 마치 어떠했다고 기록했나요?(6)

4. 어린 양의 아내가 자신을 준비함과 빛나고 깨끗한 세마포 옷을 입는 것은 어떤 의미일까요?(7~8)

5. 제사장과 백성들은 그릇된 행실뿐만 아니라 어떤 마음까지 가지고 있었나요?(2,6,9)

6. 하나님께서는 말라기를 통해 제사장과 백성들의 무슨 죄를 지적하고 계실까요?(7,8,13~14)

7. 예수님께서는 유다와 아랫사람들이 찾아왔을 때 어떤 반응을 보이셨나요?(4~11)

8. 대제사장들과 유대인들이 예수님을 빌라도에게 끌고 간 이유는 무엇일까요?(12~14,24,28~31)

Ⅳ. 기도

1. 주여, 만일 죄를 짓더라도 주의 진노 전에 깨달아 회개하는 겸손을 주옵소서.
2. 주여, 다시 오실 예수님을 기다리고 만날 때까지 옳은 행실로 준비하게 하옵소서.
3. 주여, 겸손함과 즐거운 마음으로 예물과 성물을 드리며 감사하게 하옵소서.

• 하나님 마음 알아가기 •

• 나에게 주시는 말씀(암송하기) •

• 오늘의 감사(기록하기) •

미혹

Ⅰ. 맥체인성경의 통독구조<363>

맥체인성경 통독은 성경을 내용 중심뿐만이 아니라 적용 중심으로 보게 하는 구조다. 일반적으로 적용은 한 본문일 경우 단면적 교훈을 찾게 된다. 하지만 맥체인 성경은 4장의 본문을 읽는 것이기 때문에 현실상황에 맞는 응용적인 여러 개의 교훈을 찾아 적용할 수 있도록 도와주는 놀라운 구조이다.

Ⅱ. 핵심구절 읽기

성경본문	역대하 34장	요한계시록 20장	말라기 2장	요한복음 19장
통일주제	**미혹** (迷惑, 무엇에 홀려 정신을 차리지 못함)			
개별주제	바알, 아세라, 태양, 우상에게 미혹된 이스라엘	사탄, 마귀, 짐승, 거짓 선지자에게 미혹된 영혼들	언약을 깨고 거짓으로 백성을 미혹한 제사장들	예수님을 못 박기 위해 백성을 미혹한 제사장들
연합내용	**사람은 하나님의 말씀 안에서 진리를 배우며 복되게 살아가는 것이 올바른 길이다. 하지만 사람들은 지위고하를 막론하고 여러 가지 미혹에 빠져 정도를 잃고 방황하며 죄를 범하여 멸망의 길로 간다.**			
핵심구절	1~5,8,10~12 14~16,19,21~22 24~28,30,33	1~4,6~10,11~15	1~9,11~13 16~17	1~4,6,10~12 15~19,23,26~27 30~34,38~39

• 역대하 34장 : 바알, 아세라, 태양, 우상에게 미혹된 이스라엘

요시야가 왕위에 오를 때에 나이가 팔 세라 예루살렘에서 삼십일 년 동안 다스리며...(1-5)

요시야가 왕위에 있은 지 열여덟째 해에 그 땅과 성전을 정결하게 하기를 마치고 그의 하나님 여호와의 전을 수리하려 하여 아살랴의 아들 사반과 시장 마아세야와 서기관 요아하스의 아들 요아를 보낸지라(8)

그 돈을 여호와의 전 공사를 감독하는 자들의 손에 넘기니 그들이 여호와의 전에 있는 일꾼들에게 주어 그 전을 수리하게 하되...(10-12)

무리가 여호와의 전에 헌금한 돈을 꺼낼 때에 제사장 힐기야가 모세가 전한 여호와의...(14-16)

왕이 율법의 말씀을 듣자 곧 자기 옷을 찢더라(19)

너희는 가서 나와 및 이스라엘과 유다의 남은 자들을 위하여 이 발견한 책의 말씀에 대하여 여호와께 물으라 우리 조상들이 여호와의 말씀을 지키지 아니하고 이 책에 기록된 모든 것을

준행하지 아니하였으므로 여호와께서 우리에게 쏟으신 진노가 크도다 하니라...(21-22)

여호와께서 이같이 말씀하시기를 내가 이 곳과 그 주민에게 재앙을 내리되 곧 유다 왕 앞에서 읽은 책에 기록된 모든 저주대로 하리니...(24-28)

여호와의 전에 올라가매 유다 모든 사람과 예루살렘 주민들과 제사장들과 레위 사람들과 모든 백성이 노소를 막론하고 다 함께 한지라 왕이 여호와의 전 안에서 발견한...(30)

이와 같이 요시야가 이스라엘 자손에게 속한 모든 땅에서 가증한 것들을 다 제거하여...(33)

• 요한계시록 20장 : 사탄, 마귀, 짐승, 거짓 선지자에게 미혹된 영혼들

또 내가 보매 천사가 무저갱의 열쇠와 큰 쇠사슬을 그의 손에 가지고 하늘로부터...(1-4)

이 첫째 부활에 참여하는 자들은 복이 있고 거룩하도다 둘째 사망이 그들을 다스리는 권세가 없고 도리어 그들이 하나님과 그리스도의 제사장이 되어 천 년 동안 그리스도와...(6-15)

• 말라기 2장 : 언약을 깨고 거짓으로 백성을 미혹한 제사장들

너희 제사장들아 이제 너희에게 이같이 명령하노라...(1-9)

유다는 거짓을 행하였고 이스라엘과 예루살렘 중에서는 가증한 일을 행하였으며...(11-13)

이스라엘의 하나님 여호와가 이르노니 나는 이혼하는 것과 옷으로 학대를...(16-17)

• 요한복음 19장 : 예수님을 못 박기 위해 백성을 미혹한 제사장들

이에 빌라도가 예수를 데려다가 채찍질하더라...(1-4)

대제사장들과 아랫사람들이 예수를 보고 소리 질러 이르되 십자가에 못 박으소서...(6)

빌라도가 이르되 내게 말하지 아니하느냐 내가 너를 놓을 권한도 있고 십자가에 못 박을 권한도 있는 줄 알지 못하느냐...(10-12)

그들이 소리 지르되 없이 하소서 없이 하소서 그를 십자가에 못 박게 하소서 빌라도가 이르되 내가 너희 왕을 십자가에 못 박으랴 대제사장들이 대답하되 가이사 외에는...(15-19)

군인들이 예수를 십자가에 못 박고 그의 옷을 취하여 네 깃에 나눠 각각 한 깃씩 얻고 속옷도 취하니 이 속옷은 호지 아니하고 위에서부터 통으로 짠 것이라(23)

예수께서 자기의 어머니와 사랑하시는 제자가 곁에 서 있는 것을 보시고 자기 어머니께 말씀하시되 여자여 보소서 아들이니이다 하시고...(26-27)

예수께서 신 포도주를 받으신 후에 이르시되 다 이루었다 하시고 머리를 숙이니...(30-34)

아리마대 사람 요셉은 예수의 제자이나 유대인이 두려워 그것을 숨기더니 이 일 후에...(38-39)

Ⅲ. 묵상을 위한 질문

1. 유다 왕 요시야는 여호와 보시기에 정직히 행하여 어떤 일을 단행했나요?(1~5)
2. 유다 왕 요시야는 여호와의 전에서 발견된 율법책을 어떻게 활용했나요?(14,16,19, 21,24,30)
3. 하나님과 그리스도의 제사장이 되어 천년 동안 왕노릇하는 자들은 누구일까요?(4,6)
4. 천년이 찼을 때 옥에서 놓인 사탄과 마귀와 거짓 선지자는 어떻게 될까요?(7~10)
5. 만군의 여호와는 제사장들이 자기와 세운 언약을 어떻게 깼다고 하셨나요?(4~9)
6. 말라기는 유다와 이스라엘이 어떤 죄를 범하였다고 말했나요?(11,13,16~17)
7. 빌라도는 예수에게서 죄를 찾지 못했으나 어떻게 재판했나요?(1,4,6, 10~12,16)
8. 많은 고난을 당하신 예수님은 십자가에서 운명하시기 전에 마지막으로 어떤 말씀들을 하셨나요?(26~28,30)

Ⅳ. 기도

1. 주여, 하나님의 율법책을 가까이하고 부지런히 지켜 행하게 하옵소서.
2. 주여, 하나님의 생명책에 기록되어 천년동안 주와 함께 왕노릇하게 하옵소서.
3. 주여, 주와 함께 고난을 당함으로 영원한 구원과 면류관을 얻게 하옵소서.

• 하나님 마음 알아가기 •

• 나에게 주시는 말씀(암송하기) •

• 오늘의 감사(기록하기) •

364 일차 / 365 구비 12월 30일

Ⅰ. 맥체인성경의 통독구조<364>

성경을 통독하는 이유는 먼저 내용을 알기 위함이다. 하지만 좀 더 나아가 묵상을 하고 그 내용을 삶에 적용하기 위함이다. 이를 위하여 다양한 사건의 본문을 대하는 것은 통독자에게 매우 유익하다. 한 본문이 아닌 여러 본문 속에서 다양한 묵상을 한 후 적용 문제를 만들 수 있기 때문이다.

Ⅱ. 핵심구절 읽기

성경본문	역대하 35장	요한계시록 21장	말라기 3장	요한복음 20장
통일주제	**구비** (具備, 필요한 것을 빠진 것 없이 모두 갖춤)			
개별주제	요시야는 유월절을 지키려고 모든 것을 구비함	주는 새 하늘과 새 땅에 모든 것을 구비하심	주는 십일조를 바친 자에게 모든 복을 구비하심	부활의 주가 제자들에게 평강과 성령을 구비하심
연합내용	**하나님은 죄인을 사랑하셔서 구원을 위해 모든 것을 구비해 놓으셨다. 절기도, 십일조를 통한 놀라운 축복도, 보혜사 성령도 그리고 새 하늘과 새 땅도 만드시고 그 가운데 새로운 모든 것을 구비해 놓으셨다.**			
핵심구절	1~4,7~8,10~11 13,15,18,20~24	1~4,6~8,10~12 14,18~22,25,27	1~3,6~8,10~15 17	1~2,6~7,11~17 19~25,27~29,31

• 역대하 35장 : 요시야는 유월절을 지키려고 모든 것을 구비함

요시야가 예루살렘에서 여호와께 유월절을 지켜 첫째 달 열넷째 날에 유월절 어린 양을 잡으니라...(1-4)

요시야가 그 모인 모든 이를 위하여 백성들에게 자기의 소유 양 떼 중에서 어린 양과 어린 염소 삼만 마리와 수소 삼천 마리를 내어 유월절 제물로 주매...(7-8)

이와 같이 섬길 일이 구비되매 왕의 명령을 따라 제사장들은 그들의 처소에 서고 레위 사람들은 그들의 반열대로 서고...(10-11)

이에 규례대로 유월절 양을 불에 굽고 그 나머지 성물은 솥과 가마와 냄비에 삶아 모든 백성들에게 속히 분배하고(13)

아삽의 자손 노래하는 자들은 다윗과 아삽과 헤만과 왕의 선견자 여두둔이 명령한 대로 자기 처소에 있고 문지기들은 각 문에 있고 그 직무에서 떠날 것이 없었으니 이는 그의 형제 레위 사람들이 그들을 위하여 준비하였음이더라(15)

선지자 사무엘 이후로 이스라엘 가운데서 유월절을 이같이 지키지 못하였고 이스라엘 모든 왕들도 요시야가 제사장들과 레위 사람들과 모인 온 유다와 이스라엘 무리와 예루살렘 주민과 함께 지킨 것처럼은 유월절을 지키지 못하였더라(18)

이 모든 일 후 곧 요시야가 성전을 정돈하기를 마친 후에 애굽 왕 느고가 유브라데 강 가의 갈그미스를 치러 올라왔으므로 요시야가 나가서 방비하였더니...(20-24)

• 요한계시록 21장 : 주는 새 하늘과 새 땅에 모든 것을 구비하심

또 내가 새 하늘과 새 땅을 보니 처음 하늘과 처음 땅이 없어졌고 바다도 다시 있지...(1-4)

또 내게 말씀하시되 이루었도다 나는 알파와 오메가요 처음과 마지막이라...(6-8)

성령으로 나를 데리고 크고 높은 산으로 올라가 하나님께로부터 하늘에서 내려오는...(10-12)

그 성의 성곽에는 열두 기초석이 있고 그 위에는 어린 양의 열두 사도의 열두 이름이...(14)

그 성곽은 벽옥으로 쌓였고 그 성은 정금인데 맑은 유리 같더라...(18-22)

낮에 성문들을 도무지 닫지 아니하리니 거기에는 밤이 없음이라(25)

무엇이든지 속된 것이나 가증한 일 또는 거짓말하는 자는 결코 그리로 들어가지 못하되...(27)

• 말라기 3장 : 주는 십일조를 바친 자에게 모든 복을 구비하심

만군의 여호와가 이르노라 보라 내가 내 사자를 보내리니 그가 내 앞에서 길을...(1-3)

나 여호와는 변하지 아니하나니 그러므로 야곱의 자손들아 너희가 소멸되지...(6-8)

만군의 여호와가 이르노라 너희의 온전한 십일조를 창고에 들여 나의 집에 양식이...(10-15)

만군의 여호와가 이르노라 나는 내가 정한 날에 그들을 나의 특별한 소유로 삼을 것이요...(17)

• 요한복음 20장 : 부활의 주가 제자들에게 평강과 성령을 구비하심

안식 후 첫날 일찍이 아직 어두울 때에 막달라 마리아가 무덤에 와서 돌이 무덤에서...(1-2)

시몬 베드로는 따라와서 무덤에 들어가 보니 세마포가 놓였고...(6-7)

마리아는 무덤 밖에 서서 울고 있더니 울면서 구부려 무덤 안을 들여다보니...(11-17)

이 날 곧 안식 후 첫날 저녁 때에 제자들이 유대인들을 두려워하여 모인 곳의 문들을...(19-25)

도마에게 이르시되 네 손가락을 이리 내밀어 내 손을 보고 네 손을 내밀어...(27-29)

오직 이것을 기록함은 너희로 예수께서 하나님의 아들 그리스도이심을 믿게 하려 함이요 또 너희로 믿고 그 이름을 힘입어 생명을 얻게 하려 함이니라(31)

Ⅲ. 묵상을 위한 질문

1. 요시야는 유월절을 철저히 지키기 위해 무엇들을 구비했나요?(1~2,4,7~8,10,15)
2. 요시야 왕은 하나님의 입에서 나오는 애굽 왕 느고의 권고를 무시하고 고집을 부리다가 결국 어떻게 죽게 되었나요?(20~24)
3. 새 하늘과 새 땅에는 무엇이 준비되어 있나요?(1~4,6~7,10~12)
4. 둘째 사망에 처하는 자들은 누구일까요?(8)
5. 만군의 여호와는 온전한 십일조를 드리는 자에게 어떤 약속을 하셨나요?(7~12)
6. 여호와를 경외하지 않는 자들의 특징은 무엇일까요?(13~15)
7. 막달라 마리아가 무덤에 가서 돌이 옮겨진 것을 보고 무덤 밖에 서서 울고 있을 때 어떤 체험을 했나요?(1,11~17)
8. 부활의 주님은 제자들에게 나타나셔서 무엇을 받으라고 말씀하셨나요?(19~22)

Ⅳ. 기도

1. 주여, 예배를 잘 드릴지라도 주의 뜻보다 자기의 고집을 앞세우지 않게 하옵소서.
2. 주여, 어려울 때에도 온전한 십일조를 드리므로 큰 복의 주인공이 되게 하옵소서.
3. 주여, 부활신앙을 갖고 항상 평강과 성령 충만을 유지하며 살게 하옵소서.

• 하나님 마음 알아가기 •

• 나에게 주시는 말씀(암송하기) •

• 오늘의 감사(기록하기) •

365 일차 / 365 회계 12월 31일

I. 맥체인성경의 통독구조<365>

4장의 전개를 드라마의 시나리오 구성처럼 생각하고 묵상하라. 우선 등장인물 한 사람의 이야기부터 시작한다. 다음 등장인물을 중심으로 일어난 한 사건의 이야기를 풀어간다. 또한 다른 한 편에서 일어나는 인물과 사건에도 연계하여 내용을 파악, 전개한다. 종합적으로 시나리오를 완성한다.

II. 핵심구절 읽기

성경본문	역대하 36장	요한계시록 22장	말라기 4장	요한복음 21장
통일주제	**회계** (會計, 나가고 들어온 물질과 선악 간에 행한 모든 것을 따져봄)			
개별주제	유다의 마지막 왕들을 회계하여 잡혀가게 하심	보좌에 앉으셔서 악한 자들을 회계하여 벌하심	용광로 불같은 날에 악한 자를 회계하여 태우심	부활의 주가 모든 제자를 회계하여 다시 쓰심
연합내용	**하나님은 모든 사람에게 달란트를 주셨다. 그 후 때가되면 믿음 안에서 어떻게 사용했는지 회계하신다. 선하게 남긴 자는 칭찬과 상을 내리시고 악하게 낭비한 자는 책망과 벌을 내리신다.**			
핵심구절	2~7,9~17,20~23	1~3,5,7,9~12 14~19	1~3,5~6	2~7,10~13 15~20,25

• 역대하 36장 : 유다의 마지막 왕들을 회계하여 잡혀가게 하심

여호아하스가 왕위에 오를 때에 나이가 이십삼 세더라 그가 예루살렘에서 다스린 지 석 달에...(2-7)

여호야긴이 왕위에 오를 때에 나이가 팔 세라 예루살렘에서 석달 열흘 동안 다스리며 여호와 보시기에 악을 행하였더라...(9-17)

칼에서 살아 남은 자를 그가 바벨론으로 사로잡아가매 무리가 거기서 갈대아 왕과 그의 자손의 노예가 되어 바사국이 통치할 때까지 이르니라...(20-23)

• 요한계시록 22장 : 보좌에 앉으셔서 악한 자들을 회계하여 벌하심

또 그가 수정 같이 맑은 생명수의 강을 내게 보이니 하나님과 및 어린 양의 보좌로부터 나와서...(1-3)

다시 밤이 없겠고 등불과 햇빛이 쓸 데 없으니 이는 주 하나님이 그들에게 비치심이라 그들이 세세토록 왕 노릇 하리로다(5)

보라 내가 속히 오리니 이 두루마리의 예언의 말씀을 지키는 자는 복이 있으리라 하더라(7)

그가 내게 말하기를 나는 너와 네 형제 선지자들과 또 이 두루마리의 말을 지키는 자들과 함께 된 종이니 그리하지 말고 하나님께 경배하라 하더라...(9-12)

자기 두루마기를 빠는 자들은 복이 있으니 이는 그들이 생명나무에 나아가며 문들을 통하여 성에 들어갈 권세를 받으려 함이로다...(14-19)

• 말라기 4장 : 용광로 불같은 날에 악한 자를 회계하여 태우심

만군의 여호와가 이르노라 보라 용광로 불 같은 날이 이르리니 교만한 자와 악을 행하는 자는 다 지푸라기 같을 것이라 그 이르는 날에 그들을 살라 그 뿌리와 가지를 남기지 아니할 것이로되...(1-3)

보라 여호와의 크고 두려운 날이 이르기 전에 내가 선지자 엘리야를 너희에게 보내리니...(5-6)

• 요한복음 21장 : 부활의 주가 모든 제자를 회계하여 다시 쓰심

시몬 베드로와 디두모라 하는 도마와 갈릴리 가나 사람 나다나엘과 세베대의 아들들과 또 다른 제자 둘이 함께 있더니...(2-7)

예수께서 이르시되 지금 잡은 생선을 좀 가져오라 하시니...(10-13)

그들이 조반 먹은 후에 예수께서 시몬 베드로에게 이르시되 요한의 아들 시몬아 네가 이 2)사람들보다 나를 더 사랑하느냐 하시니 이르되 주님 그러하나이다 내가 주님을 사랑하는 줄 주님께서 아시나이다 이르시되 내 어린 양을 먹이라 하시고...(15-20)

예수께서 행하신 일이 이 외에도 많으니 만일 낱낱이 기록된다면 이 세상이라도 이 기록된 책을 두기에 부족할 줄 아노라(25))

Ⅲ. 묵상을 위한 질문

1. 유다 왕 여호아하스와 여호야김과 여호야긴은 어떻게 통치했나요?(2~3,5~6,9~10)
2. 유다 마지막 왕 시드기야는 여호와께 어떤 악을 행하였으며 고레스는 여호와께 감동되어 어떤 일을 시행하였나요?(11~17,20~23)
3. 예수님은 요한을 통해 어떤 신실하고 참된 말씀을 전하셨나요?(6~7,12,20)
4. 천사는 요한을 통해 어떤 자들에게 복과 상이 있다고 말했나요?(7,12,14)
5. 여호와를 경외하는 자와 교만하고 악을 행하는 자의 최후는 어떻게 될까요?(1~2)
6. 여호와의 크고 두려운 날이 이르기 전에 누가 와서 마음을 돌이킬까요?(5~6)
7. 부활하신 예수님은 다시 고기 잡으러 간 베드로와 제자들에게 나타나셔서 어떤 사랑을 베풀어 주셨나요?(2~7,10~13)
8. 예수님이 베드로에게 하신 질문과 그에 대한 베드로의 대답은 무엇이었나요?(15~18)

Ⅳ. 기도

1. 주여, 이 민족의 위정자들이 여호와 앞에 신실하고 정의롭게 하옵소서.
2. 주여, 예수의 재림을 기다리며 예언의 말씀을 준행하고 전파하게 하옵소서.
3. 주여, 삶의 현장에 오사 다시 사명을 회복시켜 주실 때에 순종하게 하옵소서.

• 하나님 마음 알아가기 •

• 나에게 주시는 말씀(암송하기) •

• 오늘의 감사(기록하기) •

MEMO

MEMO

맥체인 1년 1독 성경읽기

맥체인 통독 맥잡기(8) (10-12월)

2022년 10월 1일 초판 1쇄 발행

지 은 이 김홍양
발 행 처 선교횃불
디 자 인 디자인이츠
등 록 일 1999년 9월 21일 제54호
등록주소 서울시 송파구 백제고분로 27길 12(삼전동)
전 화 (02) 2203-2739
팩 스 (02) 2203-2738
이 메 일 ccm2you@gmail.com
홈페이지 www.ccm2u.com